iBS 교육방송

2015 수능대박특강

수학영역 B형

|수1·수2|

IPTV교육방송은 교육전문방송으로서 학교교육을 보완하고 국민 평생교육 담당이라는 사회적 책임과 의무를 다하기 위하여 부단한 노력을 기울여 오고 있습니다.

특히, 교육환경의 변화와 이에 따른 교육현장의 요구를 최대한 수용하여 학교 교육을 보충·심화할 수 있도록 다양한 교재와 프로그램을 새롭게 개발하고 있습니다.

이러한 노력의 일환으로 IPTV교육방송은 고등학교에서 연차적으로 실시되고 있는 개정 교육과정 및 교과도서를 철저히 분석하여, 방송 교재와 프로그램에 충실히 반영함으로써 세분화·전문화된 교재와 방송 프로그램을 개발하고 있습니다.

또한, IPTV교육방송 홈페이지를 통해 언제 어디서나 손쉽게 볼 수 있도록 하여 학교나 가정에서 반복 학습이 가능하도록 하였습니다.

앞으로도, IPTV교육방송은 가정경제의 위기 속에, 날로 심각해지는 국민 사교육비 부담을 덜어주고 공교육의 정상화를 위한 다각적인 노력을 기울이며, 공영방송으로서의 새로운 비전을 제시할 수 있도록 최선을 다하겠습니다.

2014년 1월

c·o·n·t·e·n·t

Ⅰ. 행렬과 그래프

Lec.01 행렬의 그 연산 • 6
Lec.02 역행렬과 연립일차방정식 • 8
Lec.03 그래프와 행렬 • 11

Ⅱ. 지수와 로그

Lec.04 지수 • 16
Lec.05 지수함수 • 18
Lec.06 로그 • 21
Lec.07 로그함수 • 24

Ⅲ. 수열

Lec.08 등차수열 • 30
Lec.09 등비수열 • 33
Lec.10 여러 가지 수열(1) • 36
Lec.11 여러 가지 수열(2) • 38
Lec.12 귀납적 정의와 순서도 • 41

Ⅳ. 무한수열의 극한

Lec.13 수열의 극한 • 48
Lec.14 무한급수 • 52

Ⅴ. 방정식과 부등식

Lec.15 방정식 • 60
Lec.16 부등식 • 63

Ⅵ. 삼각함수

Lec.17 삼각함수의 덧셈정리와 합성 • 70
Lec.18 여러 가지 삼각함수의 공식 • 73
Lec.19 삼각방정식 • 75

Ⅶ. 함수의 극한

Lec.20 함수의 극한값 • 80
Lec.21 극한의 성질 • 82
Lec.22 미정계수의 결정 • 84
Lec.23 함수의 연속성 • 86
Lec.24 삼각함수의 극한 • 89
Lec.25 지수로그함수의 극한 • 91

Ⅷ. 미분법

Lec.26 평균변화율과 미분계수 • 96
Lec.27 미분계수의 성질 • 98
Lec.28 미분법(1) • 100
Lec.29 미분법(2) • 102
Lec.30 여러 가지 미분법 • 104
Lec.31 초월함수의 미분법 • 106

Ⅸ. 미분법의 활용

Lec.32 접선 방정식과 평균값 정리 • 110
Lec.33 함수의 증가 감소 • 112
Lec.34 함수의 극대 극소 • 114
Lec.35 그래프의 개형과 최대 최소 • 116
Lec.36 방정식 부등식과 미분 • 120
Lec.37 속도 가속도와 미분 • 122

정답 및 해설

• 125

I.
행렬과 그래프

Lec.01 행렬의 그 연산

Lec.02 역행렬과 연립일차방정식

Lec.03 그래프와 행렬

1. 정의

수나 문자를 (　)안에 사각형의 꼴로 배열한 것을 말하며 행렬을 이루는 각각의 수를 원소라 한다.

$$a_{ij} =\rangle i 행\ j 열의\ 원소$$

2. 행렬의 상등

두 행렬이 ⅰ) 꼴이 같고, ⅱ) 대응하는 원소가 같을 때 두 행렬의 서로 같은 행렬이라 하며 $A = B$로 표현한다.

3. 행렬의 덧셈뺄셈(행렬의 꼴이 같아야 연산 가능하며 서로 대응하는 원소끼리 연산한다.)

(1) $A + B = B + A$ (교환법칙)

(2) $(A + B) + C = A + (B + C)$ (결합법칙)

(3) $A + O = O + A = A$ (영행렬, 항등원)

(4) $A + (-A) = (-A) + A = O$ (역원)

4. 행렬의 실수배

$$k \begin{pmatrix} a & b \\ c & d \end{pmatrix} = \begin{pmatrix} ka & kb \\ kc & kd \end{pmatrix}$$

(1) $k(lA) = (klA)$ $(k, l은 실수)$　　(2) $(k + l)A = kA + lA$　　　(3) $k(A + B) = Ak + Bk$

(4) $1A = A, -1A = -A$　　　　　(5) $OA = AO = O$

➔ 행렬의 덧셈, 뺄셈, 실수배는 일반적인 수식과 같이 연산할 수 있다.(이항가능)

5. 행렬의 곱셈

$$\begin{pmatrix} a & b \\ c & d \end{pmatrix} \begin{pmatrix} e & f \\ g & h \end{pmatrix} = \begin{pmatrix} ae + bg & af + bh \\ ce + dg & cf + dh \end{pmatrix}$$

(1) $AB \neq BA$

(2) $(AB)C = A(BC)$

(3) $A(B + C) = AB + AC, (A + B)C = AC + BC$

(4) $(kA)B = A(kB) = k(AB)$ $(k는 실수)$

(5) $A^2 = AA,\ A^3 = AAA,\ A^n = A \cdots A$

(6) $AE = EA = A$ (E는 단위행렬)

　　$E^2 = E, E^n = E$

➔ 행렬의 곱셈은 열과 행의 개수가 같아야 가능.

➔ 행렬의 곱셈은 결합법칙은 성립하나, 교환법칙은 성립하지 않음.

01 두 행렬 $A=\begin{pmatrix}1&0\\0&2\end{pmatrix}$, $B=\begin{pmatrix}1&a\\b&1\end{pmatrix}$에 대하여 이 차정사각행렬 C가 $AB=CA$를 만족시킨다. $ab=4$일 때, 행렬 C의 모든 성분의 합의 최솟값은?(단, a, b는 양수이다.)

① 4 　　　　　 ② 5
③ 6 　　　　　 ④ 7
⑤ 8

02 자연수 n과 8 이하의 자연수 a에 대하여 $\begin{pmatrix}a&3\\0&a\end{pmatrix}^n$의 $(1,1)$ 성분과 $(1,2)$ 성분이 같을 때, 가능한 모든 a의 곱을 구하시오.

03 중심이 (a,b)이고 반지름의 길이가 r인 원에 대응되는 행렬을 $\begin{pmatrix}a&b\\1&r\end{pmatrix}$라 하자.

원 $(x+c-1)^2+y^2=c^2$에 대응되는 행렬이 A이고, 원 $(x-1)^2+y^2=k^2$에 대응되는 행렬이 A^2일 때, $c+k$의 값은?
(단, $c>0$이고 $k>0$이다.)

① 6 　　　　　 ② 8
③ 10 　　　　　 ④ 12
⑤ 14

04 두 행렬 $A=\begin{pmatrix}1&0\\1&0\end{pmatrix}$, $B=\begin{pmatrix}1&1\\0&0\end{pmatrix}$을 중복을 허락하여 곱해서 얻어지는 행렬의 집합을 S라 하자. 다음은 S의 원소를 구하는 과정이다.

> $A^2=A$, $B^2=B$이므로 S의 원소는
> A, B, $(AB)^n$, $(BA)^n$, $(AB)^nA$, $(BA)^nB$
> 의 형태이다. 한편,
> $AB=\begin{pmatrix}1&1\\1&1\end{pmatrix}$이므로 $(AB)^n=\begin{pmatrix}2^{n-1}&2^{n-1}\\2^{n-1}&2^{n-1}\end{pmatrix}$
> $BA=\begin{pmatrix}2&0\\0&0\end{pmatrix}$이므로 $(BA)^n=$ (가)
> 따라서
> $(AB)^nA=\begin{pmatrix}2^{n-1}&2^{n-1}\\2^{n-1}&2^{n-1}\end{pmatrix}\begin{pmatrix}1&0\\1&0\end{pmatrix}=$ (나)
> $(BA)^nB=$ (가) $\begin{pmatrix}1&1\\0&0\end{pmatrix}=$ (다)
> 그러므로 S의 원소는
> A, B, $2^{n-1}\begin{pmatrix}1&1\\1&1\end{pmatrix}$,
> (가) , (나) , (다) 의 형태이다.
> (단, $n=1,2,3,\ldots$)

위의 과정에서 (가), (나), (다)에 알맞은 것은?

	(가)	(나)	(다)
①	$\begin{pmatrix}2^n&0\\0&0\end{pmatrix}$	2^nA	2^nB
②	$\begin{pmatrix}2^n&0\\0&0\end{pmatrix}$	2^nA	2^nAB
③	$\begin{pmatrix}2^n&0\\0&0\end{pmatrix}$	2^nAB	2^nB
④	$\begin{pmatrix}2^n&0\\2^n&0\end{pmatrix}$	2^nB	2^nA
⑤	$\begin{pmatrix}2^n&0\\2^n&0\end{pmatrix}$	2^nA	2^nB

1. 역행렬

정사각행렬 A에 대하여 $AX=XA=E$를 만족하는 행렬 X가 존재할 때 X를 A의 역행렬이라 하고, 기호로는 A^{-1}로 나타낸다.

$$A=\begin{pmatrix} a & b \\ c & d \end{pmatrix}\text{일 때, } A^{-1}=\frac{1}{ad-bc}\begin{pmatrix} d & -b \\ -c & d \end{pmatrix}$$
$$AA^{-1}=A^{-1}A=E$$

2. 역행렬을 가지기 위한 조건 (행렬의 판별식)

행렬 $A=\begin{pmatrix} a & b \\ c & d \end{pmatrix}$가 역행렬을 가지려면 $A^{-1}=\frac{1}{D}\begin{pmatrix} d & -b \\ -c & d \end{pmatrix}$ (단, $D=ad-bc\neq 0$)

3. 케일리–해밀턴의 정리 (복잡한 행렬식에 사용)

(1) $A=\begin{pmatrix} a & b \\ c & d \end{pmatrix}$, $E=\begin{pmatrix} 1 & 0 \\ 0 & 1 \end{pmatrix}$ 일 때, $A^2-(a+d)A+(ad-bc)E=O$

(2) 케일리–해밀턴의 정리의 활용 (차수 낮추기)
  ① $A^2=(a+d)A-(ad-bc)E$ 로 바꿀 수 있다.
  ② $A^2-(a+d)A+(ad-bc)E=O$ 을 이용하여 고차인 행렬의 식의 차수를 낮출 수 있다.

4. 역행렬의 성질

(1) $(A^{-1})^{-1}=A$

(2) $A=A^{-1} \Leftrightarrow A^2=E$

(3) $(AB)^{-1}=B^{-1}A^{-1}$

(4) $(kA)^{-1}=\frac{1}{k}A^{-1}$ (단, $k\neq 0$)

(5) B가 A의 역행렬 $\Rightarrow AB=E$

(6) $(PAP^{-1})^n=PA^nP^{-1}$ (단, n은 자연수)

5. $A\times X=B$ 의 꼴의 연립방정식에서

(1) A^{-1}가 존재하면, $X=A^{-1}\times B$

(2) A^{-1}가 존재하지 않으면 부정 또는 불능

(3) $x=y=0$ 이외의 해를 가질 경우 $\Rightarrow$ 해가 무수히 많을 경우 (부정)

6. 연립일차방정식의 해의 개수

연립 일차방정식 $\begin{pmatrix} a & b \\ c & d \end{pmatrix}\begin{pmatrix} x \\ y \end{pmatrix}=\begin{pmatrix} p \\ q \end{pmatrix}$ 에서

(1) 오직 한 쌍의 해를 가질 경우 $\Rightarrow D=ad-bc\neq 0$

(2) 해가 무수히 많을 경우(부정) $\Rightarrow \dfrac{a}{c}=\dfrac{b}{d}=\dfrac{p}{q}$

(3) 해가 없을 경우(불능) $\Rightarrow \dfrac{a}{c}=\dfrac{b}{d}\neq \dfrac{p}{q}$

(4) $\begin{pmatrix} a & b \\ c & d \end{pmatrix}\begin{pmatrix} x \\ y \end{pmatrix}=\begin{pmatrix} 0 \\ 0 \end{pmatrix}$ 에서 $x=y=0$ 이외의 해를 가질 경우 $\dashrightarrow$ 해가 무수히 많다.

01 5보다 크고 50보다 작은 두 자연수 a, b에 대하여 행렬 $\begin{pmatrix} a & b \\ b & a^2 \end{pmatrix}$의 역행렬이 존재하지 않을 때, $a+b$의 값은?

① 28 ② 32
③ 36 ④ 40
⑤ 44

02 두 이차정사각행렬 A, B에 대하여 $AB-BA = \begin{pmatrix} p & q \\ r & s \end{pmatrix}$라 할 때, 〈보기〉에서 항상 옳은 것을 모두 고른 것은?

> ㄱ. $A = \begin{pmatrix} 1 & 1 \\ 0 & 0 \end{pmatrix}$이면 $ps-qr=0$이다.
> ㄴ. 모든 이차정사각행렬 A, B에 대하여 $p+s=0$이다.
> ㄷ. 행렬 $AB-BA$가 영행렬이면 B는 A의 역행렬이다.

① ㄱ   ② ㄴ
③ ㄱ, ㄴ   ④ ㄴ, ㄷ
⑤ ㄱ, ㄴ, ㄷ

03 이차정사각행렬 A는 다음 두 조건을 만족시킨다.

> (가) $A^3 + E = O$
> (나) $A\begin{pmatrix} 1 \\ 1 \end{pmatrix} + A^{-1}\begin{pmatrix} 2 \\ 0 \end{pmatrix} = \begin{pmatrix} 0 \\ 0 \end{pmatrix}$

$A\begin{pmatrix} 2 \\ 0 \end{pmatrix} = \begin{pmatrix} a \\ b \end{pmatrix}$일 때, $a+b$의 값은?
(단, O는 영행렬이고 E는 단위행렬이다.)

① 1 ② 2
③ 3 ④ 4
⑤ 5

04 역행렬을 갖는 행렬 $A = \begin{pmatrix} a & b \\ c & d \end{pmatrix}$에 대하여 x, y의 연립방정식 $\begin{cases} ax+by=1 \\ cx+dy=2 \end{cases}$의 해가 $x=5, y=4$일 때, $A^{-1}\begin{pmatrix} 1 \\ 2 \end{pmatrix} = \begin{pmatrix} p \\ q \end{pmatrix}$이다. $p+q$의 값을 구하시오.

05 x, y에 대한 연립방정식 $\begin{pmatrix} 1 & -2 \\ a & 2 \end{pmatrix}\begin{pmatrix} x \\ y \end{pmatrix} = \begin{pmatrix} 0 \\ 0 \end{pmatrix}$에 대하여 $x=b, y=9$가 이 연립방정식을 만족시킬 때, 두 상수 a, b의 합 $a+b$의 값을 구하시오.

06 이차정사각행렬 A, B, P가

$$AP = P\begin{pmatrix} a & 0 \\ 0 & b \end{pmatrix}, \quad BP = P\begin{pmatrix} c & 0 \\ 0 & d \end{pmatrix}$$를

만족시킨다. P가 역행렬을 가질 때, 옳은 것만을 〈보기〉에서 있는 대로 고른 것은?

> ㄱ. $a = c$이고, $b = d$이면 $A = B$이다.
> **〈보기〉**
> ㄴ. $AB = BA$
> ㄷ. $A - B$가 역행렬을 가지면 $a \neq c$이고, $b \neq d$이다.

① ㄱ   ② ㄴ

③ ㄱ, ㄴ   ④ ㄱ, ㄷ

⑤ ㄱ, ㄴ, ㄷ

07 다음은 이차정사각행렬 A와

서로 다른 두 실수 p, q에 대하여 $A - pE$와 $A - qE$가 모두 역행렬을 갖지 않으면 $A^2 - (p+q)A + pqE = O$ 임을 증명한 것이다.(단, E는 단위행렬이고, O는 영행렬이다.)

〈증명〉

$B = A - \dfrac{p+q}{2}E$, $k = \boxed{\text{(가)}}$ 라 하면

$B - kE = A - pE$ 이고 $B + kE = A - qE$ 이므로 $B - kE$와 $B + kE$는 모두 역행렬을 갖지 않는다.

따라서 $B = \begin{pmatrix} a & b \\ c & d \end{pmatrix}$라 하면, $k \neq 0$이므로

$a + d = \boxed{\text{(나)}}$ 이고 $ad - bc = -k^2$이다.

그런데 $B^{-1} = \dfrac{1}{k^2}\boxed{\text{(다)}}$ 이므로

$A^2 - (p+q)A + pqE = (A - pE)(A - qE) = O$

가 성립한다.

위의 증명에서 (가), (나), (다)에 알맞은 것은?

	(가)	(나)	(다)
①	$\dfrac{p-q}{2}$	0	$-B$
②	$\dfrac{p+q}{2}$	0	$-B$
③	$\dfrac{p-q}{2}$	0	B
④	$\dfrac{p+q}{2}$	1	$-B$
⑤	$\dfrac{p-q}{2}$	1	B

1. 그래프의 뜻

(1) 그래프 : 점과 선으로 이어진 그림
(2) 꼭짓점: 그래프를 구성하는 점
(3) 변: 그래프에서 두 꼭짓점을 연결한 선

2. 서로 같은 그래프

그래프에서 꼭짓점의 위치를 바꾸거나, 변을 구부리거나 늘리거나 줄여서 두 그래프가 같은 그림으로 그려질 수 있을 때 두 그래프는 서로 같은 그래프라고 말한다.

➜ 꼭짓점의 차수 ⇒ 그래프에서 한 꼭짓점에 연결된 변의 개수

➜ 그래프의 변의 개수는 (꼭짓점의 차수의 총합) $\times \dfrac{1}{2}$ 개다.

3. 경로와 회로

(1) 경로: 그래프의 한 꼭짓점에서 한 번 지난 변을 반복하지 않고 다른 꼭짓점으로 이동할 때, 이동한 순서대로 꼭짓점을 나열한 것을 경로라고 한다.(단, 꼭짓점은 여러번 지나도 된다.)
(2) 길이가 n 인 경로: 꼭짓점을 차례로 나열했을 때 지나간 변의 갯수가 n 개이면 길이가 n 인 경로라고 한다. 또 변이 중복되지 않는 경로를 단순경로라 한다.
(3) 회로: 경로중 시작점과 끝점이 같은 경로를 회로라고 한다. 또, 변이 중복되지 않는 회로를 단순회로라고 한다.
(4) 한붓그리기가 가능한 그래프 : 홀수점의 개수가 0개이거나 2개인 그래프

➜ 모든 변을 지나고 지난 변을 다시 지나지 않는 회로 곧 한붓그리기가 가능한 회로를 오일러회로라고 한며 모든 꼭짓점을 한 번만 지나 돌아오는 경로를 해밀턴회로라고 한다.

4. 그래프를 나타내는 행렬

n 개의 꼭짓점 $P_1, P_2, P_3, \cdots, P_n$ 을 갖는 그래프를 다음과 같은 n 차 정사각행렬 $A = (a_{ij})$ 로 나타낸다. $a_{ij} = \begin{cases} 1 & (A_i \text{ 와 } A_j \text{를 연결하는 변이 존재할 때}) \\ 0 & (A_i \text{ 와 } A_j \text{를 연결하는 변이 존재하지 않을 때}) \end{cases}$

➜ 인접행렬 : 그래프의 꼭짓점과 꼭짓점 사이의 연결 관계를 나타내는 행렬

5. 그래프를 나타내는 행렬의 성질

(1) 각 행(열)의 모든 성분의 합은 그 행(열)에 대응하는 꼭짓점에 연결된 변의 개수와 같다.
(2) 행렬의 모든 성분의 합은 그래프의 변의 개수의 2배이다.
(3) 행렬 A 에 대하여 행렬 A^2 의 (i, j) 성분은 꼭짓점 P_i 에서 출발하여 중간에 한 개의 꼭짓점을 거쳐 꼭짓점 P_j 로 가는 방법의 수와 같다.

➜ A^2 의 (i, i) 성분은 꼭짓점 P_i 에 연결된 변의 개수를 의미한다.(차수)
(4) 일반적으로 꼭짓점이 $P_1, P_2, \cdots, P_n$ 인 그래프에서 꼭짓점 사이의 연결 관계를 나타내는 인접행렬 A 에 대하여 A^m 의 (i, j) 성분인 a_{ij} 는 꼭짓점 P_i 에서 시작하여 중간에 $(m-1)$ 개의 꼭짓점을 거쳐 꼭짓점 V_j 로 가는 방법의 수와 같다.

➜ (행렬의 모든 성분의 합) = (각 꼭짓점에서 연결된 변의 개수의 총합) = (그래프의 변의 개수)$\times 2$

01 다음 그래프의 각 꼭짓점 사이의 연결 관계를 나타내는 행렬의 성분 중 1의 개수는?

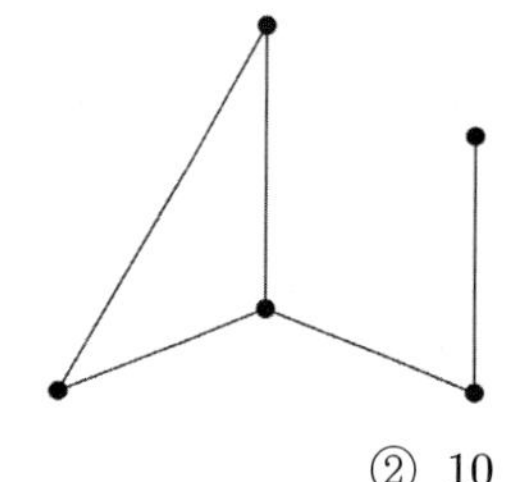

① 8
② 10
③ 12
④ 14
⑤ 16

02 그래프 G를 나타내는 행렬 M이 다음과 같다. 그래프 G의 꼭짓점의 개수를 a, 변의 개수를 b라 할 때, $a+b$의 값을 구하시오.

$$M=\begin{pmatrix} 0 & 1 & 1 & 1 & 1 \\ 1 & 0 & 1 & 1 & 1 \\ 1 & 1 & 0 & 1 & 0 \\ 1 & 1 & 1 & 0 & 1 \\ 1 & 1 & 0 & 1 & 0 \end{pmatrix}$$

03 다음 그래프의 각 꼭짓점 사이의 연결관계를 나타내는 행렬의 모든 성분의 합은?

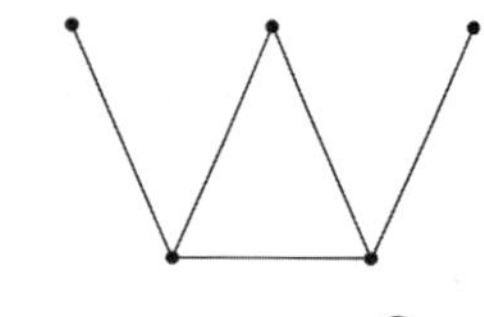

① 6
② 8
③ 10
④ 12
⑤ 14

04 다음 그래프의 각 꼭짓점 사이의 연결 관계를 나타내는 행렬의 성분 중 0의 개수는?

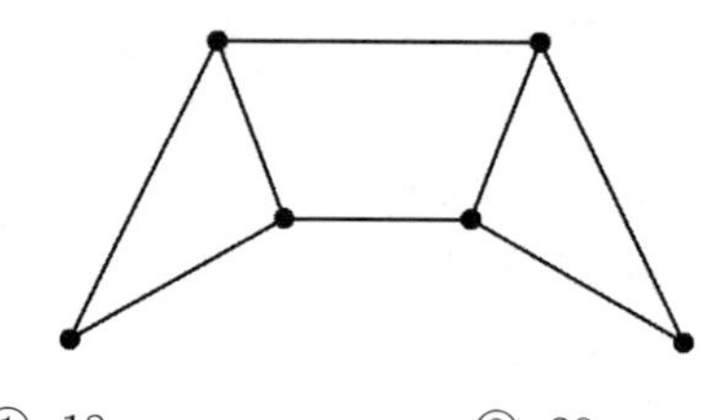

① 18
② 20
③ 22
④ 24
⑤ 26

05 다음은 꼭짓점이 A, B, C, D 인 그래프의 각 꼭짓점 사이의 연결 관계를 행렬로 나타낸 것이다.

$$\begin{array}{c c} & \begin{matrix} A & B & C & D \end{matrix} \\ \begin{matrix} A \\ B \\ C \\ D \end{matrix} & \begin{pmatrix} 0 & \square & \square & 0 \\ 1 & 0 & 1 & 1 \\ 1 & 1 & 0 & \square \\ 0 & \square & 0 & 0 \end{pmatrix} \end{array}$$

이 그래프에 대한 설명으로 옳은 것만을 [보기]에서 있는 대로 고른 것은?

[보기]
ㄱ. 변의 개수는 4 이다.
ㄴ. 두 꼭짓점 C 와 D 는 한 개의 변으로 연결되어 있다.
ㄷ. 꼭짓점 B 에서 두 개의 변을 지나 꼭짓점 C 로 가는 경로의 수는 1 이다.

① ㄱ
② ㄴ
③ ㄱ, ㄷ
④ ㄴ, ㄷ
⑤ ㄱ, ㄴ, ㄷ

 **memo**

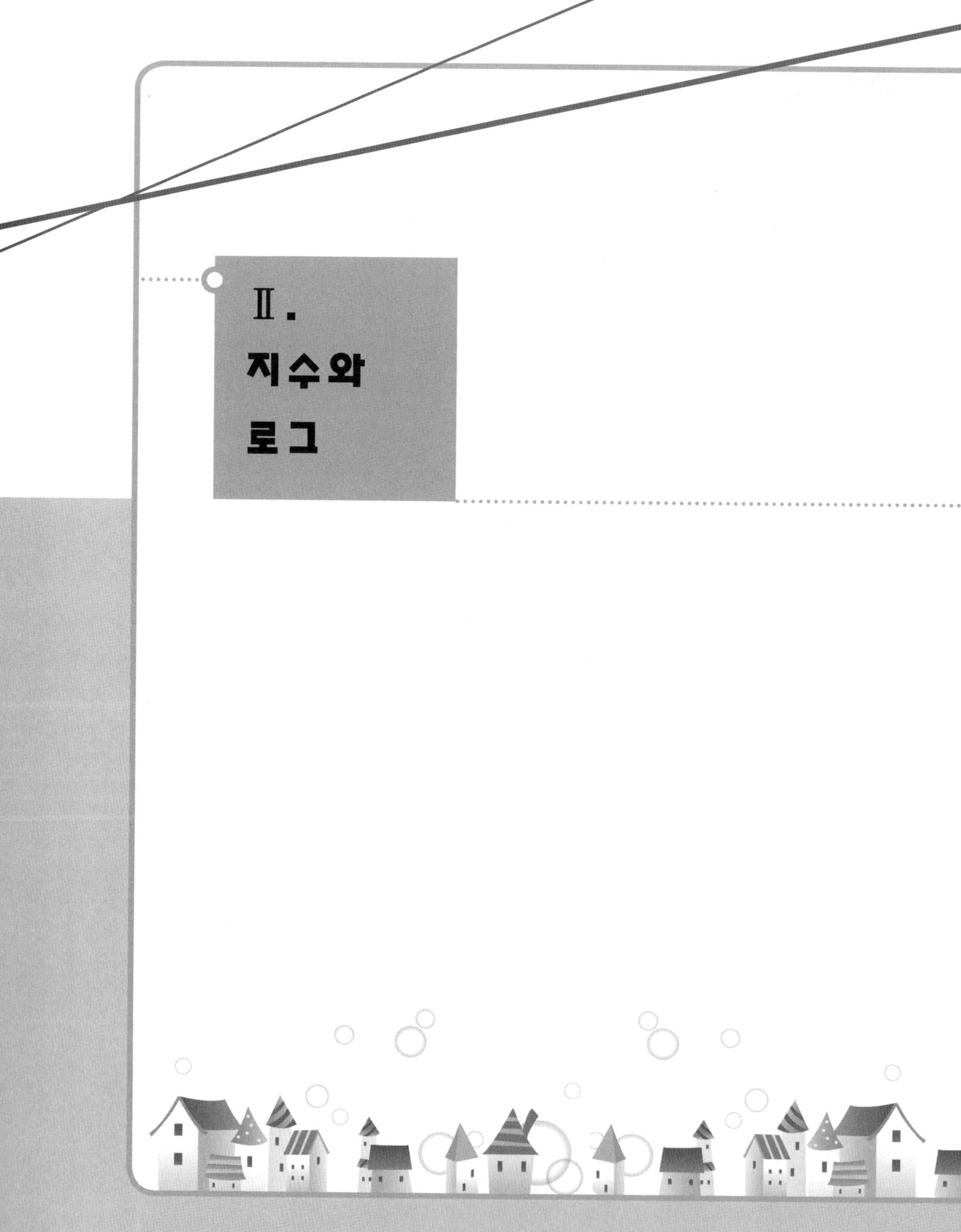

Ⅱ.
지수와
로그

Lec.04 지수

Lec.05 지수함수

Lec.06 로그

Lec.07 로그함수

1. 거듭제곱근

임의의 실수 a 에 대하여 n 이 2이상의 정수일 때, $x^n = a$ 를 만족하는 x 의 값을 a 의 n 제곱근이라고 한다.

《실수 a 의 n 제곱근 중 실수》

n	$a > 0$	$a = 0$	$a < 0$
짝 수	$\sqrt[n]{a}$, $-\sqrt[n]{a}$	0	없 다
n	$a > 0$	$a = 0$	$a < 0$
홀 수	$\sqrt[n]{a}$	0	$\sqrt[n]{a}$

(1) 실수 a 에 대하여 n 이 짝수일 때, $\sqrt[n]{a^n} = |a|$

(2) 실수 a 에 대하여 n 이 홀수일 때, $\sqrt[n]{a^n} = a$

2. 거듭제곱근의 성질($a > 0 , b > 0$ 이고, m , n 이 양의 정수일 때)

(1) $a^0 = 1$ (2) $a^m a^n = a^{m+n}$

(3) $(a^m)^n = a^{mn}$ (4) $(ab)^m = a^m b^m$

(5) $\left(\dfrac{a}{b}\right)^m = \dfrac{a^m}{b^m}$ (단, $b \neq 0$)   (6) $\dfrac{a^m}{a^n} = a^{m-n}$

(7) $a^{-m} = \dfrac{1}{a^m}$ (음수 지수는 분모 분자를 바꾸기)

3. 분수 지수($a > 0 , b > 0$ 이고, m , n 이 양의 정수일 때)

(1) $(\sqrt[n]{a})^n = a$ (2) $\sqrt[n]{a} \, \sqrt[n]{b} = \sqrt[n]{ab} = (ab)^{\frac{1}{n}}$

(3) $\dfrac{\sqrt[n]{a}}{\sqrt[n]{b}} = \sqrt[n]{\dfrac{a}{b}}$ (4) $(\sqrt[n]{a})^m = \sqrt[n]{a^m} = a^{\frac{m}{n}}$

(5) $\sqrt[n]{a^m} = \sqrt[np]{a^{mp}}$ (단, p 는 양수)   (6) $\sqrt[m]{\sqrt[n]{a}} = \sqrt[mn]{a} = a^{\frac{1}{mn}}$

4. 순환꼴의 분수지수(단, $a > 0$)

(1) $\sqrt{a\sqrt{a\sqrt{a\sqrt{a\cdots}}}} = a^{\frac{2^{근호의\,수}-1}{2^{근호의\,수}}}$ (2) $\sqrt[x]{\dfrac{\sqrt[y]{a}}{\sqrt[z]{a}}} \times \sqrt[y]{\dfrac{\sqrt[z]{a}}{\sqrt[x]{a}}} \times \sqrt[z]{\dfrac{\sqrt[x]{a}}{\sqrt[y]{a}}} = 1$

5. 지수식의 변형

$$a^x = b \iff a = b^{\frac{1}{x}}$$

6. 역지수식

(1) $a^x + a^{-x}$ 이 나오는 꼴

    ① $a^x = \mathrm{A}$, $a^{-x} = \mathrm{B}$ 로 치환한다.

    ② $\mathrm{AB} = 1$ 이 항상 성립하므로, 변형공식을 이용하여 문제를 해결한다.

(2) a^{bx} 가 주어지는 꼴

    ① 주어진 식의 분자와 분모에 지수가 최대인 지수식을 곱한다.

    ② 곱하여 얻은 식에 주어진 값을 변형하여 대입하여 푼다.

(3) 역지수식의 최소 값 : 산술/기하 평균에서 $a^{bx} + a^{-bx} \geq 2$

01 세 양수 a, b, c에 대하여
$a^6 = 3$, $b^5 = 7$, $c^2 = 11$ 일 때,
$(abc)^n$ 이 자연수가 되는 최소의 자연수 n의 값을 구하시오.

02 $1 \leq m \leq 3$, $1 \leq n \leq 8$인 두 자연수 m, n에 대하여 $\sqrt[3]{n^m}$ 이 자연수가 되도록 하는 순서쌍 (m, n)의 개수는?

① 6 　　　　② 8
③ 10 　　　　④ 12
⑤ 14

03 $2 \leq n \leq 100$ 인 자연수 n에 대하여 $\left(\sqrt[3]{3^5} \right)^{\frac{1}{2}}$ 이 어떤 자연수의 n제곱근이 되도록 하는 n의 개수를 구하시오.

04 조개류는 현탁물을 여과한다. 수온이 $t(℃)$ 이고 개체중량이 $\omega(\mathrm{g})$일 때, A조개와 B조개가 1시간 동안 여과하는 양 (L)을 각각 Q_A, Q_B라고 하면 다음과 같은 관계식이 성립한다고 한다.

$$Q_\mathrm{A} = 0.01 t^{1.25} \omega^{0.25},$$
$$Q_\mathrm{B} = 0.05 t^{0.75} \omega^{0.30}$$

수온이 $20℃$이고 A조개와 B조개의 개체 중량이 각각 $8\mathrm{g}$일 때, $\dfrac{Q_\mathrm{A}}{Q_\mathrm{B}}$의 값은 $2^a \times 5^b$이다. $a+b$의 값은?
(단, a, b는 유리수이다.)

① 0.15 　　　　② 0.35
③ 0.55 　　　　④ 0.75
⑤ 0.95

05 양수기로 물을 끌어올릴 때, 펌프의 1분당 회전수 N, 양수량 Q, 양수할 높이 H와 양수기의 비교회전도 S 사이에는 다음과 같은 관계가 있다고 한다.

$$S = N Q^{\frac{1}{2}} H^{-\frac{3}{4}}$$
(단, N, Q, H의 단위는 각각 rpm, m^3/분, m이다.)

펌프의 1분당 회전수가 일정한 양수기에 대하여 양수량이 24, 양수할 높이가 5일 때의 비교회전도를 S_1, 양수량이 12, 양수할 높이가 10일 때의 비교회전도를 S_2라 하자. $\dfrac{S_1}{S_2}$의 값은?

① $2^{\frac{3}{4}}$ 　　　　② $2^{\frac{7}{8}}$
③ 2 　　　　④ $2^{\frac{9}{8}}$
⑤ $2^{\frac{5}{4}}$

1. 지수함수

a 가 1이 아닌 양수일 때, 실수 x 를 a^x 으로 대응시키는 함수 $y = a^x (a > 0, a \neq 1)$ 를 a 를 밑으로 하는 지수함수라고 한다.

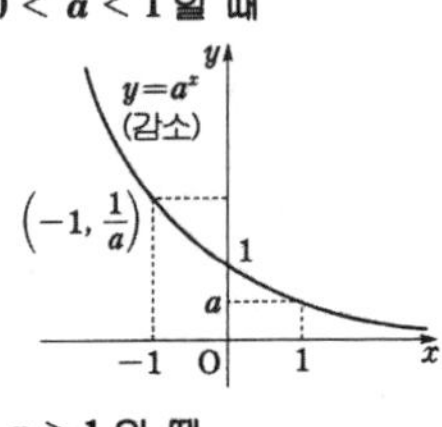

2. 지수함수 $y = a^x (a > 0, a \neq 1)$ 의 그래프

(1) 정의역 : 실수 전체의 집합

(2) 치역 : 양의 실수 전체의 집합

(3) 일대일 함수이다. 즉, $x_1 \neq x_2 \Rightarrow f(x_1) \neq f(x_2)$

(4) 그래프는 점 $(0, 1)$을 지나고, x 축 $(y = 0)$을 점근선으로 한다.

(5) $a > 1$ 일 때, x 의 값이 증가하면 y 의 값도 증가한다.(단조증가함수)

(6) $0 < a < 1$ 일 때, x 의 값이 증가하면 y 의 값은 감소한다.
  (단조감소함수)

(7) $y = a^x$ 와 $y = \left(\dfrac{1}{a}\right)^x$ 의 그래프는 y 축에 대하여 대칭이다.

3. 지수함수 $y = a^{x-m} + n \quad (a > 0, a \neq 1)$의 그래프

(1) $y = a^x$ 의 그래프를 x 축으로 m 만큼, y 축으로 n 만큼 평행 이동한 그래프이다.

(2) 정의역은 실수 전체의 집합이고, 치역은 $\{y \mid y > n\}$ 이다.

(3) 점 $(m, n+1)$을 지나며, 점근선은 $y = n$ 이다.

4. 지수함수의 최대·최소

(1) $y = a^{f(x)}$ 꼴의 최대·최소

  ① $a > 1$ 일 경우 $f(x)$ 가 최대일 때 최대가 된다.

  ② $0 < a < 1$ 일 경우 $f(x)$ 가 최대일 때 최소가 된다.

(2) a^x 이 반복되는 꼴의 최대·최소 : a^x 을 다른 문자로 치환하여 계산한다.

  (단, $a^x > 0$ 임에 유의한다.)

➜ $a^x + a^{-x} \geq 2$ 이므로 $a^x + a^{-x} = \mathrm{T}$ 로 치환하면 $\mathrm{T} \geq 2$ 임에 유의

5. 지수방정식의 풀이

(1) 밑이 같을 때, 즉 $a^{f(x)} = a^{g(x)}$ 의 꼴일 때,

  ① $a = 1$ 이면 모든 x 에 대하여 성립한다.

  ② $a \neq 1$ 이면 방정식 $f(x) = g(x)$ 를 푼다.

(2) a^x 의 항이 여러 차수일 때, $a^x = \mathrm{A}(\mathrm{A} > 0)$ 로 치환하여 푼다.

  (이 때, 범위$(\mathrm{A} > 0)$ 에 유의한다.)

6. 지수부등식의 풀이

(1) 밑이 같을 때, 즉 $a^{f(x)} > a^{g(x)}$ 의 꼴일 때,

　① $a > 1$ 이면 부등식 $f(x) > g(x)$ 를 푼다.

　② $0 < a < 1$ 이면 부등식 $f(x) < g(x)$ 를 푼다.

(2) a^x 의 항이 여러 차수일 때, $a^x = A\,(A > 0)$ 로 치환하여 푼다.

　이 때, 범위($A > 0$)에 유의한다.)

 **memo**

01 두 함수 $y=2^x$, $y=-\left(\dfrac{1}{2}\right)^x+k$의 그래프가 서로 다른 두 점 A, B에서 만난다. 선분 AB의 중점의 좌표가 $\left(0,\ \dfrac{5}{4}\right)$일 때, 상수 k의 값은?

① $\dfrac{1}{2}$　　② 1　　③ $\dfrac{3}{2}$

④ 2　　⑤ $\dfrac{5}{2}$

02 그림과 같이 함수 $y=8^x$의 그래프가 두 직선 $y=a,\ y=b$ 와 만나는 점을 각각 A, B라 하고, 함수 $y=4^x$의 그래프가 두 직선 $y=a,\ y=b$와 만나는 점을 각각 C, D라 하자. 점 B에서 직선 $y=a$에 내린 수선의 발을 E, 점 C에서 직선 $y=b$에 내린 수선의 발을 F라 하자. 삼각형 AEB의 넓이가 20일 때, 삼각형 CDF의 넓이는?(단, $a>b>1$이다.)

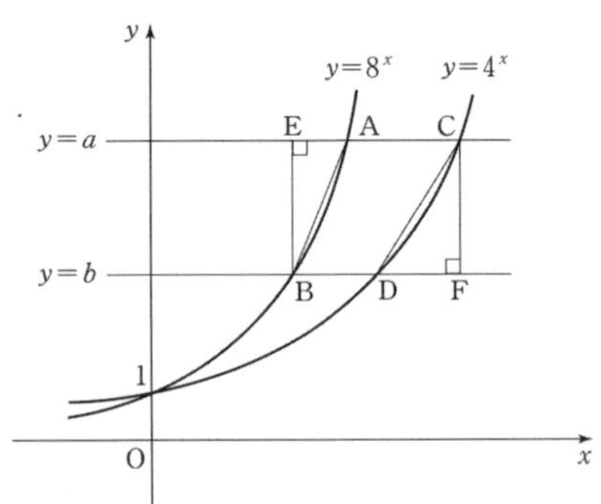

① 26　　② 28　　③ 30

④ 32　　⑤ 34

03 다음 연립부등식이 나타내는 영역에서 $2^x\,4^y$의 최대값을 구하시오.

$$\begin{cases} x+3y \leq 5 \\ 2x+y \leq 5 \\ x \geq 0,\ y \geq 0 \end{cases}$$

04 자연수 n에 대하여 함수 $y=2^{x+n}$의 그래프가 함수 $y=\left(\dfrac{1}{2}\right)^x$의 그래프와 만나는 점을 P_n이라 하자. 점 P_n의 x좌표를 a_n, y좌표를 b_n이라 할 때, 〈보기〉에서 옳은 것만을 있는 대로 고른 것은?

<보기>

ㄱ. 수열 $\{a_n\}$은 등차수열이다.

ㄴ. 임의의 자연수 m, n에 대하여 $b_m\,b_n=b_{m+n}$이다.

ㄷ. $2b_n<b_{n+1}$을 만족하는 자연수 n이 존재한다.

① ㄱ　　② ㄴ　　③ ㄱ, ㄴ

④ ㄴ, ㄷ　　⑤ ㄱ, ㄴ, ㄷ

05 방정식 $4^x+4^{-x}+a\left(2^x-2^{-x}\right)+7=0$이 실근을 갖기 위한 양수 a의 최솟값을 m이라 할 때, m^2의 값을 구하시오.

1. 로그의 정의

$a > 0$, $a \neq 1$, $b > 0$ 일 때, $a^x = b \iff x = \log_a b$ 로 정의한다.

2. 로그의 조건($\log_a b$ 가 정의되려면)

(1) 밑 조건 : $a > 0$, $a \neq 1$

(2) 진수 조건 : $b > 0$

3. $a > 0$, $a \neq 1$, $x > 0$, $y > 0$ 이고 m 이 실수일 때,

(1) $\log_a 1 = 0$, $\log_a a = 1$

(2) $\log_a xy = \log_a x + \log_a y$

(3) $\log_a \dfrac{x}{y} = \log_a x - \log_a y$

(4) $\log_a x^m = m \log_a x$

(5) $\log_{a^m} b^n = \dfrac{n}{m} \log_a b$ (단, m, n 은 실수)

4. 밑변환 공식

a, b, c 모두 1이 아닌 양수일 때,

(1) $\log_a b = \dfrac{\log_c b}{\log_c a}$, $\log_a b = \dfrac{1}{\log_b a}$

(2) $a^{\log_a b} = b$, $a^{\log_c b} = b^{\log_c a}$

5. 상용로그

(1) 상용로그의 뜻 : 10을 밑으로 하는 로그, 즉 $\log_{10} N$ (단, $N > 0$)을 상용로그라 하고, 보통 밑 10을 생략하여 $\log N$ 과 같이 나타낸다.

(2) 상용로그표 이용하기

　① 세로줄의 값은 소수 첫째자리

　② 가로줄은 소수 둘째 자리이다.

　③ 소수 셋째 자리는 비례부분을 이용한다.

6. 지표와 가수

(1) $\log N = n + \alpha$ (단, n 은 정수, $0 \leq \alpha < 1$)에서 정수 n 을 '지표', 양의 소수인 α 를 '가수'라고 한다.

→ 지표 $n = [\log N]$, 즉 지표는 상용로그의 가우스값과 같다.

⑵ 지표와 가수 구하는 법

　① 상용로그 값이 양수인 경우 : $\log N = 2.345$　⋯→ 지표$= 2$, 가수$= 0.345$

　② 상용로그 값이 음수인 경우 : $\log N = -1.234 = -2 + (1 - 0.234) = \overline{2}.766$

　　⋯→ 지표$= -2$, 가수$= 0.766$　⋯→ '가수'는 반드시 양의 소수여야 한다.

⑶ 지표의 성질 (단, $n \geqq 0$ 인 정수)

　① $\log N = n + \alpha$　$\Rightarrow$　10^n 의 자릿수

　② $\log N = -n + \alpha$　$\Rightarrow$　10^{-n} 의 자리에서 처음으로 0이 아닌 숫자가 나온다.

⑷ 가수의 성질

　① 가수가 같으면 두 진수의 수의 배열이 같다.

　② $\log M$, $\log N$ 의 가수가 같다.　$\Rightarrow$　$\log M - \log N =$ 정수

　③ $\log M$, $\log N$ 의 가수의 합이 1　$\Rightarrow$　$\log M + \log N =$ 정수

 **memo**

01 두 양수 a, b에 대하여 $5^{\log b} = a^{2\log 5}$ 이고 행렬 $\begin{pmatrix} a & -1 \\ -b & 2 \end{pmatrix}$가 역행렬을 갖지 않을 때, ab의 값은?

① 8   ② 12   ③ 16

④ 25   ⑤ 27

02 다음 표는 어느 학교에서 한 달 전에 구입한 휴대용 저장장치의 용량에 따른 1개당 가격과 개수의 현황을 나타낸 것이다.

용량	128 MB	256 MB	512 MB	1 GB	2 GB
1개당 가격	a	$\dfrac{3}{2}a$	$\left(\dfrac{3}{2}\right)^2 a$	$\left(\dfrac{3}{2}\right)^3 a$	$\left(\dfrac{3}{2}\right)^4 a$
개수	$16b$	$8b$	$4b$	$2b$	b

현재 모든 휴대용 저장 장치의 가격이 한 달 전보다 모두 40%씩 하락하였다. 이 학교에서 휴대용 저장 장치의 용량과 개수를 위 표와 동일하게 현재의 가격으로 구입한다면 지불해야 하는 금액은?
(단, $a>0$이고 $b>0$이다.)

① $\dfrac{128}{5}ab\left\{1-\left(\dfrac{1}{4}\right)^5\right\}$ ② $32ab\left\{1-\left(\dfrac{3}{4}\right)^5\right\}$

③ $32ab\left\{1-\left(\dfrac{1}{4}\right)^5\right\}$ ④ $\dfrac{192}{5}ab\left\{1-\left(\dfrac{3}{4}\right)^5\right\}$

⑤ $\dfrac{192}{5}ab\left\{1-\left(\dfrac{1}{4}\right)^5\right\}$

03 두 자리의 자연수 n에 대하여 $\log_9 n - [\log_9 n]$이 최대가 되는 n의 값을 구하시오. (단, $[x]$는 x보다 크지 않은 최대의 정수이다.)

04 양수 a에 대하여 $\log a$의 지표와 가수를 각각 $f(a)$, $g(a)$라 할 때, 〈보기〉에서 옳은 것을 모두 고른 것은?

〈보기〉
ㄱ. $f(2006) = 3$
ㄴ. $g(2) + g(6) = g(12) + 1$
ㄷ. $f(ab) = f(a) + f(b)$ 이면
$g(ab) = g(a) + g(b)$ 이다.

① ㄱ   ② ㄱ, ㄴ

③ ㄱ, ㄷ   ④ ㄴ, ㄷ

⑤ ㄱ, ㄴ, ㄷ

05 100보다 작은 두 자연수 $a, b\,(a<b)$에 대하여 $\log a$의 가수와 $\log b$의 가수의 합이 1이 되는 순서쌍 (a, b)의 개수는?

① 2   ② 4   ③ 6

④ 8   ⑤ 10

06 정수 n에 대하여 두 집합 $A(n)$, $B(n)$이
$A(n) = \{x \mid \log_2 x \le n\}$,
$B(n) = \{x \mid \log_4 x \le n\}$일 때,
〈보기〉에서 옳은 것을 모두 고른 것은?

〈보기〉
ㄱ. $A(1) = \{x \mid 0 < x \le 1\}$
ㄴ. $A(4) = B(2)$
ㄷ. $A(n) \subset B(n)$ 일 때,
$B(-n) \subset A(-n)$ 이다.

① ㄱ   ② ㄴ   ③ ㄷ

④ ㄱ, ㄷ   ⑤ ㄴ, ㄷ

1. 로그함수

지수함수 $y = a^x (a > 0 , a \neq 1)$의 역함수 $x = a^y$의 양변에 로그를 취하여 얻은 함수 $y = \log_a x$를 a를 밑으로 하는 x의 로그함수라고 한다.

2. 로그함수 $y = \log_a x \ (a > 0 , a \neq 1)$의 그래프의 성질

(1) 정의역 : 양의 실수 전체의 집합, 치역 : 실수 전체의 집합

(2) 그래프는 점 (1, 0)을 지나고, y축$(x = 0)$을 점근선으로 갖는다.

(3) $a > 1$ 이면 $x_1 < x_2 \Leftrightarrow \log_a x_1 < \log_a x_2$

(4) $0 < a < 1$ 이면 $x_1 < x_2 \Leftrightarrow \log_a x_1 > \log_a x_2$

(5) 로그 함수 $y = \log_a x$ 의 그래프는 지수 함수 $y = a^x$ 의 그래프와 직선 $y = x$ 에 대하여 대칭이다.

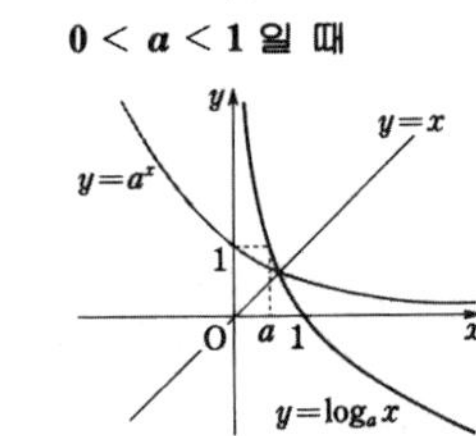

3. $y = \log_a (x - m) + n \ (a > 0 , a \neq 1)$의 그래프

(1) $y = \log_a x$ 의 그래프를 x 축의 방향으로 m 만큼, y 축의 방향으로 n 만큼 평행 이동한 그래프이다.

(2) 정의역은 $\{x \mid x > m \}$ 이고 치역은 실수 전체의 집합이다.

(3) 점 $(m + 1 , n)$을 지나고, 직선 $x = m$ 을 점근선으로 한다.

4. 로그함수의 최대·최소

(1) 함수 $y = \log_a f(x)$ 의 최대·최소

① $a > 1$ 일 때, $f(x)$ 가 최대이면, y 는 최대이다.

② $0 < a < 1$ 일 때, $f(x)$ 가 최대이면, y 는 최소이다.

(2) $\log_a x$ 가 반복될 때는 $\log_a x = A$ 로 치환하여 푼다.

5. 로그방정식의 풀이

(1) 반드시 진수 조건$(\log_a f(x) \Leftrightarrow f(x) > 0)$을 만족시키는 범위에서만 답을 구한다.

(2) 로그방정식의 풀이$(a > 0 , a \neq 1$ 일 때$)$

① $\log_a f(x) = b \quad \Leftrightarrow f(x) = a^b , f(x) > 0$

② 일반적인 꼴 : 밑수를 같게 만든다.

　　즉, $\log_a f(x) = \log_a g(x) \Leftrightarrow f(x) = g(x) , f(x) > 0 , g(x) > 0$

③ $\log_a f(x)$ 의 꼴이 반복 : $\log_a f(x) = t$ 로 치환　④ 진수가 같을 경우 : 밑이 같거나 진수가 1이다.

⑤ 지수에 로그를 포함한 식 : 양변에 로그를 취한다.

6. 로그부등식의 풀이

(1) 반드시 진수 조건($\log_a f(x) \Leftrightarrow f(x) > 0$)을 만족시키는 범위에서만 답을 구한다.

(2) 로그 부등식의 풀이

　① $a > 1$ 이면 $\log_a f(x) < \log_a g(x) \Leftrightarrow f(x) < g(x)$

　② $0 < a < 1$ 이면 $\log_a f(x) < \log_a g(x) \Leftrightarrow f(x) > g(x)$

(3) 특별한 로그부등식의 풀이

　① 밑이 다를 경우 ⋯→ 밑변환공식으로 통일시켜라.

　② 같은 꼴이 있을 경우 ⋯→ 치환하라.

　③ 지수에 로그가 있을 경우 ⋯→ 양변에 로그를 취하라.

7. 거듭제곱식꼴 문제(%문제)

(1) 주어진 문제를 어떤 수의 거듭제곱에 관한 식으로 정리한다.

　(예, 10%씩 줄어든다 ⋯→ $(90\%)^n$ 씩 된다)

(2) 양변에 (상용)로그를 취한다.

(3) 위 ⑵식을 정리하여 문제에서 원하는 값을 구한다.

memo

01 자연수 n에 대하여 $f(n)=2^n-\log_2 n$ 이라 할 때, 〈보기〉에서 옳은 것을 모두 고른 것은?

> **보기**
> ㄱ. $f(2)=3$
> ㄴ. $f(8)=-f(\log_2 8)$
> ㄷ. $f(2^n)+n=\{f(2^{n-1})+n-1\}^2$

① ㄱ   ② ㄴ
③ ㄱ, ㄴ   ④ ㄱ, ㄷ
⑤ ㄴ, ㄷ

02 다음 조건을 만족시키는 세 정수 a, b, c 를 더한 값을 k라 할 때, k의 최대값과 최소값의 합을 구하시오.

> (가) $1 \leq a \leq 5$
> (나) $\log_2 (b-a)=3$
> (다) $\log_2 (c-b)=2$

03 로그부등식
$$\log_2 (x^2+x-2)<\log_2 (-2x+2)$$
의 해가 $\alpha < x < \beta$일 때, $\alpha\beta$의 값은?

① 2   ② 4
③ 6   ④ 8
⑤ 10

04 그림과 같이 곡선 $y=2\log_2 x$ 위의 한 점 A를 지나고 x축에 평행한 직선이 곡선 $y=2^{x-3}$과 만나는 점을 B라 하자. 점 B를 지나고 y축에 평행한 직선이 곡선 $y=2\log_2 x$와 만나는 점을 D라 하자. 점 D를 지나고 x축에 평행한 직선이 곡선 $y=2^{x-3}$과 만나는 점을 C라 하자. $\overline{AB}=2$, $\overline{BD}=2$일 때, 사각형 ABCD의 넓이는?

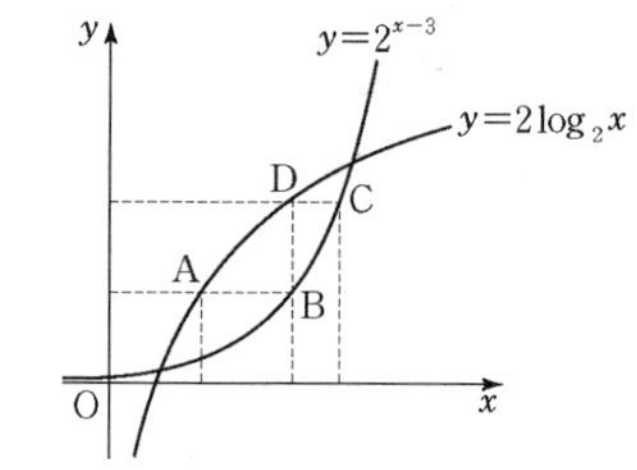

① 2   ② $1+\sqrt{2}$
③ $\dfrac{5}{2}$ ④ 3   ⑤ $2+\sqrt{2}$

05 좌표평면에서 다음 조건을 만족시키는 정사각형 중 두 함수 $y=\log 3x$, $y=\log 7x$의 그래프와 모두 만나는 것의 개수를 구하시오.

> (가) 꼭짓점의 x좌표, y좌표가 모두 자연수 이고 한 변의 길이가 1이다.
> (나) 꼭짓점의 x좌표는 모두 100이하 이다.

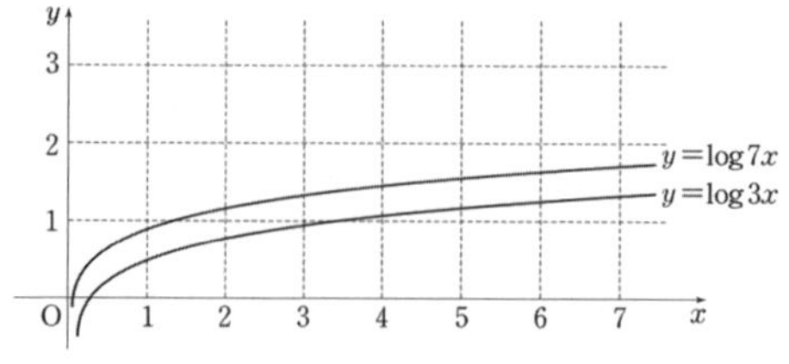

memo

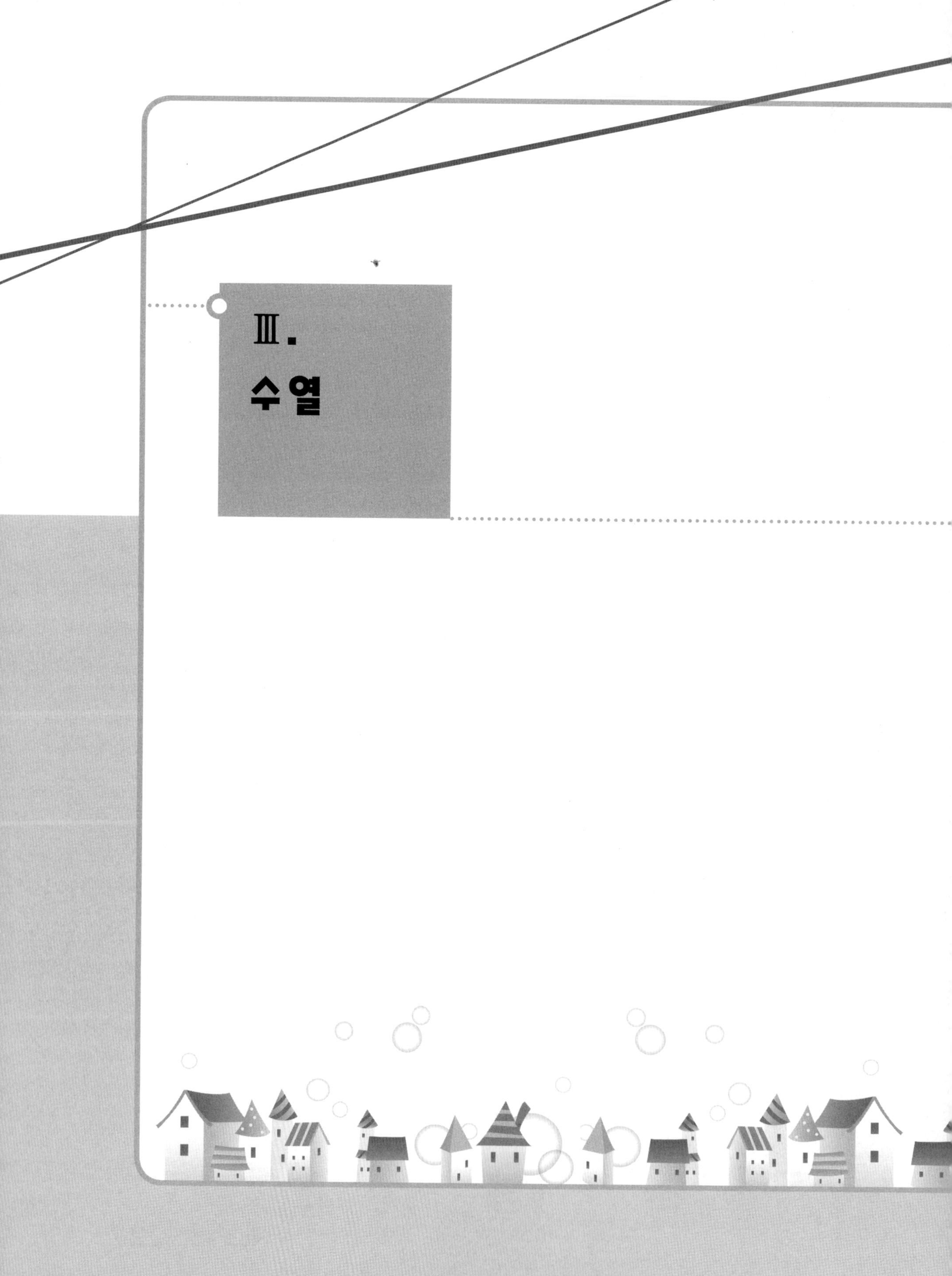

Ⅲ.
수열

Lec.08 등차수열

Lec.09 등비수열

Lec.10 여러 가지 수열(1)

Lec.11 여러 가지 수열(2)

Lec.12 귀납적 정의와 순서도

1. 등차수열(Arithmetical Progression) (첫째 항이 a_1, 공차가 d)

(1) 일반항 : $a_n = a_1 + (n-1)\,d$

(2) 공차 : $d = a_{n+1} - a_n$

2. 등차중항

세 수 a, x, b 가 등차수열을 이룰 때, 세 수의 가운데 수 x 를 a, b 의 등차중항이라 한다.

즉, $2x = a + b \ \Leftrightarrow \ x = \dfrac{a+b}{2}$

(1) 세 수가 등차수열 $\Rightarrow a-d,\ a,\ a+d$ 로 설정

(2) 네 수가 등차수열 $\Rightarrow a-3d,\ a-d,\ a+d,\ a+3d$ 로 설정

(3) 다섯 개의 수가 등차수열 $\Rightarrow a-2d,\ a-d,\ a,\ a+d,\ a+2d$ 로 설정

3. 등차수열의 합

(1) 첫째 항 a, 끝항 a_n : $S_n = \dfrac{n(a+a_n)}{2}$

(2) 첫째 항 a, 공차 d : $S_n = \dfrac{n\{2a+(n-1)\,d\}}{2}$

4. 합과 일반항($S_n = A n^2 + B n + C$ (A, B, C는 상수) 꼴에서)

(1) $a_n = S_n - S_{n-1}$

(2) $S_1 \Rightarrow a_1$

(3) $C = 0$ 이면 첫째 항부터 등차수열

(4) $C \neq 0$ 이면 제 2항부터 등차수열

(5) 등차수열이 되기 위한 필요충분조건 : $C = 0$

5. 간단한 등차수열의 합

(1) 자연수의 합 : $1 + 2 + 3 + \ldots + n = \dfrac{n(n+1)}{2}$

(2) 홀수의 합 : $1 + 3 + 5 + \ldots + (2n-1) = n^2$

(3) 짝수의 합 : $2 + 4 + 6 + \ldots + 2n = n(n+1)$

6. 등차수열의 활용

(1) n 개의 등차중앙 : 두 수 x, y 사이에 n 개의 수를 넣어 등차수열이 되게 할 때,

즉, $x,\ a_1,\ a_2,\ \ldots\ldots,\ a_n,\ y \ \Rightarrow$ 항의 수 : $(n+2)$ 개, $S = \dfrac{n+2}{2}(x+y)$

(2) S_n 의 최대, 최소

① 최대 : 마지막 양수항 또는 0이 되는 항까지의 합

② 최소 : 마지막 음수항 또는 0이 되는 항까지의 합

7. 조화수열(Harmonic Progression)

(1) 정의

어떤 수열의 각 항의 역수가 등차수열을 이룰 때 그 수열을 조화수열이라 한다.

$$\frac{1}{a_1} , \frac{1}{a_2} , \frac{1}{a_3} , \cdots\cdots , \frac{1}{a_n} \text{(등차수열)} \Leftrightarrow a_1 , a_2 , a_3 , \cdots\cdots , a_n \text{(조화수열)}$$

(2) 일반항

$$\frac{1}{a_n} = \frac{1}{a_1} + (n-1)d , \ d = \frac{1}{a_2} - \frac{1}{a_1}$$

(3) 조화중항

$$a , x , b \text{ 가 조화수열} \Leftrightarrow \frac{2}{x} = \frac{1}{a} + \frac{1}{b} \Leftrightarrow x = \frac{2ab}{a+b} \ (x \text{ 는 조화중항})$$

 **memo**

01 1과 2사이에 n개의 수를 넣어 만든 등차수열 1, a_1, a_2, $\cdots$, a_n, 2의 합이 24일 때, n의 값은?

① 11 ② 12
③ 13 ④ 14
⑤ 15

02 수열 $\{a_n\}$에 대하여 첫째항부터 제 n항까지의 합을 S_n이라 하자. 수열 $\{S_{2n-1}\}$은 공차가 -3인 등차수열이고, 수열 $\{S_{2n}\}$은 공차가 2인 등차수열이다. $a_2=1$일 때, a_8의 값을 구하시오.

03 수열 $\{a_n\}$에 대하여 첫째항부터 제 n 항까지의 합을 S_n이라 하자.
(단, $a_1<a_2<a_3<...<a_n<...$ 이다.)
$a_1=1$, $a_2=3$, $(S_{n+1}-S_{n-1})^2=4a_n a_{n+1}+4\,(n=2,3,4,...)$일 때, a_{20}의 값은?

① 39 ② 43
③ 47 ④ 51
⑤ 55

04 오른쪽 그림과 같이 삼각형 ABC의 변 AB를 $2:1$로 내분하는 내분점을 P로 잡고, 변 AC 위에

두 점 Q, R를 잡자. 삼각형 APQ, PRQ와 사각형 PBCR의 넓이가 차례로 첫째항이 a이고 공차가 d인 등차수열을 이룰 때, 다음은 $\dfrac{\overline{CQ}}{\overline{AR}}$의 값을 a와 d로 나타내는 과정이다.

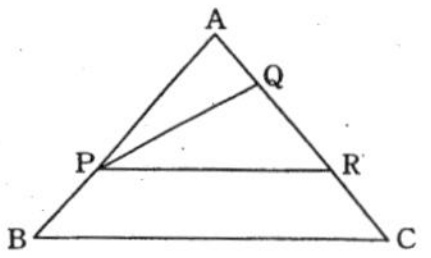

삼각형 APQ의 넓이는 a이므로
삼각형 APR의 넓이는 $2a+d$가 되어
$a:2a+d=\triangle APQ:\triangle APR$
$=\dfrac{1}{2}\overline{AP}\cdot\overline{AQ}\sin A:\dfrac{1}{2}\overline{AP}\cdot\overline{AR}\sin A$가 성립한다. 따라서 $\dfrac{\overline{AQ}}{\overline{AR}}=\dfrac{a}{2a+d}$ ……㉠

같은 방법으로, 삼각형 ABC의 넓이는 (가) 이므로 $a:$ (가) $=\triangle APQ:\triangle ABC$
$=\dfrac{1}{2}\overline{AP}\cdot\overline{AQ}\sin A:\dfrac{1}{2}\overline{AB}\cdot\overline{AC}\sin A$

또한 점 P는 변 AB를 $2:1$로 내분하는 내분점이므로 $\overline{AP}=\dfrac{2}{3}\overline{AB}$,

따라서 $\dfrac{\overline{AQ}}{\overline{AC}}=$ (나)

그러므로 $\dfrac{\overline{CQ}}{\overline{AQ}}=\dfrac{\overline{AC}-\overline{AQ}}{\overline{AQ}}=$ (다) ……㉡

㉠, ㉡에 의해 $\dfrac{\overline{CQ}}{\overline{AR}}=\dfrac{\overline{CQ}}{\overline{AQ}}\cdot\dfrac{\overline{AQ}}{\overline{AR}}=\dfrac{a+2d}{2a+d}$

위의 과정에서 (가), (나), (다)에 알맞은 것은?

	(가)	(나)	(다)
①	$a+2d$	$\dfrac{a}{3(a+d)}$	$\dfrac{2a+3d}{a}$
②	$a+2d$	$\dfrac{a+d}{2a+3d}$	$\dfrac{a+2d}{a+d}$
③	$3(a+d)$	$\dfrac{a}{2(a+d)}$	$\dfrac{a+2d}{a+d}$
④	$3(a+d)$	$\dfrac{a}{2(a+d)}$	$\dfrac{a+2d}{a}$
⑤	$3(a+d)$	$\dfrac{a}{3(a+d)}$	$\dfrac{2a+3d}{a}$

1. 등비수열(Geometric Progression)

첫째 항 a, 공비 r 인 등비수열의 일반항은 $\;\cdots\to\; a_n = a\,r^{n-1}$

2. 등비중항

(1) 세 수 a, x, b 가 등비수열을 이룰 때 x 를 a, b 의 등비중항이라 한다.

$$x^2 = ab \;\Leftrightarrow\; x = \pm\sqrt{ab}$$

(2) 세 수가 등비수열이면, a, ar, ar^2 라고 놓는다.

(3) 등차/등비/조화중항의 관계

두 양수 a, b 에서

등차중항 $A = \dfrac{a+b}{2}$, 양의 등비중항 $G = \sqrt{ab}$, 조화중항 $H = \dfrac{2ab}{a+b}$ 이므로,

① $A \geqq G \geqq H$ (단, 등호는 $a = b$ 일 때 성립)

② $AH = G^2 \Leftrightarrow$ A, G, H는 등비수열

3. 등비수열의 합 (S_n)

(1) $r > 1$ 일 때 $S_n = \dfrac{a(r^n - 1)}{r - 1}$

(2) $r < 1$ 일 때 $S_n = \dfrac{a(1 - r^n)}{1 - r}$

(3) $r = 1$ 일 때 $S_n = na$

4. $S_n = a\,r^n + B\,(r \neq 0\,,\; r \neq 1)$ 꼴에서

(1) $A + B = 0$ 일 때 등비수열의 합이 존재

(2) $a_1 = A(r - 1)$

(3) $A_n = S_n - S_{n-1} = A(r - 1) \cdot r^{n-1}$

5. 등비수열의 활용

(1) $a_n > 0$ 일 때, 수열 $\{\log_a n\}$ 이 등차수열 $\Leftrightarrow$ 수열 $\{a_n\}$ 이 등비수열

(2) 등비수열의 합의 응용 (등비수열 $\{a_n\}$, T, p 는 상수)

① $S_n = T$

② $S_{2n} = T(p + 1)$

③ $S_{3n} = T(p^2 + p + 1)$

6. 예금 문제(a=원금, r =이율)

　(1) 단리법 : $S = a(1 + rn)$

　(2) 복리법 : $S = a(1 + r)^n$

7. 적금 문제

$$S = \frac{초항\,(공비^{기간} - 1)}{공비 - 1}$$

　(1) 기수불 : 분기 초에 적립하는 경우 → 초항 $a(1 + r)$, 공비 $(1 + r)$

　(2) 기말불 : 분기 말에 적립하는 경우 → 초항 a , 공비 $(1 + r)$

8. 상환과 현가 문제

　(1) 원리상한(할부금) : 정해진 금액을 일정한 기간마다 정한 기한에 일정한 금액을 지불하여 갚
　　는 것. 즉, A원을 n 기간 동안 갚을 때, 매달(년) 내야할 할부금 a 원을 구하는 문제이다.
　　[할부 원금 A원의 예금] = [a 원씩 할부금의 적금]

$$\therefore \quad A(1 + r)^n = a\left\{(1 + r)^n - 1\right\}\,r$$

　(2) 연금의 현가 : 매년 받을 연금을 현재 일시에 받는 돈. 즉, a 원씩 n 기간 동안 받을 돈을
　　한꺼번에 받는 P원을 구하는 문제이다.
　　[일시불 P원의 예금] = [연금 a 원의 적금]

$$\therefore \quad P(1 + r)^n = 초항\left\{(1 + r)^n - 1\right\}\,r$$

　(이 때, 연금을 초에 받는지 말에 받는지에 따라 초항이 달라짐에 유의)

memo

01 이차방정식 $x^2 - kx + 125 = 0$ 의 두 근 $\alpha,\ \beta\ (\alpha < \beta)$ 에 대하여 $\alpha,\ \beta - \alpha,\ \beta$ 가 이 순서로 등비수열을 이룰 때, 양수 k 의 값을 구하시오.

02 첫째항이 1이고 공비가 2인 등비수열 $\{a_n\}$에 대하여 $b_n = (a_{n+1})^2 - (a_n)^2$일 때, $\dfrac{b_6}{b_3}$의 값은?

① 56　　② 58　　③ 60
④ 62　　⑤ 64

03 다음은 어느 회사의 연봉에 관한 규정이다.

> (가) 입사 첫째 해 연봉은 a 원이고, 입사 19년째 해까지의 연봉은 해마다 직전 연봉에서 8%씩 인상된다.
> (나) 입사 20년째 해부터의 연봉은 입사 19년째 해 연봉의 $\dfrac{2}{3}$로 한다.

이 회사에 입사한 사람이 28년 동안 근무하여 받는 연봉의 총합은?
(단, $1.08^{18} = 4$로 계산한다.)

① $\dfrac{101}{2}a$　　② $\dfrac{111}{2}a$

③ $\dfrac{121}{2}a$　　④ $\dfrac{131}{2}a$

⑤ $\dfrac{141}{2}a$

04 공비가 r이고 $a_2 = 1$인 등비수열 $\{a_n\}$에서 첫째항부터 제 10항까지의 곱을 $\omega = a_1 a_2 a_3 \cdot \cdots \cdot a_{10}$이라 할 때, $\log_r \omega$의 값을 구하시오.
(단, $r > 0$이고 $r \neq 1$이다.)

05 공차가 $d_1,\ d_2$인 두 등차수열 $\{a_n\},\ \{b_n\}$의 첫째항부터 제 n항까지의 합을 각각 $S_n,\ T_n$이라 하자. $S_n T_n = n^2(n^2 - 1)$ 일 때, 〈보기〉에서 항상 옳은 것을 모두 고른 것은?

> **보기**
> ㄱ. $a_n = n$이면 $b_n = 4n - 4$이다.
> ㄴ. $d_1 d_2 = 4$
> ㄷ. $a_1 \neq 0$이면 $a_n = n$이다.

① ㄱ　　　　　② ㄴ
③ ㄱ, ㄴ　　　④ ㄱ, ㄷ
⑤ ㄱ, ㄴ, ㄷ

1. $\sum$ 의 뜻과 계산

수열 a_1, a_2, a_3, $\cdots$, a_n 에서 첫째 항부터 제 n 항까지의 합을 기호 $\sum$ 을 써서 간단히 다음과 같이 나타낼 수 있다.　$\longrightarrow$　$a_1 + a_2 + a_3 + \cdots + a_n = \sum\limits_{k=1}^{n} a_k$

2. $\sum$ 의 기본성질

(1) $\sum\limits_{k=1}^{n} c\,a_k = c \cdot \sum\limits_{k=1}^{n} a_k$ (단, c 는 상수)

(2) $\sum\limits_{k=1}^{n} (a_k \pm b_k) = \sum\limits_{k=1}^{n} a_k \pm \sum\limits_{k=1}^{n} b_k$ (복호동순)

(3) $\sum\limits_{k=1}^{n} c = cn$ (단, c 는 상수)

3. 자연수의 거듭제곱의 합

(1) $\sum\limits_{k=1}^{n} k = 1 + 2 + \cdots + n = \dfrac{n(n+1)}{2}$

(2) $\sum\limits_{k=1}^{n} k^2 = 1^2 + 2^2 + \cdots + n^2 = \dfrac{n(n+1)(2n+1)}{6}$

(3) $\sum\limits_{k=1}^{n} k^3 = 1^3 + 2^3 + \cdots + n^3 = \left\{ \dfrac{n(n+1)}{2} \right\}^2$

4. $\sum$ 를 이용하여 수열의 합을 구하는 방법

(1) 일반항 a_n 을 구한다.

(2) 일반항의 n 대신 k 를 대입한 식 a_k 를 구한다.

(3) $S_n = \sum\limits_{k=1}^{n} a_k$ 를 이용한다.

5. 계차수열

수열 $\{a_n\}$ 에서 이웃하는 두 항의 차 $b_n = a_{n+1} - a_n$ 을 a_n 과 a_{n+1} 계차라 하고, 이 계차들로 이루어진 수열 $\{b_n\}$ 을 수열 $\{a_n\}$ 의 계차수열이라 한다.(단, $n = 1, 2, 3, \cdots$)

$$a_1 \underset{b_1}{\smile} a_2 \underset{b_2}{\smile} a_3 \underset{b_3}{\smile} a_4 \quad \cdots \quad a_{n-1} \underset{b_{n-1}}{\smile} a_n \quad \leftarrow 계차수열$$

6. 계차수열 b_n 을 이용한 원수열 a_n 의 일반항

$$a_n = a_1 + (b_1 + b_2 + \cdots + b_{n-1}) = a_1 + \sum\limits_{k=1}^{n-1} b_k$$

7. 계차수열을 이용한 원수열의 일반항 구하는 방법

(1) 계차수열의 일반항 b_n 을 구한다.

(2) n 의 값을 k 로 바꾼 b_k 를 구한다.

(3) 공식을 이용해 $a_n = a_1 + \sum\limits_{k=1}^{n-1} b_k$ 을 구한다.(계차수열은 여러 번 계속될 수도 있다.)

01 음성 신호를 크게 하는 장치를 증폭기라고 한다. 전압 이득이 V인 증폭기의 데시벨 전압 이득 D는 $D = 20\log V$라고 한다. 전압 이득이 $V_k\,(k=1,\ 2,\ \cdots,\ 9)$인 증폭기의 데시벨 전압 이득 $D_k\,(k=1,\ 2,\ \cdots,\ 9)$는 $D_k = 20\log V_k$이다. 증폭기의 전압 이득 V_k가 $V_k = \dfrac{k+1}{k}\,(k=1,\ 2,\ \cdots,\ 9)$인 9개의 증폭기를 연결하여 얻은 전체 데시벨 전압 이득 S_9가 $S_9 = \displaystyle\sum_{k=1}^{9} D_k$라 할 때, S_9의 값을 구하시오.

02 이차방정식 $x^2 - 2x - 1 = 0$의 두 근을 α,β라 할 때, $\displaystyle\sum_{k=1}^{10}(k-\alpha)(k-\beta)$의 값은?

① 255　　② 265　　③ 275
④ 285　　⑤ 295

03 수열 $\{a_n\}$이 다음 조건을 만족시킬 때, $\displaystyle\sum_{k=1}^{6} a_k$의 값은?

> (가) $a_1 = 1$
> (나) $\{a_n\}$의 계차수열 $\{b_n\}$에 대하여
> 　　　$b_n = a_n$이다.

① 57　　② 60　　③ 63
④ 66　　⑤ 69

04 수열 $\{a_n\}$에서 $a_n = 3 + (-1)^n$일 때, 좌표평면 위의 점 P_n을

$$P_n\left(a_n\cos\frac{2n\pi}{3},\ a_n\sin\frac{2n\pi}{3}\right)$$

라 하자. 점 P_{2009}와 같은 점은?

① P_1　　② P_2　　③ P_3
④ P_4　　⑤ P_5

05 수열 $\{a_n\}$이 $a_1 = 0$, $a_n + a_{n+1} = n$을 만족시킨다. 다음은 두 자연수 m, n에 대하여 $\displaystyle\sum_{k=n-m+1}^{n+m} a_k$의 값을 구하는 과정이다. (단, $m < n$이다.)

$$\begin{aligned}
&\sum_{k=n-m+1}^{n+m} a_k \\
&= a_{n-m+1} + a_{n-m+2} + \\
&\quad \cdots + a_{n+m-1} + a_{n+m} \\
&= (n-m+1) + (n-m+3) + \\
&\quad \cdots + (n+m-3) + \boxed{(가)} \\
&= \frac{(\boxed{(나)})(n-m+1) + (\boxed{(가)})}{2} \\
&= \boxed{(다)}
\end{aligned}$$

위 과정에서 (가), (나), (다)에 알맞은 것은?

	(가)	(나)	(다)
①	$n+m-1$	m	mn
②	$n+m-1$	m	n^2
③	$n+m-1$	n	n^2
④	$n+m$	$m-1$	mn
⑤	$n+m$	$n-1$	n^2

1. 분수수열의 합

(1) 일반항 a_n을 구하여 분모가 두 인수의 곱이 되도록 변환시킨다.

(2) 일반항 a_n을 이항분리한다.

(3) 일일이 대입하여 합의 규칙을 찾아 계산한다.

$$\text{즉, } S_n = \sum_{k=1}^{n} a_k = a_1 + a_2 + a_3 + \cdots + a_n$$

2. 이항분리

(1) 이항분리의 기본 방식

$$\frac{1}{AB} = \frac{1}{B-A}\left(\frac{1}{A} - \frac{1}{B}\right) \quad\longrightarrow\quad \text{즉, } \frac{1}{\text{앞}\cdot\text{뒤}} = \frac{1}{\text{뒤}-\text{앞}}\left(\frac{1}{\text{앞}} - \frac{1}{\text{뒤}}\right)$$

(2) 주로 나오는 이항분리법 (단, a, b 는 상수)

① $\dfrac{1}{n(n+1)} = \dfrac{1}{n} - \dfrac{1}{n+1}$

② $\dfrac{1}{n(n+a)} = \dfrac{1}{a}\left(\dfrac{1}{n} - \dfrac{1}{n+1}\right)$

③ $\dfrac{1}{(n+a)(n+b)} = \dfrac{1}{b-a}\left(\dfrac{1}{n+a} - \dfrac{1}{n+b}\right)$

④ $\dfrac{1}{n(n+1)(n+2)} = \dfrac{1}{2}\left\{\dfrac{1}{n(n+1)} - \dfrac{1}{(n+1)(n+2)}\right\}$

3. 군수열

(1) 정의 : 수열 $\{a_n\}$ 에서 몇 개의 항을 차례로 묶어 군으로 나눈 수열

(2) 해법

① 제n 군의 첫째 항 A구하기 : 각 군의 첫째 항으로 이루어진 수열에서 제n 항을 구한다.

② 제n 군의 합 : 제 n 군의 첫째 항과 항수를 조사하여 제n 군에 소속된 수열의 합을 구한다.

③ 제n 군까지의 합 S_n : $S_n = \displaystyle\sum_{k=1}^{n} A_k$

4. 특수한 수열

(1) 구구형의 수열 : $9,\ 99,\ 999,\ \cdots,\ 999\cdots 9 \quad\longrightarrow\quad a_n = 10^n - 1$

(변형) $4,\ 44,\ 444,\ \cdots,\ 444\cdots 4 \quad\longrightarrow\quad a_n = \dfrac{4}{9}(10^n - 1)$

(2) 멱급수 : 등차수열과 등비수열의 대응되는 항끼리 서로 곱해서 얻어지는 수열의 합
$\longrightarrow$ 수열 S에 공비 r을 곱한 후 $S - rS$꼴로 계산한다.

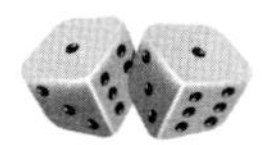

01 $\displaystyle\sum_{k=1}^{14}\dfrac{1}{k(k+1)}=\dfrac{q}{p}$ 일 때, $p+q$ 의 값을 구하시오.

(단, p 와 q 는 서로소인 자연수이다.)

02 자연수 n에 대하여 x에 관한 이차방정식 $(4n^2-1)x^2-4nx+1=0$의 두 근이 $\alpha_n,\ \beta_n(\alpha_n>\beta_n)$일 때, $\displaystyle\sum_{n=1}^{\infty}(\alpha_n-\beta_n)$ 의 값은?

① 1 　　② 2 　　③ 3

④ 4 　　⑤ 5

03 3보다 큰 자연수 n 에 대하여 $f(n)$ 을 다음 조건을 만족시키는 가장 작은 자연수 a 라 하자.

> (가) $a\geq 3$
> (나) 두 점 $(2,\ 0)$, $(a,\ \log_n a)$ 를 지나는 직선의 기울기는 $\dfrac{1}{2}$ 보다 작거나 같다.

예를 들어 $f(5)=4$ 이다. $\displaystyle\sum_{n=4}^{30}f(n)$ 의 값을 구하시오.

04 수열 $\{a_n\}$ 은 $a_1=1$ 이고

$$a_{n+1}=\sum_{k=1}^{n}2^{n-k}a_k\ (n\geq 1)$$을 만족시킨다. 다음은 일반항 a_n 을 구하는 과정이다.

> 주어진 식으로부터
> $a_2=\boxed{\text{(가)}}$ 이다.
> 자연수 n 에 대하여
> $$a_{n+2}=\sum_{k=1}^{n+1}2^{n+1-k}a_k$$
> $$=\sum_{k=1}^{n}2^{n+1-k}a_k+a_{n+1}$$
> $$=\boxed{\text{(나)}}\sum_{k=1}^{n}2^{n-k}a_k+a_{n+1}$$
> $$=\boxed{\text{(다)}}\ a_{n+1}$$
> 따라서,
> $a_1=1$ 이고, $n\geq 2$ 일 때
> $a_n=(\boxed{\text{(다)}})^{n-2}$ 이다.

위의 (가), (나), (다)에 알맞은 수를 각각 $p,\ q,\ r$ 라 할 때, $p+q+r$ 의 값은?

① 3 　　② 4 　　③ 5

④ 6 　　⑤ 7

05 아래 그림과 같이 자연수 n 에 대하여 n 개의 항 $\left[\dfrac{n}{1}\right]$, $\left[\dfrac{n}{2}\right]$, $\left[\dfrac{n}{3}\right]$, $\cdots$, $\left[\dfrac{n}{n}\right]$ 이 n 행에 1열부터 n 열까지 차례로 나열되어 있다.(단, $[x]$ 는 x 보다 크지 않은 최대의 정수이다.)

	1열	2열	3열	4열	5열	$\cdots$	n열	$\cdots$
1행	1							
2행	2	1						
3행	3	1	1					
4행	4	2	1	1				
5행	5	2	1	1	1			
$\vdots$								
n행	$\left[\dfrac{n}{1}\right]$	$\left[\dfrac{n}{2}\right]$	$\left[\dfrac{n}{3}\right]$		$\cdots$		$\left[\dfrac{n}{n}\right]$	
$\vdots$								

〈보기〉에서 옳은 것을 모두 고른 것은?

보기

ㄱ. n행에서 그 값이 1인 항은 $\left[\dfrac{n+1}{2}\right]$ 개이다.

ㄴ. 100행에서 그 값이 3인 항은 8개이다.

ㄷ. 3열에서 그 값이 5인 항은 5개이다.

① ㄱ 　　② ㄴ

③ ㄷ 　　④ ㄱ, ㄴ

⑤ ㄱ, ㄴ, ㄷ

1. 점화식

수열의 이웃하는 항 사이의 관계식을 점화식이라 하고, 축차대입법(n에 1, 2, 3, $\cdots$ 를 차례로 대입하는 방법)을 이용하여 일반항을 구한다.

2. 기본적인 점화식

(1) 등차수열 : $a_{n+1} = a_n + d$ (d는 상수)

(2) 등비수열 : $a_{n+1} = r\,a_n$ (r은 상수)

(3) 조화수열 : $\dfrac{1}{a_{n+1}} = \dfrac{1}{a_n} + d$ (d는 상수),

3. 중요한 점화식

(1) $p = 1$인 경우

$$a_{n+1} = a_n + f(n) \ (\text{계차수열}) \ \longrightarrow \ a_n = a_1 + \sum_{k=1}^{n-1} f(k)$$

(2) $p \neq 1$인 경우

$$a_{n+1} = p\,a_n + q \ (p,\, q\text{는 상수}) \ \longrightarrow \ a_n = a_1 + \frac{(a_2 - a_1)(p^{\,n-1} - 1)}{p - 1}$$

4. 그 밖의 점화식

(1) $a_{n+1} = a_n \cdot f(n) \ (n = 1, 2, 3, \cdots) \ \longrightarrow \ a_n = a_1 \cdot f(1) \cdot f(2) \cdot \cdots \cdot f(n-1)$

(2) $k a_{n+2} + l a_{n+1} + m a_n = 0$

$\longrightarrow a_{n+2} - a_{n+1} = p(a_{n+1} - a_n)$ 꼴로 고친 후, 3-(2)의 방식으로 일반항을 구한다.

(3) $a_{n+1} = \dfrac{p\,a_n}{q\,a_n + r}$ 꼴 $\longrightarrow$ 역수를 취하면 등차수열

(4) $p\,a_n a_{n+1} = q\,a_n - r\,a_{n+1}$ 꼴 $\longrightarrow$ 양변을 $a_n a_{n+1}$로 나누면 등차수열

(5) $a_{n+1} = q\,a_n^{\,p} \longrightarrow$ 양변에 로그를 취한다.

5. 수학적 귀납법

(1) [$n = $ 최소 값]일 때, 성립하는지 알아본다.

(2) [$n = k$]일 때, 성립한다고 가정한다.

(3) [$n = k + 1$]일 때 성립하는지 확인하여 이 때도 성립하면 주어진 명제는 참이라고 증명하는 방법을 수학적 귀납법이라 한다.

6. 순서도

주어진 문자들에 숫자를 차례로 대입하여 규칙성을 찾아 해결한다.

⑴ 오른쪽 그림과 같이 미지수를 가로줄에 나열한다.

⑵ 판단기호(◇)를 기준으로 문자들의 값을 정리한다.

⑶ 정리할 때는 계산 과정을 쓴다.

⑷ 규칙성을 찾아 문제를 푼다.

→ 정리할 때는 반드시 결과값을 쓰지 않고, 계산 과정을 써야 규칙성을 유도할 수 있다.

n	S
1	1
2	1+3
3	1+3+5
⋮	⋮

memo

01 수열 $\{a_n\}$은 $a_1 = 2$이고,

$$a_{n+1} = a_n + (-1)^n \frac{2n+1}{n(n+1)} \ (n \geq 1)$$

을 만족시킨다. $a_{20} = \dfrac{q}{p}$ 일 때, $p+q$의 값을 구하시오.
(단, p와 q는 서로소인 자연수이다.)

02 다음은 어느 시력검사표에 표시된 시력과 그에 해당되는 문자의 크기를 나타낸 것의 일부이다.

시력	0.1	0.2	0.3	0.4	⋯	1.0
문자의 크기	a_1	a_2	a_3	a_4	⋯	a_{10}

문자의 크기 a_n은 다음 관계식을 만족시킨다.

$$a_1 = 10A, \quad a_{n+1} = \frac{10A \cdot a_n}{10A + a_n} \ (\text{단}, \quad A$$

는 상수이고 $n = 1, 2, 3, \cdots, 9$ 이다.)
이 시력검사표에서 시력 0.8에 해당되는 문자의 크기는?

① $2A$　　　　② $\dfrac{3}{2}A$

③ $\dfrac{4}{3}A$　　　　④ $\dfrac{5}{4}A$

⑤ $\dfrac{6}{5}A$

03 다음은 모든 자연수 n에 대하여 부등식

$$\frac{1! + 2! + 3! + \cdots + n!}{(n+1)!} < \frac{2}{n+1} \,$$가

성립함을 수학적귀납법으로 증명한 것이다.

〈증명〉

자연수 n에 대하여

$$a_n = \frac{1! + 2! + 3! + \cdots + n!}{(n+1)!}$$ 이라 할 때,

$a_n < \dfrac{2}{n+1}$ 임을 보이면 된다.

(1) $n = 1$일 때,

$$a_1 = \frac{1!}{2!} = \frac{1}{2} < 1$$이므로

주어진 부등식은 성립한다.

(2) $n = k$일 때,

$$a_k < \frac{2}{k+1}$$ 라고 가정하면

$n = k+1$일 때,

$$a_{k+1} = \frac{1! + 2! + 3! + \cdots + (k+1)!}{(k+2)!}$$
$$= \boxed{\text{(가)}} \ (1 + a_k)$$
$$< \boxed{\text{(가)}} \left(1 + \frac{2}{k+1}\right)$$
$$= \frac{1}{k+2} + \boxed{\text{(나)}} \ \text{이다.}$$

자연수 k에 대하여 $\dfrac{2}{k+1} \leq 1$이므로

$\boxed{\text{(나)}} \leq \dfrac{1}{k+2}$이고 $a_{k+1} < \dfrac{2}{k+2}$이다.

따라서 $n = k+1$일 때도 주어진 부등식은 성립한다. 그러므로 모든 자연수 n에 대하여 주어진 부등식은 성립한다.

위 증명에서 (가), (나)에 들어갈 식으로 알
맞은 것은?

	(가)	(나)
①	$\dfrac{1}{k+2}$	$\dfrac{1}{(k+1)(k+2)}$
②	$\dfrac{1}{k+2}$	$\dfrac{2}{(k+1)(k+2)}$
③	$\dfrac{1}{k+1}$	$\dfrac{1}{(k+1)(k+2)}$
④	$\dfrac{1}{k+1}$	$\dfrac{2}{(k+1)(k+2)}$
⑤	$\dfrac{1}{k+1}$	$\dfrac{2}{(k+1)^2}$

> 그러므로 $n=k+1$일 때도 성립한다.
> 따라서 모든 자연수 n에 대하여 주어진 등
> 식은 성립한다.

위 증명에서 (가), (나), (다)에 들어갈 식
으로 알맞은 것은?

	(가)	(나)	(다)
①	$k \cdot (k+1)!$	k^2+2k+1	$(k+1)!$
②	$k \cdot (k+1)!$	k^2+3k+2	$(k+2)!$
③	$k \cdot (k+1)!$	k^2+3k+2	$(k+1)!$
④	$(k+1) \cdot (k+1)!$	k^2+3k+2	$(k+2)!$
⑤	$(k+1) \cdot (k+1)!$	k^2+2k+1	$(k+1)!$

04 다음은 모든 자연수 n에 대하여

$$(1^2+1)\cdot1! + (2^2+1)\cdot2! + \cdots$$
$$+ (n^2+1)\cdot n! = n \cdot (n+1)!$$이 성립함을
수학적귀납법으로 증명한 것이다.

> (1) $n=1$일 때, (좌변)$=2$, (우변)$=2$이
> 므로 주어진 등식은 성립한다.
> (2) $n=k$일 때 성립한다고 가정하면
> $$(1^2+1) \cdot 1! + (2^2+1) \cdot 2! + \cdots$$
> $$+ (k^2+1) \cdot k!$$
> $$= k \cdot (k+1)!\text{이다.}$$
>
> $n=k+1$일 때 성립함을 보이자.
> $$(1^2+1) \cdot 1! + (2^2+1) \cdot 2! + \cdots$$
> $$+ (k^2+1) \cdot k! + \{(k+1)^2+1\} \cdot (k+1)!$$
> $$= \boxed{\text{(가)}} + \{(k+1)^2+1\} \cdot (k+1)!$$
> $$= (\boxed{\text{(나)}}) \cdot (k+1)!$$
> $$= (k+1) \cdot \boxed{\text{(다)}}$$

05 수열 $\{a_n\}$에서 $a_1=2$이고, $n \geq 1$일 때

a_{n+1}은 $\dfrac{1}{n+2} < \dfrac{a_n}{k} < \dfrac{1}{n}$을 만족시키

는 자연수 k의 개수이다. a_{10}의 값을 구

하시오.

06 다음 순서도에서 인쇄되는 c의 값을 구하시오.

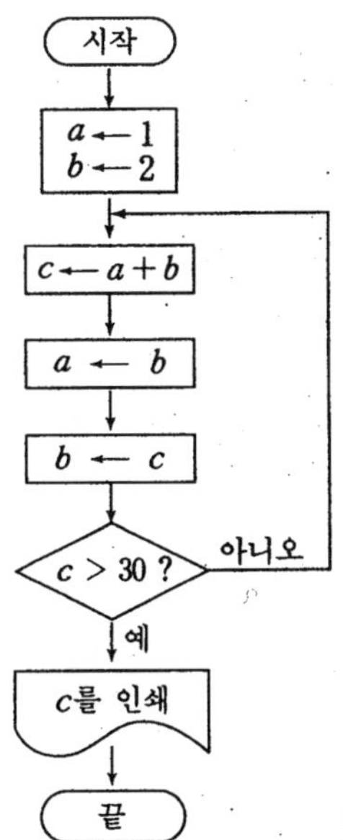

07 다음 순서도에서 인쇄되는 a의 값을 구하시오.

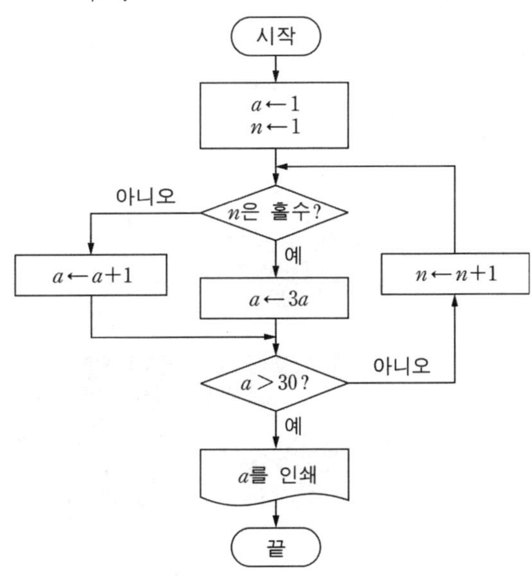

IV.
무한수열의 극한

Lec.13 수열의 극한

Lec.14 무한급수

1. 극한(limit)

무한수열 a_1, a_2, a_3, $\cdots$, a_n, $\cdots$ 에서 항의 수 n 이 한없이 커짐에 따라 일반항 a_n 의 값이 어떤 일정한 값 α 에 한없이 가까워지면 수열 $\{a_n\}$ 은 α 에 수렴한다고 하고, α 를 수열 $\{a_n\}$ 의 '극한값' 또는 '극한' 이라고 한다. 기호로는 다음과 같이 나타낸다.

$$[\ n \to \infty \text{일 때,} \ a_n \to \alpha \ ] \ \text{또는} \ \lim_{n \to \infty} a_n = \alpha$$

2. 수열의 수렴과 발산

(1) 수렴(Convergence) : $\lim\limits_{n \to \infty} a_n = \alpha$ (일정한 값)이면, 수열 a_n 은 α 에 수렴한다고 하고, α 를 수열 a_n 의 극한값이라고 한다.

(2) 발산 (Divergence) : 어떤 수열이 수렴하지 않을 때, 그 수열은 발산한다고 한다.

   ① 양의 무한대로 발산 : $\lim\limits_{n \to \infty} a_n = \infty$

   ② 음의 무한대로 발산 : $\lim\limits_{n \to \infty} a_n = -\infty$

   ③ 진동 발산 : $(-1)^n$ 과 같이 일정한 값이 아닌 수들이 교대로 나오게 되는 경우

3. 두 수열 $\{a_n\}$, $\{b_n\}$ 이 모두 수렴할 때,

(1) $\lim\limits_{n \to \infty} c\, a_n = c \lim\limits_{n \to \infty} a_n$ (단, c 는 상수)

(2) $\lim\limits_{n \to \infty} (a_n \pm b_n) = \lim\limits_{n \to \infty} a_n \pm \lim\limits_{n \to \infty} b_n$ (복호동순)

(3) $\lim\limits_{n \to \infty} a_n \cdot b_n = \lim\limits_{n \to \infty} a_n \lim\limits_{n \to \infty} b_n$

(4) $\lim\limits_{n \to \infty} \dfrac{a_n}{b_n} = \dfrac{\lim\limits_{n \to \infty} a_n}{\lim\limits_{n \to \infty} b_n}$ (단, $\beta \neq 0$)

(5) $a_n \leqq b_n$ 이면 $\lim\limits_{n \to \infty} a_n \leqq \lim\limits_{n \to \infty} b_n$

(6) 수열 $\{c_n\}$ 에 대해 $a_n \leqq c_n \leqq b_n$ 이고, $\lim\limits_{n \to \infty} a_n = \lim\limits_{n \to \infty} b_n = \alpha$ 이면 $\to \lim\limits_{n \to \infty} c_n = \alpha$

4. 극한값 계산의 기본 원리

(1) $\lim\limits_{n \to \infty} \dfrac{1}{n} = 0$

(2) $a > b$ 일 때, $\lim\limits_{n \to \infty} \left(\dfrac{b}{a} \right)^n = 0$

5. $\dfrac{\infty}{\infty}$ 꼴의 극한값 구하기

   (1) 분모 분자가 다항식일 때,

      ① 모 = 자 : 최고차항 계수

      ② 모 〉 자 : 극한값 = 0

      ③ 모 〈 자 : 극한값 = ± ∞

   (2) 다항식의 $\infty - \infty$ 꼴 ⇒ 최고차항으로 묶어서 계산한다

   (3) 무리수의 $\infty - \infty$ 꼴 ⇒ 유리화시킨다

     ⋯ 일반적으로 $\displaystyle\lim_{n \to \infty} (\sqrt{a^2 n^2 + bn + c} - an) = \dfrac{b}{2a}$

6. 무한등비수열

   (1) 무한등비수열의 계산 순서

      ① 밑수가 가장 큰 수로 나눈다

      ② $\displaystyle\lim_{n \to \infty} \left(\dfrac{작은수}{큰수} \right)^n = 0$

   (2) 공비가 r 인 무한등비수열에서,

      ① $|r| \langle 1$ 일 때, 0에 수렴

      ② $r = 1$ 일 때, a(초항)에 수렴

      ③ $|r| \rangle 1$ 일 때, 발산

      ④ $r = -1$ 일 때, 진동(발산)

     ⋯ 무한등비수열의 수렴 조건 : $-1 \langle$ 공비 $\leqq 1$

 **memo**

01 자연수 n에 대하여

다항식 $f(x) = 2^n x^2 + 3^n x + 1$ 을
$x-1$, $x-2$로 나눈 나머지를 각각
a_n, b_n이라 할 때, $\lim\limits_{n \to \infty} \dfrac{a_n}{b_n}$의 값은?

① 0

② $\dfrac{1}{4}$

③ $\dfrac{1}{3}$

④ $\dfrac{1}{2}$

⑤ 1

02 자연수 n에 대하여 이차함수

$f(x) = \sum\limits_{k=1}^{n} \left(x - \dfrac{k}{n}\right)^2$ 의 최솟값을 a_n이

라 할 때, $\lim\limits_{n \to \infty} \dfrac{a_n}{n}$의 값은?

① $\dfrac{1}{12}$

② $\dfrac{1}{6}$

③ $\dfrac{1}{3}$

④ $\dfrac{1}{2}$

⑤ 1

03 좌표평면에서 직선 $x - 3y + 3 = 0$ 위에

있는 점 중에서 x좌표와 y좌표가 자연
수인 모든 점의 좌표를 각각
$(a_1, b_1), (a_2, b_2), \cdots, (a_n, b_n), \cdots$

이라 할 때, 무한급수 $\sum\limits_{n=1}^{\infty} \dfrac{1}{a_n b_n}$의 값은?

(단, $a_1 < a_2 < \cdots < a_n < \cdots$ 이다.)

① 1

② $\dfrac{1}{2}$

③ $\dfrac{1}{3}$

④ $\dfrac{1}{4}$

⑤ $\dfrac{1}{5}$

04 수열 $\{a_n\}$에서 $a_n = \log \dfrac{n+1}{n}$ 일 때,

$\lim\limits_{n \to \infty} \dfrac{n}{10^{a_1 + a_2 + \cdots + a_n}}$ 의 값은?

① 1

② 2

③ 3

④ 4

⑤ 5

05 좌표평면에서 자연수 n에 대하여 두 직선 $y=\dfrac{1}{n}x$와 $x=n$이 만나는 점을 A_n, 직선 $x=n$과 x축이 만나는 점을 B_n이라 하자. 삼각형 A_nOB_n에 내접하는 원의 중심을 C_n이라 하고, 삼각형 A_nOC_n의 넓이를 S_n이라 하자. $\displaystyle\lim_{n\to\infty}\dfrac{S_n}{n}$의 값은?

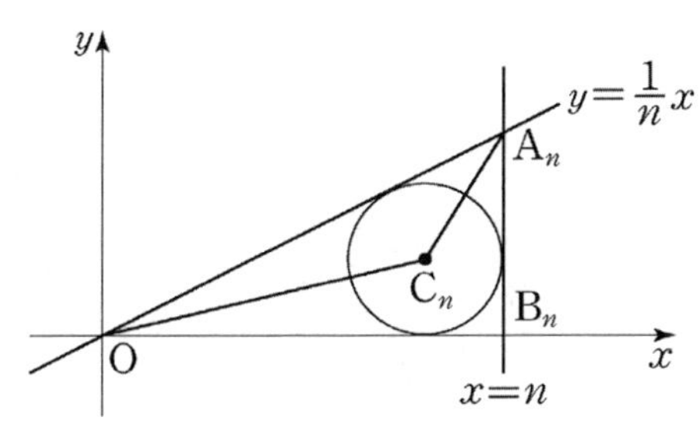

① $\dfrac{1}{12}$ ② $\dfrac{1}{6}$

③ $\dfrac{1}{4}$ ④ $\dfrac{1}{3}$

⑤ $\dfrac{5}{12}$

06 자연수 n에 대하여 좌표평면 위의 세 점 $A_n(x_n,\,0)$, $B_n(0,\,x_n)$, $C_n(x_n,\,x_n)$을 꼭짓점으로 하는 직각이등변삼각형 T_n을 다음 조건에 따라 그린다.

> (가) $x_1=1$이다.
> (나) 변 $A_{n+1}B_{n+1}$의 중점이 C_n이다.
> $(n=1,\,2,\,3,\,\cdots)$

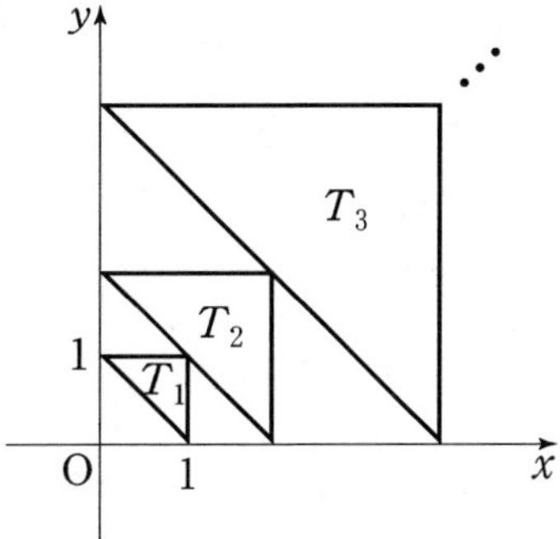

삼각형 T_n의 넓이를 a_n, 삼각형 T_n의 세 변 위에 있는 점 중에서 x좌표와 y좌표가 모두 정수인 점의 개수를 b_n이라 할 때, $\displaystyle\lim_{n\to\infty}\dfrac{2^n b_n}{a_n+2^n}$의 값을 구하시오.

1. 무한급수

(1) 무한수열 a_1, a_2, a_3, $\cdots$, a_n, $\cdots$ 의 각 항을 순서대로 합한 식

$a_1 + a_2 + a_3 + \cdots + a_n + \cdots$ 을 무한급수라고 하고, 기호로 나타내면 다음과 같다.

$$\longrightarrow \ a_1 + a_2 + a_3 + \cdots + a_n + \cdots = \sum_{n=1}^{\infty} a_n$$

(2) 무한수열의 첫째 항부터 제 n 항 까지의 합을 부분합을 S_n 으로 나타내면 무한급수는 다음

과 같이 나타낼 수 있다. $\longrightarrow \ \displaystyle\sum_{n=1}^{\infty} a_n = \lim_{n \to \infty} S_n$

(3) 무한급수의 계산 순서

① a_n 구하기

② S_n 구하기

③ $\displaystyle\lim_{n \to \infty} S_n$ 구하기

(4) 무한급수의 수렴 조건 : 무한급수 $\displaystyle\sum_{n=1}^{\infty} a_n$ 이 수렴하면 $\displaystyle\lim_{n \to \infty} a_n = 0$ 이다.

(단, 역은 성립하지 않는다.)

2. 부분 분수의 무한급수

(1) 일반항을 이항분리한다. $\longrightarrow \ a_n = \dfrac{1}{AB} = \dfrac{1}{B-A}\left(\dfrac{1}{A} - \dfrac{1}{B}\right)$

(2) 부분합 S_n 을 구한다. $\longrightarrow$ 이 때, 일반적으로 소거됨을 알 수 있다.

(3) 위의 S_n 을 이용하여 $\displaystyle\lim_{n \to \infty} S_n$ 을 구한다.

3. 무리수꼴

유리화 한 후 규칙성을 찾아서 무한급수를 구한다.

4. 무한등비급수

(1) 뜻 : 첫째 항이 $a \ (a \neq 0)$, 공비가 r 인 무한등비수열의 각 항의 합을 무한등비급수라고

한다.

(2) 무한등비급수의 수렴·발산

① $|r| < 1$ 일 때 수렴하고, 합 S 는 $S = \dfrac{a}{1-r}$ 이다.

② $|r| > 1$ 일 때 발산하고, 합은 없다.

(3) 무한급수의 성질 : 두 무한급수 $\displaystyle\sum_{n=1}^{\infty} a_n$, $\displaystyle\sum_{n=1}^{\infty} b_n$ 이 수렴하면,

① $\displaystyle\sum_{n=1}^{\infty} (a_n \pm b_n) = \sum_{n=1}^{\infty} a_n \pm \sum_{n=1}^{\infty} b_n$ (복부호 동순)

② $\displaystyle\sum_{n=1}^{\infty} k a_n = k \sum_{n=1}^{\infty} a_n$ (k 는 상수)

5. 순환소수를 분수로 고치기

$$\frac{\text{전체 수} - \text{순환 안하는 수}}{(\text{순환하는 수 만큼})9 \ \ (\text{안하는 만큼})0}$$

6. 무한등비급수의 활용

(1) 삼각함수의 무한등비급수

① n 에 1, 2, 3 등을 차례로 대입하여 초항과 공비를 구한다.

② ①에서 구해진 결과를 이용하여 무한등비급수의 합을 구한다.

(2) 도형의 넓이 또는 길이

① 초항을 구한다.

② 둘 째 항을 구하여 공비를 구한다.

③ ①, ②의 결과를 이용하여 무한등비급수의 합을 구한다.

(3) 좌표 문제 : 각각의 좌표를 따로 구한다.

① x 좌표를 무한등비급수를 이용하여 구한다.

② y 좌표를 무한등비급수를 이용하여 구한다.

 **memo**

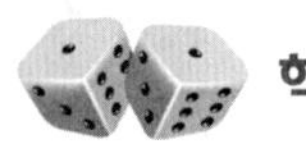

01 등비수열 $\{a_n\}$이 $a_5 = 2^8$, $a_8 = 2^5$을 만족시킬 때, $\displaystyle\sum_{n=9}^{\infty} a_n$의 값을 구하시오.

02 무한등비수열 $\{a_n\}$에 대하여 옳은 것을 〈보기〉에서 모두 고른 것은?

보기

ㄱ. 무한등비급수 $\displaystyle\sum_{n=1}^{\infty} a_n$이 수렴하면 $\displaystyle\sum_{n=1}^{\infty} a_{2n}$도 수렴한다.

ㄴ. 무한등비급수 $\displaystyle\sum_{n=1}^{\infty} a_n$이 발산하면 $\displaystyle\sum_{n=1}^{\infty} a_{2n}$도 발산한다.

ㄷ. 무한등비급수 $\displaystyle\sum_{n=1}^{\infty} a_n$이 수렴하면 $\displaystyle\sum_{n=1}^{\infty} \left(a_n + \frac{1}{2}\right)$도 수렴한다.

① ㄱ   ② ㄴ
③ ㄱ, ㄴ   ④ ㄱ, ㄷ
⑤ ㄴ, ㄷ

03 그림과 같이 길이가 2인 선분 AB를 지름으로 하는 원 O가 있다. A, B를 각각 중심으로 하고 원 O와 반지름의 길이가 같은 두 원의 외부와 원 O의 내부의 공통부분인 X 모양의 도형에 색칠하여 얻은 그림을 R_1이라 하자. 그림 R_1에 선분 AB를 2등분한 선분을 각각 지름으로 하는 두 원을 그리고, 이 두 원 안에 각각 그림 R_1을 얻는 것과 같은 방법으로 만들어지는 X 모양의 두 도형에 색칠하여 얻은 그림을 R_2라 하자. 그림 R_2에 선분 AB를 4등분한 선분을 각각 지름으로 하는 네 원을 그리고, 이 네 원 안에 각각 그림 R_1을 얻는 것과 같은 방법으로 만들어지는 X 모양의 네 도형에 색칠하여 얻은 그림을 R_3이라 하자. 이와 같은 과정을 계속하여 n번째 얻은 그림 R_n에 색칠되어 있는 X 모양의 모든 도형의 넓이의 합을 S_n이라 할 때, $\displaystyle\lim_{n\to\infty} S_n$의 값은?

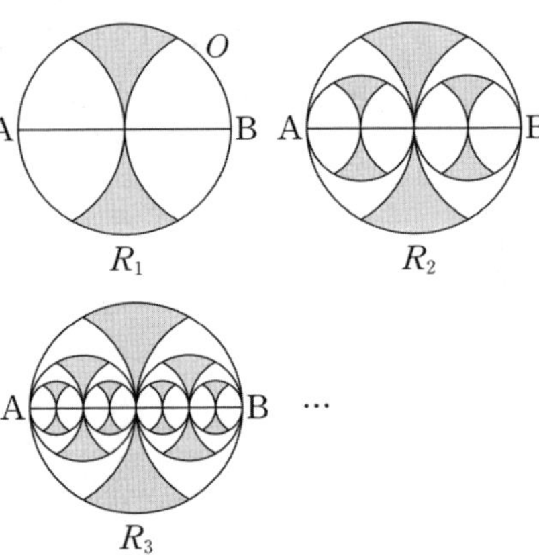

① $3\sqrt{3} - \dfrac{4}{3}\pi$

② $2\sqrt{3} - \dfrac{2}{3}\pi$

③ $2\sqrt{3} - \dfrac{\pi}{2}$

④ $3\sqrt{3} - \pi$

⑤ $3\sqrt{3} - \dfrac{2}{3}\pi$

04 한 변의 길이가 3인 정삼각형 AB_1C_1이 있다. 그림과 같이 선분 AB_1과 선분 AC_1을 $2:1$로 내분하는 점을 각각 B_2, C_2라 하고, 선분 B_2C_2를 지름으로 하는 원의 호 B_2C_2와 선분 B_1C_1로 둘러싸인 부분의 넓이를 S_1이라 하자. 정삼각형 AB_2C_2에서 선분 AB_2와 선분 AC_2를 $2:1$로 내분하는 점을 각각 B_3, C_3이라 하고, 선분 B_3C_3을 지름으로 하는 원의 호 B_3C_3과 선분 B_2C_2로 둘러싸인 부분의 넓이를 S_2라 하자. 이와 같은 과정을 계속하여 n번째 얻은 부분의 넓이를 S_n이라 할 때, $\displaystyle\sum_{n=1}^{\infty} S_n$의 값은?

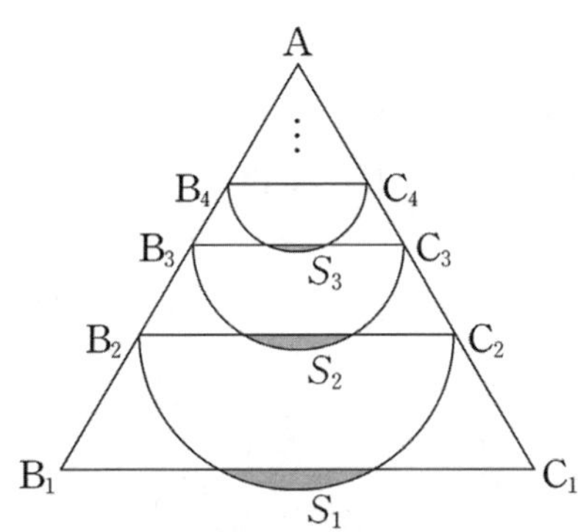

① $\dfrac{3\pi-5\sqrt{3}}{10}$

② $\dfrac{6\pi-9\sqrt{3}}{20}$

③ $\dfrac{4\pi-5\sqrt{3}}{10}$

④ $\dfrac{8\pi-9\sqrt{3}}{20}$

⑤ $\dfrac{10\pi-9\sqrt{3}}{20}$

05 2보다 큰 자연수 n에 대하여 $(-3)^{n-1}$의 n제곱근 중 실수인 것의 개수를 a_n이라 할 때, $\displaystyle\sum_{n=3}^{\infty} \dfrac{a_n}{2^n}$의 값은?

① $\dfrac{1}{6}$ ② $\dfrac{1}{4}$

③ $\dfrac{1}{3}$ ④ $\dfrac{5}{12}$

⑤ $\dfrac{1}{2}$

06 두 무한등비수열 $\{a_n\}$, $\{b_n\}$에 대하여 〈보기〉에서 항상 옳은 것을 모두 고른 것은?

〔보기〕

ㄱ. 두 무한등비급수 $\displaystyle\sum_{n=1}^{\infty} a_n$, $\displaystyle\sum_{n=1}^{\infty} b_n$이 수렴하면 $\displaystyle\sum_{n=1}^{\infty} a_n b_n$은 수렴한다.

ㄴ. 두 무한등비급수 $\displaystyle\sum_{n=1}^{\infty} a_n$, $\displaystyle\sum_{n=1}^{\infty} b_n$이 발산하면 $\displaystyle\lim_{n\to\infty}(a_n+b_n)\neq 0$이다.

ㄷ. 두 무한등비급수 $\displaystyle\sum_{n=1}^{\infty} a_n^3$, $\displaystyle\sum_{n=1}^{\infty} b_n^3$이 수렴하면 $\displaystyle\sum_{n=1}^{\infty}(a_n+b_n)$은 수렴한다.

① ㄱ   ② ㄴ

③ ㄱ, ㄴ   ④ ㄱ, ㄷ

⑤ ㄴ, ㄷ

07 그림과 같이 한 변의 길이가 3인 정사각형을 A_1, 그 넓이를 S_1이라 하자. 정사각형 A_1에 대각선을 그어 만들어진 4개의 삼각형의 무게중심을 연결한 정사각형을 A_2, 그 넓이를 S_2라 하자. 같은 방법으로 정사각형 A_2에 대각선을 그어 만들어진 4개의 삼각형의 무게중심을 연결한 정사각형을 A_3, 그 넓이를 S_3이라 하자. 이와 같은 과정을 계속하여 $(n-1)$번째 얻은 정사각형을 A_n, 그 넓이를 S_n이라 할 때, $\displaystyle\sum_{n=1}^{\infty} S_n$의 값은?

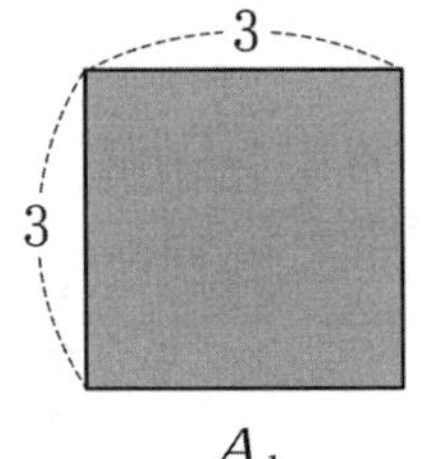

A_1

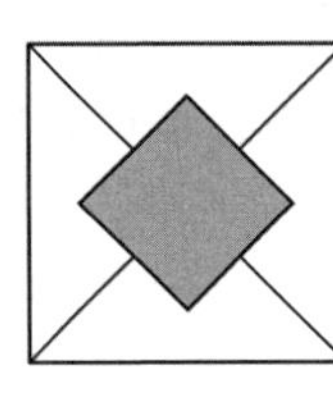

A_2

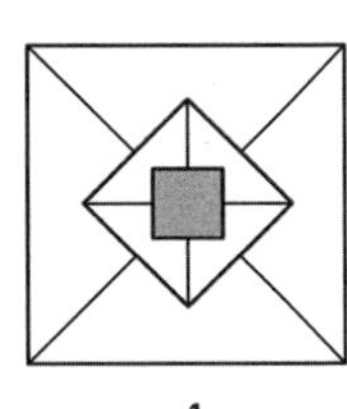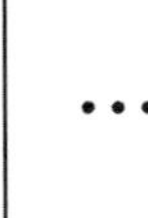

$\cdots$

A_3

① $\dfrac{64}{7}$ ② $\dfrac{21}{2}$

③ $\dfrac{72}{7}$ ④ $\dfrac{27}{2}$

⑤ $\dfrac{81}{7}$

08 그림과 같이 한 변의 길이가 a인 정사각형 $OB_1C_1A_0$이 있다. 삼각형 OA_1D_1이 $\angle D_1OA_1 = 30°$인 이등변삼각형이 되도록 변 B_1C_1, A_0C_1 위에 각각 점 A_1, D_1을 잡고 변 OA_1의 길이를 l_1이라 하자.

선분 OA_1을 한 변으로 하는 정사각형 $OB_2C_2A_1$에서 삼각형 OA_2D_2가 $\angle D_2OA_2 = 30°$인 이등변삼각형이 되도록 변 B_2C_2, A_1C_2 위에 각각 점 A_2, D_2를 잡고 변 OA_2의 길이를 l_2라 하자.

선분 OA_2를 한 변으로 하는 정사각형 $OB_3C_3A_2$에서 삼각형 OA_3D_3이 $\angle D_3OA_3 = 30°$인 이등변삼각형이 되도록 변 B_3C_3, A_2C_3 위에 각각 점 A_3, D_3을 잡고 변 OA_3의 길이를 l_3이라 하자.

이와 같은 과정을 계속하여 얻은 이등변삼각형 OA_nD_n에서 변 OA_n의 길이를 l_n이라 하자. $\displaystyle\sum_{n=1}^{\infty} \dfrac{1}{l_n} = \sqrt{3}$일 때, a의 값은?

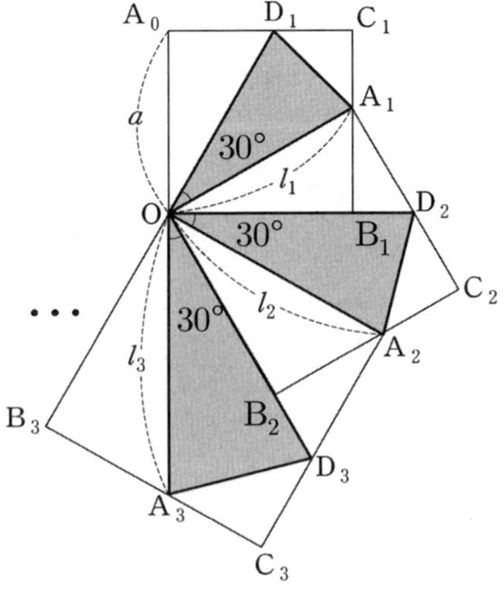

① $\sqrt{3}$ ② $1+\sqrt{3}$

③ $2+\sqrt{3}$ ④ $3+\sqrt{3}$

⑤ $6+\sqrt{3}$

memo

V.
방정식과 부등식

Lec.15 방정식

Lec.16 부등식

1. 분수방정식과 무연근

(1) 분수방정식 : 분모에 미지수를 포함하는 분수식이 들어있는 방정식을 분수 방정식이라 한다.

(2) 무연근 : 분수방정식을 다항식만으로 이루어진 방정식으로 고쳐서 구한 근 중에서 분모를 0이 되게 하는 근을 무연근이라 한다.

2. 분수방정식의 풀이방법

(1) 분수방정식의 양변에 분모의 최소공배수를 곱하여 다항식만으로 이루어진 방정식으로 고친다.

(2) (1)에서 얻은 방정식을 푼다.

(3) (2)에서 구한 근 중에서 주어진 분수방정식의 분모를 0이 되게 하는 근(무연근)을 제외한 나머지를 근으로 한다.

3. 여러 가지 분수방정식의 풀이

(1) 분수식이 여러 개일 때, 적당한 항끼리 짝을 지어 통분한다.

$$\left(\text{예}\ \ \frac{1}{x-1}-\frac{1}{x}=\frac{1}{x+1}-\frac{1}{x+2}\ \right)$$

(2) 같은 부분이 반복될 때, 한 문자로 치환한다. $\left(\text{예}\ \ \dfrac{x^2-x}{4}-\dfrac{3}{x^2-x}=2\ \right)$

(3) 분자의 차수가 분모의 차수와 같거나 높으면 분자를 분모로 나누어 분자의 차수가 분모의 차수보다 낮게 고친다. $\left(\text{예}\ \ \dfrac{x-1}{x+1}-\dfrac{x+1}{x-3}=0\ \right)$

4. 무리방정식과 무연근

(1) 무리방정식

미지수에 대한 무리식이 들어 있는 방정식을 무리방정식 이라 한다.

(2) 무연근

무리방정식을 다항식만으로 이루어진 방정식으로 고쳐서 구한 근 중에서 무리방정식을 만족시키지 않는 근을 무연근이라 한다.

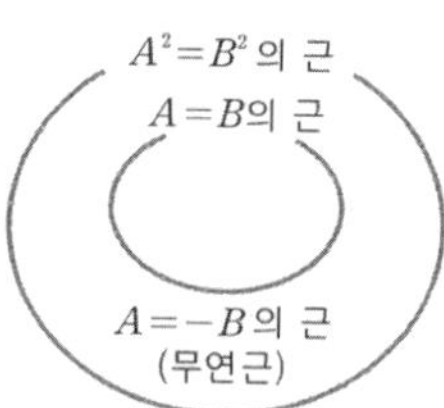

5. 무리방정식이 풀이 방법

(1) 무리방정식의 항을 적당히 이항하고 양변을 제곱하여 다항식만으로 이루어진 방정식으로 고친다.

(2) (1)에서 얻은 방정식을 푼다.

(3) (2)에서 구한 근 중에서 주어진 무리방정식을 만족시키는 것만을 근으로 택하고 나머지 근(무연근)은 제외한다.

6. 여러 가지 무리방정식의 풀이

(1) 근호가 여러 개일 때, 적당히 이항하여 근호가 없어질 때까지 거듭제곱한다.

(2) 같은 부분이 반복될 때, 한 문자로 치환한다. 이 때, 치환된 문자의 범위에 주의한다.

(3) 무리방정식 $\sqrt{f(x)} = g(x)$ 의 근은 두 함수 $y = \sqrt{f(x)}$ 와 $y = g(x)$ 그래프에서 두 그래프가 만나는 교점의 x 좌표와 같다.

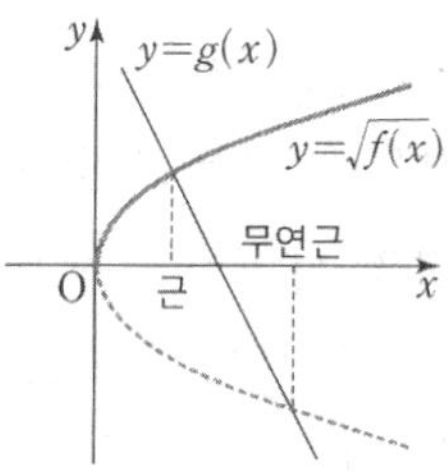

memo

01 갑은 집에서 $10\,\mathrm{km}$ 떨어져 있는 친구의 집을 자전거를 타고 같은 길로 왕복하였다. 갈 때의 속력은 시속 $a\,\mathrm{km}$였고, 돌아올 때는 갈 때보다 속력을 시속 $2\,\mathrm{km}$ 줄였더니 15분이 더 걸렸다고 한다. a의 값을 구하시오.

02 어느 회사는 A, B 두 공장에서 자동차를 생산하고 있다. 자동차 50대를 생산하는 경우에 A공장과 B공장을 동시에 가동하여 생산하면 6시간이 걸리고, B공장만 가동하여 생산할 때는 A공장만 가동할 때보다 5시간 더 걸린다고 한다. A공장만 가동하여 자동차 50대를 생산하는 데 x시간 걸린다. x의 값을 구하시오.

03 그림과 같이 A지점과 B지점 사이의 거리가 $10\,\mathrm{km}$, B지점과 C지점 사이의 거리가 $10\,\mathrm{km}$인 도로가 있고 영희와 철수는 다음과 같이 A지점에서 C지점까지 이동하였다.

> 영희는 A 지점을 출발하여 D 지점과 E 지점을 거쳐 C 지점 까지 평균속력 $6\,\mathrm{km}$/시로 이동하였다. 철수는 A 지점을 출발하여 B 지점까지는 평균속력 $3\,\mathrm{km}$/시, B 지점에서 C 지점까지는 평균속력 $6\,\mathrm{km}$/시로 이동하였다.

B지점과 E지점 사이의 거리는 $2x\,(\mathrm{km})$이고, D지점과 E지점 사이의 거리는 $x\,(\mathrm{km})$이다. 영희와 철수가 동시에 출발하여 영희가 철수보다 2시간 먼저 도착하였을 때, x의 값은?

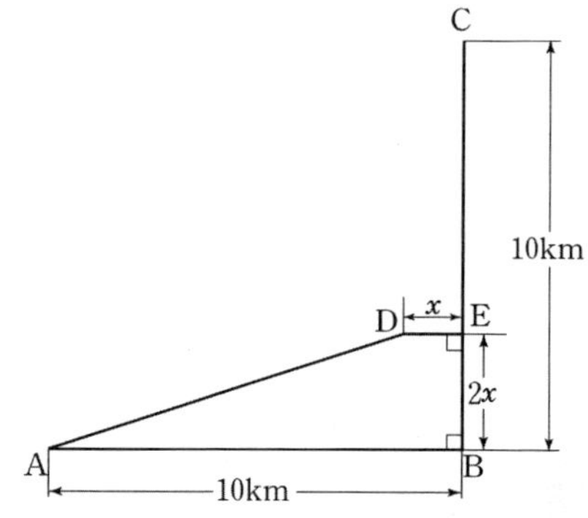

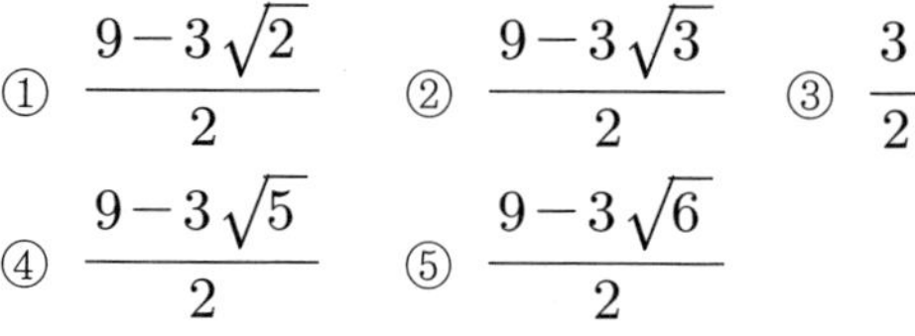

① $\dfrac{9-3\sqrt{2}}{2}$ ② $\dfrac{9-3\sqrt{3}}{2}$ ③ $\dfrac{3}{2}$

④ $\dfrac{9-3\sqrt{5}}{2}$ ⑤ $\dfrac{9-3\sqrt{6}}{2}$

04 무리방정식 $\sqrt{2x-1}=2x+k$ 가 실근을 가질 때, k의 최대값은?

① -2 ② $-\dfrac{3}{2}$ ③ -1

④ $-\dfrac{3}{4}$ ⑤ 0

05 꼭짓점의 좌표가 $(0,-5)$인 이차함수 $y=f(x)$의 그래프가 그림과 같다. 방정식 $|f(x)|-2=\sqrt{4-f(x)}$의 서로 다른 실근의 개수는?

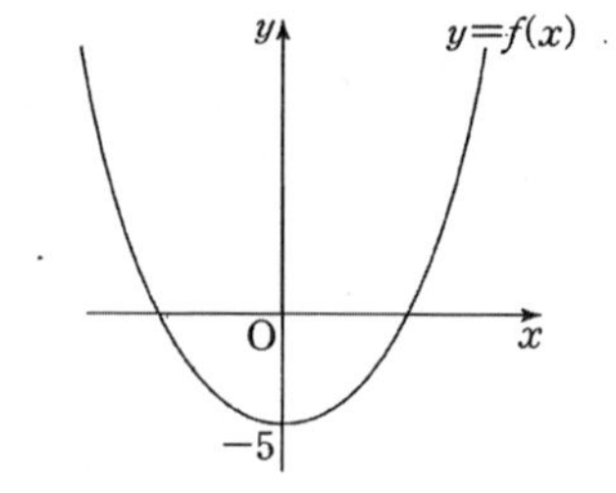

① 1 ② 2 ③ 3

④ 4 ⑤ 5

1. 고차부등식

부등식의 모든 항을 좌변으로 이항하여 $f(x) > 0,\ f(x) < 0,\ f(x) \geqq 0,\ f(x) \leqq 0$ 과 같은 꼴이 되게 하였을 때, $f(x)$ 가 삼차 이상의 다항식인 부등식을 고차부등식이라 한다.

2. 고차부등식의 풀이

(1) 부등식의 최고차항의 계수가 양수가 되도록 모든 항을 한쪽으로 이항하여
$$f(x) > 0,\ f(x) < 0,\ f(x) \geqq 0,\ f(x) \leqq 0 \text{ 의 꼴로 만든다.}$$

(2) $f(x)$ 를 인수분해하여 $f(x) = 0$ 의 해를 구한다.

(3) 방정식 $f(x) = 0$ 의 해를 경계로 하여 구간을 나눈 다음, $f(x)$ 의 부호를 조하사여 주어진 부등식의 해를 구한다.

➜ 함수 $y = f(x)$ 의 그래프를 그려 부등식의 해를 구할 수 있다.

① $f(x) > 0$ 일 때, $y = f(x)$ 의 그래프가 x 축보다 위쪽에 있는 x 값의 범위를 찾는다.

② $f(x) < 0$ 일 때, $y = f(x)$ 의 그래프가 x 축보다 아래쪽에 있는 x 값의 범위를 찾는다.

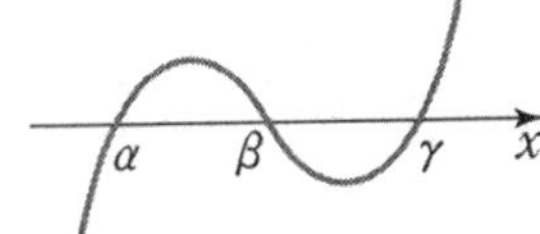

$$y = (x-\alpha)(x-\beta)(x-\gamma) \qquad y = (x-\alpha)(x-\beta)(x-\gamma)(x-\delta)$$

3. 고차 부등식의 변형

(1) $f(x)$ 가 항상 양일 때, $f(x)g(x) > 0 \Leftrightarrow g(x) > 0$

(2) $(x-a)^2 f(x) > 0 \Leftrightarrow f(x) > 0$ 이고 $x \neq a$,
$(x-a)^2 f(x) \geqq 0 \Leftrightarrow f(x) \geqq 0$ 이고 $x = a$

(3) $(x-a)^2 f(x) < 0 \Leftrightarrow f(x) < 0$ 이고 $x \neq a$,
$(x-a)^2 f(x) \leqq 0 \Leftrightarrow f(x) \leqq 0$ 이고 $x = a$

(4) n 이 홀수일 때, $(x-a)^n f(x) > 0 \Leftrightarrow (x-a)f(x) > 0$

4. 분수부등식

부등식을 정리하여 $f(x) > 0,\ f(x) < 0,\ f(x) \geqq 0,\ f(x) \leqq 0$ 과 같은 꼴이 되게 하였을 때, $f(x)$ 가 분수식인 부등식을 분수 부등식이라 한다. 또, 일차부등식, 이차부등식, 고차부등식, 분수부등식을 통틀어 유리 부등식이라 한다.

5. 분수부등식의 풀이

(1) 부등식을 정리하여 $\dfrac{f(x)}{g(x)} > 0,\ \dfrac{f(x)}{g(x)} < 0,\ \dfrac{f(x)}{g(x)} \geqq 0,\ \dfrac{f(x)}{g(x)} \leqq 0$ 의 꼴로 만든다.

(2) 양변에 $\{g(x)\}^2$ 을 곱하여 일차·이차 부등식 또는 고차부등식으로 변형한다.

(3) (2)에서 얻은 부등식의 해를 구한다. 이 때, $g(x)=0$ 인 x 의 값은 제외한다.

6. 분수부등식의 변형

(1) $\dfrac{f(x)}{g(x)} > 0 \Leftrightarrow f(x)g(x) > 0$

(2) $\dfrac{f(x)}{g(x)} < 0 \Leftrightarrow f(x)g(x) > 0$

(3) $\dfrac{f(x)}{g(x)} \geqq 0 \Leftrightarrow f(x)g(x) \geqq 0,\ g(x) \neq 0$

(4) $\dfrac{f(x)}{g(x)} \leqq 0 \Leftrightarrow f(x)g(x) \leqq 0,\ g(x) \neq 0$

 **memo**

01 다음 두 식을 만족시키는 모든 실수 x의 값의 합은?

$$\begin{cases} 2\sqrt{x^2-x-2}+2=x^2-x \\ \dfrac{x-5}{x-1}\leq 0 \end{cases}$$

① 1   ② 2

③ 3   ④ 4

⑤ 5

02 x에 대한 부등식 $x(x-a)(x-1)^2<0$을 만족시키는 자연수의 개수가 4일 때, 실수 a의 최댓값은?

① 3   ② 4

③ 5   ④ 6

⑤ 7

03 $-5\leq x\leq 5$에서 정의된 함수 $y=f(x)$와 $y=x+1$의 그래프가 그림과 같을 때, 부등식 $\dfrac{1}{x}-\dfrac{1}{f(x)}\geq \dfrac{1}{xf(x)}$ 을 만족시키는 정수 x의 개수는?

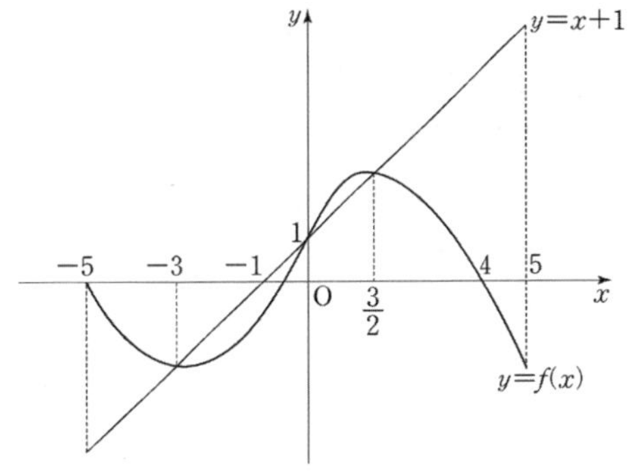

① 2   ② 4

③ 6   ④ 8

⑤ 10

04 양수 a에 대하여 연립부등식

$$\begin{cases} x(x+a)(x-2a)<0 \\ x^2+ax-2a^2\leq 0 \end{cases}$$

을 만족시키는 정수 x가 4개일 때, 이 4개의 정수의 합은?

① -4 ② -2

③ 0   ④ 2

⑤ 4

05 어느 양어장에서 빈 수조에 물을 급수하여 가득 채우는 데 45분이 걸린다. 어느 날 오후 1시부터 수조에 가득 찬 물을 빼내기 시작하여 수조의 물의 양이 수조 전체 용량의 $\dfrac{1}{2}$이 되었을 때, 계속하여 물을 빼내면서 동시에 급수를 시작하였더니 같은 날 오후 2시 30분에 물이 다시 가득 찼다. 수조에 급수는 하지 않고 물을 빼내기만 한다면 가득 찬 물을 모두 빼낼 때까지 걸리는 시간은?(단, 단위 시간당 급수하는 물의 양은 일정하고 빼내는 물의 양도 일정하다.)

① 45분   ② 1시간

③ 1시간 15분   ④ 1시간 30분

⑤ 1시간 45분

06 다음 그림과 같이 삼차함수 $y=f(x)$의 그래프와 직선 $y=x+1$은 세 점에서 만나고 그 교점의 x좌표는 -2, 1, 3이다. 부등식 $\dfrac{x}{f(2x)-1} \geq \dfrac{1}{2}$을 만족시키는 실수 x의 최댓값을 M, 최솟값을 m이라 할 때, $M+m$의 값은?

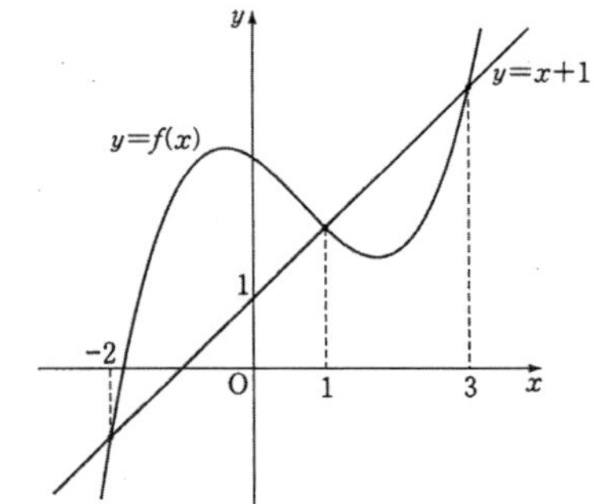

① -1 ② $-\dfrac{1}{2}$

③ $\dfrac{1}{2}$ ④ 1

⑤ $\dfrac{3}{2}$

memo

VI.
삼각함수

Lec.17 삼각함수의 덧셈정리와 합성

Lec.18 여러 가지 삼각함수의 공식

Lec.19 삼각방정식

1. 삼각함수의 표현

(1) 삼각함수의 역수 $\quad \operatorname{cosec}\theta = \dfrac{1}{\sin\theta},\ \sec\theta = \dfrac{1}{\cos\theta},\ \cot\theta = \dfrac{1}{\tan\theta}$

(2) 삼각함수 상호관계 $\quad \sin^2\theta + \cos^2\theta = 1,\ 1 + \tan^2\theta = \sec^2\theta,\ 1 + \cot^2\theta = \operatorname{cosec}^2\theta$

2. 삼각함수의 덧셈정리

(1) $\sin(\alpha+\beta) = \sin\alpha\cos\beta + \cos\alpha\sin\beta$

$\quad\ \sin(\alpha-\beta) = \sin\alpha\cos\beta - \cos\alpha\sin\beta$

(2) $\cos(\alpha+\beta) = \cos\alpha\cos\beta - \sin\alpha\sin\beta$

$\quad\ \cos(\alpha-\beta) = \cos\alpha\cos\beta + \sin\alpha\sin\beta$

(3) $\tan(\alpha+\beta) = \dfrac{\tan\alpha + \tan\beta}{1 - \tan\alpha\tan\beta}$

$\quad\ \tan(\alpha-\beta) = \dfrac{\tan\alpha - \tan\beta}{1 + \tan\alpha\tan\beta}$

3. 두 직선의 이루는 각

두 직선 $y = m_1 x + n_1,\ y = m_2 x + n_2$ 가 이루는 각 중 예각의 크기를 θ 라 하면

$\tan\theta = \left| \dfrac{m_1 - m_2}{1 + m_1 m_2} \right|$ (단, $m_1 \neq m_2,\ 1 + m_1 m_2 \neq 0$)

$y = m_1 x + n_1,\ y = m_2 x + n_2$ 가 x축의 양의 방향과 이루는

각의 크기를 $\alpha,\ \beta$ 라 하면 $\tan\alpha = m_1,\ \tan\beta = m_2$

이들 두 직선은 $y = m_1 x,\ y = m_2 x$ 에 평행하므로 $\theta = \alpha - \beta$

θ 가 양의 예각이면 $\tan\theta > 0$ 이므로

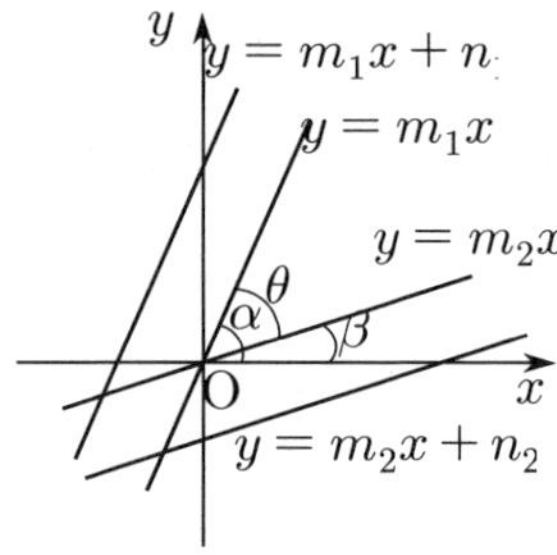

$\tan\theta = |\tan(\alpha-\beta)| = \left| \dfrac{\tan\alpha - \tan\beta}{1 + \tan\alpha\tan\beta} \right| = \left| \dfrac{m_1 - m_2}{1 + m_1 m_2} \right|$

$\therefore\ \tan\theta = \left| \dfrac{m_1 - m_2}{1 + m_1 m_2} \right|$

4. 삼각함수의 합성

(1) $a\sin\theta + b\cos\theta = \sqrt{a^2+b^2}\ sin(\theta+\alpha)\ \left(단,\ \cos\alpha = \dfrac{a}{\sqrt{a^2+b^2}},\ \sin\alpha = \dfrac{b}{\sqrt{a^2+b^2}}\right)$

(2) $a\sin\theta + b\cos\theta = \sqrt{a^2+b^2}\ cos(\theta-\beta)\ \left(단,\ \cos\beta = \dfrac{b}{\sqrt{a^2+b^2}},\ \sin\beta = \dfrac{a}{\sqrt{a^2+b^2}}\right)$

(3) 함수의 최대값·최소값

$\quad a\sin\theta + b\cos\theta = \sqrt{a^2+b^2}\ \sin(\theta+\alpha)$ 에서 $-1 \leqq \sin(\theta+\alpha) \leqq 1$ 이므로

$\quad$ 최댓값 : $\sqrt{a^2+b^2}$, 최솟값 : $-\sqrt{a^2+b^2}$

01 $0 \leq x \leq \pi$에서 함수

$$y = \sin x - \sin\left(x + \frac{\pi}{3}\right)$$의 최댓값 을 M,

최솟값을 m이라 할 때, $M-m$의 값은?

① $\dfrac{-1+\sqrt{3}}{2}$　　② $\dfrac{2-\sqrt{3}}{2}$

③ $\dfrac{3-\sqrt{3}}{2}$　　④ $\dfrac{1+\sqrt{3}}{2}$

⑤ $\dfrac{2+\sqrt{3}}{2}$

02 좌표평면에서 직선

$y = mx \ (0 < m < \sqrt{3})$가 x축과 이루
는 예각의 크기를 θ_1, 직선 $y = mx$ 가 직
선 $y = \sqrt{3}\,x$ 와 이루는 예각의 크기를 θ_2
라 하자. $3\sin\theta_1 + 4\sin\theta_2$ 의 값이 최대
가 되도록 하는 m 의 값은?

① $\dfrac{\sqrt{3}}{6}$　　② $\dfrac{\sqrt{3}}{7}$

③ $\dfrac{\sqrt{3}}{8}$　　④ $\dfrac{\sqrt{3}}{9}$

⑤ $\dfrac{\sqrt{3}}{10}$

03 원점 O를 지나고 기울기가 $\tan\theta$인 직선
l이 있다. 두 점 $A(0, 2)$, $B(2\sqrt{3}, 0)$
에서 직선 l에 내린 수선의 발을 각각
A', B'이라 하자. 원점 O로부터 점 A'
까지의 거리와 점 B'까지의 거리의 합
$\overline{OA'} + \overline{OB'}$이 최대가 되는 θ 의 값은?

(단, $0 < \theta < \dfrac{\pi}{2}$이다.)

① $\dfrac{\pi}{12}$　　② $\dfrac{\pi}{6}$

③ $\dfrac{\pi}{4}$　　④ $\dfrac{\pi}{3}$

⑤ $\dfrac{5}{12}\pi$

04 $\sin\alpha = \dfrac{1}{3}$일 때, $\cos\left(\dfrac{\pi}{3}+\alpha\right)$의 값은?

(단, $0 < \alpha < \dfrac{\pi}{2}$)

① $\dfrac{2\sqrt{2}-\sqrt{3}}{6}$　　② $\dfrac{2-\sqrt{3}}{6}$

③ $\dfrac{\sqrt{2}-1}{3}$　　④ $\dfrac{\sqrt{3}-\sqrt{2}}{3}$

⑤ $\dfrac{\sqrt{3}-1}{3}$

05 그림과 같이 원 $x^2+y^2=1$ 위의 점 P_1에서의 접선이 x축과 만나는 점을 Q_1이라 할 때, 삼각형 P_1OQ_1의 넓이는 $\dfrac{1}{4}$이다. 점 P_1을 원점 O를 중심으로 $\dfrac{\pi}{4}$만큼 회전시킨 점을 P_2라 하고, 점 P_2에서의 접선이 x축과 만나는 점을 Q_2라 하자. 삼각형 P_2OQ_2의 넓이는?

(단, 점 P_1은 제 1사분면 위의 점이다.)

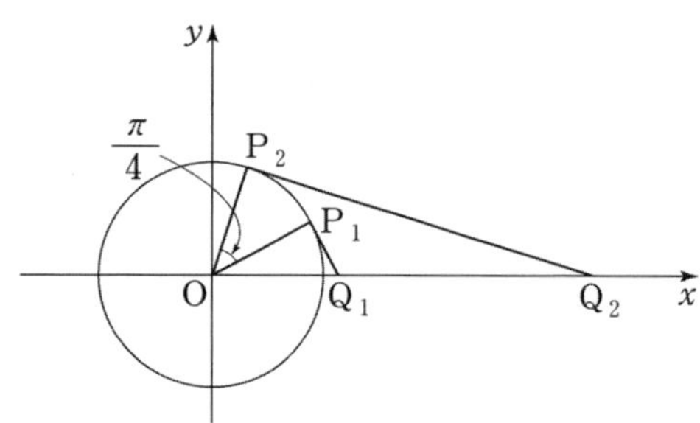

① 1

② $\dfrac{5}{4}$

③ $\dfrac{3}{2}$

④ $\dfrac{7}{4}$

⑤ 2

06 눈높이가 1m인 어린이가 나무로부터 7m 떨어진 지점에서 나무의 꼭대기를 바라본 선과 나무가 지면에 닿는 지점을 바라본 선이 이루는 각이 θ이었다. 나무로부터 2m 떨어진 지점까지 다가가서 나무를 바라보았더니 나무의 꼭대기를 바라본 선과 나무가 지면에 닿는 지점을 바라본 선이 이루는 각이 $\theta+\dfrac{\pi}{4}$가 되었다. 나무의 높이는 $a\,(\mathrm{m})$ 또는 $b\,(\mathrm{m})$이다. $a+b$의 값은?

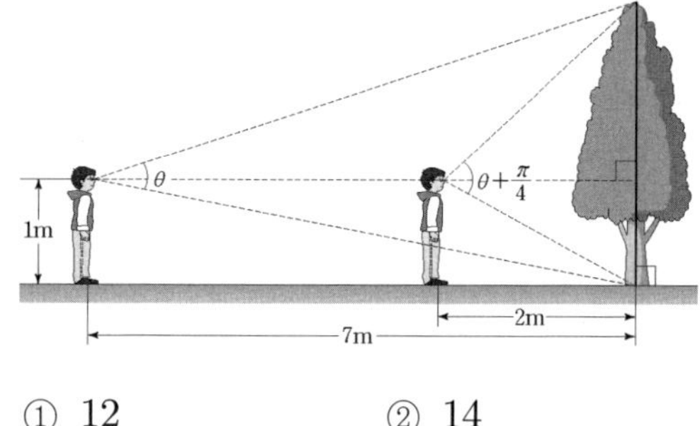

① 12

② 14

③ 16

④ 18

⑤ 20

1. 2배각의 공식

(1) $\sin 2\theta = 2\sin\theta\cos\theta$

(2) $\cos 2\theta = \cos^2\theta - \sin^2\theta = 2\cos^2\theta - 1 = 1 - 2\sin^2\theta$

(3) $\tan 2\theta = \dfrac{2\tan\theta}{1 - \tan^2\theta}$

2. 반각의 공식

(1) $\sin^2\dfrac{\theta}{2} = \dfrac{1 - \cos\theta}{2}$

(2) $\cos^2\dfrac{\theta}{2} = \dfrac{1 + \cos\theta}{2}$

(3) $\tan^2\dfrac{\theta}{2} = \dfrac{1 - \cos\theta}{1 + \cos\theta}$

3. 삼배각의 공식

(1) $\sin 3\theta = 3\sin\theta - 4\sin^3\theta$

(2) $\cos 3\theta = 4\cos^3\theta - 3\cos\theta$

4. 곱을 합 또는 차로 고치는 공식

(1) $\sin\alpha\cos\beta = \dfrac{1}{2}\{\sin(\alpha+\beta) + \sin(\alpha-\beta)\}$

(2) $\cos\alpha\sin\beta = \dfrac{1}{2}\{\sin(\alpha+\beta) - \sin(\alpha-\beta)\}$

(3) $\cos\alpha\cos\beta = \dfrac{1}{2}\{\cos(\alpha+\beta) + \cos(\alpha-\beta)\}$

(4) $\sin\alpha\sin\beta = -\dfrac{1}{2}\{\cos(\alpha+\beta) - \cos(\alpha-\beta)\}$

5. 합 또는 차를 곱으로 고치는 공식

(1) $\sin A + \sin B = 2\sin\dfrac{A+B}{2}\cos\dfrac{A-B}{2}$

(2) $\sin A - \sin B = 2\cos\dfrac{A+B}{2}\sin\dfrac{A-B}{2}$

(3) $\cos A + \cos B = 2\cos\dfrac{A+B}{2}\cos\dfrac{A-B}{2}$

(4) $\cos A - \cos B = -2\sin\dfrac{A+B}{2}\sin\dfrac{A-B}{2}$

01 $\tan\dfrac{\theta}{2}=\dfrac{\sqrt{2}}{2}$ 일 때, $\sec\theta$ 의 값은?

(단, $0<\theta<\dfrac{\pi}{2}$)

① 3 ② $\dfrac{10}{3}$

③ $\dfrac{11}{3}$ ④ 4

⑤ $\dfrac{13}{3}$

02 $\tan\dfrac{\theta}{2}=\dfrac{2}{3}$ 일 때, $\cos\theta$의 값은?

(단, $0<\theta<\dfrac{\pi}{2}$이다.)

① $\dfrac{1}{4}$ ② $\dfrac{5}{12}$

③ $\dfrac{7}{12}$ ④ $\dfrac{3}{13}$

⑤ $\dfrac{5}{13}$

03 $\sqrt{3}\sin\theta+\cos\theta=\dfrac{1}{2}$ 일 때,

$\cos\left(\theta+\dfrac{\pi}{6}\right)$의 값은?

(단, $0<\theta<\pi$)

① $-\dfrac{\sqrt{5}}{8}$ ② $-\dfrac{\sqrt{15}}{8}$

③ $-\dfrac{1}{2}$ ④ $-\dfrac{\sqrt{5}}{4}$

⑤ $-\dfrac{\sqrt{15}}{4}$

04 $\dfrac{\sin50°+\sin10°}{\cos50°+\cos10°}$ 의 값은?

① $\sqrt{3}$ ② $\sqrt{2}$

③ $\dfrac{\sqrt{3}}{2}$ ④ $\dfrac{\sqrt{2}}{2}$

⑤ $\dfrac{\sqrt{3}}{3}$

1. 삼각방정식

각의 크기를 미지수로 하는 삼각함수를 포함하는 방정식을 삼각방정식이라 하고, 삼각방정식의 각의 크기가 제한되어 있는 경우의 해를 특수해라 하며, 각의 크기에 대한 제한이 없는 경우의 해를 삼각방정식의 일반해라고 한다.

2. 삼각방정식의 일반해

각 삼각방정식의 특수해가 α일 때, n을 임의의 정수라고 하면

(1) $\sin x = a\,(|a| \leq 1)$의 일반해

$$x = n\pi + (-1)^n\alpha$$

(2) $\cos x = a\,(|a| \leq 1)$의 일반해

$$x = 2n\pi \pm \alpha$$

(3) $\tan x = a$의 일반해

$$x = n\pi + \alpha$$

3. $\sin x = \sin\alpha,\ \cos x = \cos\alpha,\ \tan x = \tan\alpha$ 의 해

특수해를 α라 하고 n이 임의의 정수일 때

(1) $\sin x = \sin\alpha$의 해

$$x = n\pi + (-1)^n\alpha$$

(2) $\cos x = \cos\alpha$의 해

$$x = 2n\pi \pm \alpha$$

(3) $\tan x = \tan\alpha$의 해

$$x = n\pi + \alpha$$

01 삼각방정식

$2\sin x - 4\sin x \cos^2 x - \cos 2x + 1 = 0$을 만족시키는 모든 근의 합은?

(단, $0 \le x < 2\pi$)

① $\dfrac{5}{2}\pi$ ② $\dfrac{11}{4}\pi$

③ 3π ④ $\dfrac{13}{4}\pi$

⑤ $\dfrac{7}{2}\pi$

02 $0 \le x \le \pi$에서 함수

$f(x) = \cos 2x + 2\sin x \cos x$의 그래프가 직선 $y = a$와 세 점에서 만날 때, a의 값은?

① $\dfrac{1}{4}$ ② $\dfrac{1}{2}$

③ $\dfrac{3}{4}$ ④ 1

⑤ $\dfrac{5}{4}$

03 $0 \le x \le 2\pi$에서 삼각방정식

$$\sin\left(2x - \frac{\pi}{2}\right) = 2\cos^2 x$$의 모든 해의

합은?

① 2π ② 3π

③ 4π ④ 5π

⑤ 6π

04 $0 < x < 2\pi$ 일 때,

방정식 $(\cos 2x - \cos x)\sin x = 0$ 을 만족시키는 모든 해의 합은 $k\pi$ 이다. $10k$ 의 값을 구하시오.

 **memo**

VII

함수의 극한

Lec.20 함수의 극한값

Lec.21 극한의 성질

Lec.22 미정계수의 결정

Lec.23 함수의 연속성

Lec.24 삼각함수의 극한

Lec.25 지수로그함수의 극한

1. 함수의 극한

(1) 함수 $f(x)$에서 $x \neq a$이고 x가 한없이 a에 가까워질 때, "$f(x)$가 일정한 값 α에 한없이 가까워지면 x가 한없이 a에 가까워질 때, 함수 $f(x)$는 α에 수렴한다."고 하고, α를 $f(x)$의 극한값 또는 극한이라고 한다. 이것을 기호로 $\lim_{x \to a} f(x) = \alpha$ 또는 $x \to a$일 때, $f(x) \to \alpha$로 나타낸다.

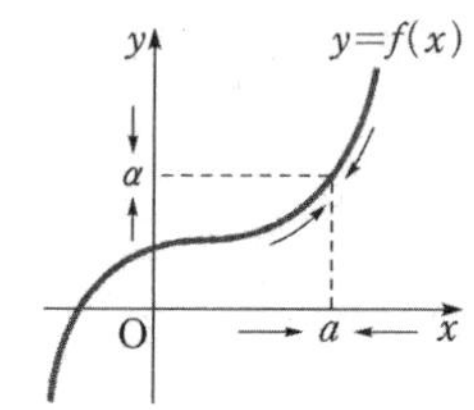

(2) 좌극한(값)

　　x가 a보다 작은 값을 가지면서, 즉 a의 왼쪽에서 한없이 a에 가까워지는 것을 $x \to a-0$으로 나타낸다. 이 때, $f(x)$가 일정한 값 a에 한없이 가까워지면 $\lim_{x \to a-0} f(x) = a$로 나타내고, a를 $f(x)$의 좌극한 또는 좌극한값이라고 한다.

(3) 우극한(값)

　　x가 a보다 큰 값을 가지면서, 즉 a의 오른쪽에서 한없이 a에 가까워지는 것을 $x \to a+0$으로 나타낸다. 이 때, $f(x)$가 일정한 값 a에 한없이 가까워지면 $\lim_{x \to a+0} f(x) = a$로 나타내고, a를 $f(x)$의 우극한 또는 우극한값이라고 한다.

(4) 우극한값과 좌극한값이 일치할 때에 한해서 극한값 $\lim_{x \to a} f(x)$가 존재한다.

　　$\lim_{x \to a+0} f(x) = \lim_{x \to a-0} f(x)$이면 극한값 $\lim_{x \to a} f(x)$가 존재하고,

　　$\lim_{x \to a+0} f(x) \neq \lim_{x \to a-0} f(x)$이면 극한값 $\lim_{x \to a} f(x)$가 존재하지 않는다.

01 $\displaystyle\lim_{x \to 1}\frac{x+1}{x^2+ax+1}=\frac{1}{9}$ 일 때, 상수 a 의 값을 구하시오.

02 실수 t 에 대하여 직선 $y=t$ 가 함수 $y=|x^2-1|$ 의 그래프와 만나는 점의 개수를 $f(t)$ 라 할 때, $\displaystyle\lim_{t \to 1-0} f(t)$ 의 값은?

① 1   ② 2

③ 3   ④ 4

⑤ 5

03 정의역이 $\{x \,|\, -2 \leq x \leq 2\}$ 인 함수 $y=f(x)$ 의 그래프가 그림과 같을 때, $\displaystyle\lim_{x \to -1-0} f(x)+\lim_{x \to 1+0} f(x)$ 의 값은?

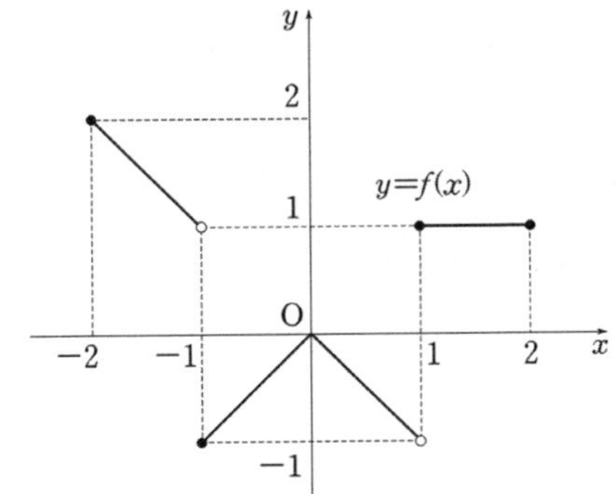

① -2 ② -1

③ 0   ④ 1

⑤ 2

04 함수 $y=f(x)$ 의 그래프가 그림과 같다.

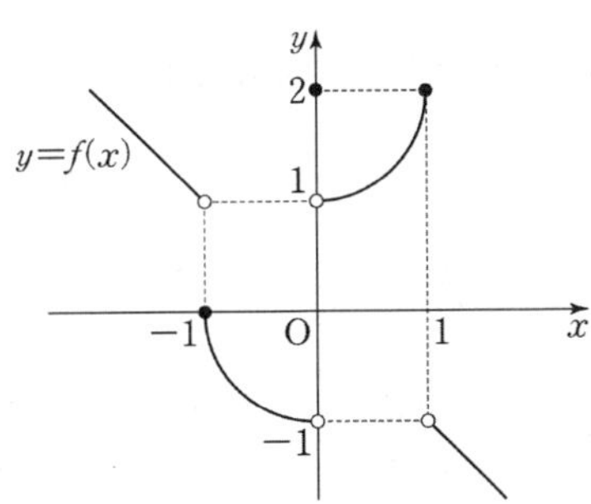

$\displaystyle\lim_{x \to -1-0} f(x)+f(0)+\lim_{x \to 1+0} f(x)$ 의 값은?

① -2 ② -1

③ 0   ④ 1

⑤ 2

05 정의역이 $\{x \,|\, 0 \leq x \leq 4\}$ 인 함수 $y=f(x)$ 의 그래프가 그림과 같다.

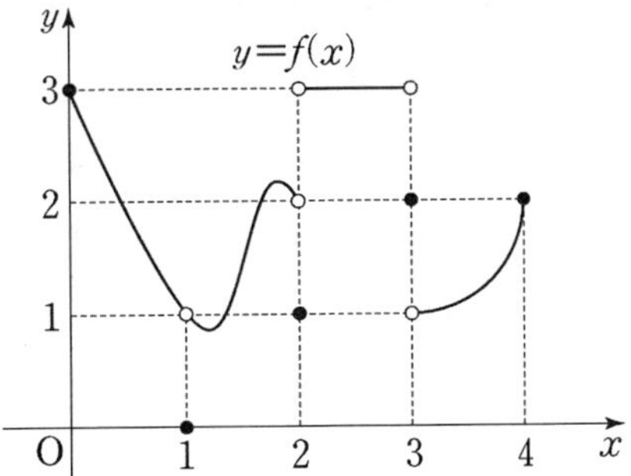

$\displaystyle\lim_{x \to +0} f(f(x))+\lim_{x \to 2+0} f(f(x))$ 의 값은?

① 1   ② 2

③ 3   ④ 4

⑤ 5

1. 극한의 기본성질

$$\lim_{x \to a} f(x) = a, \quad \lim_{x \to a} g(x) = \beta \text{일 때}$$

(1) $\displaystyle\lim_{x \to a} kf(x) = k\lim_{x \to a} f(x) = ka$ (k는 상수)

(2) $\displaystyle\lim_{x \to a}\{f(x) \pm g(x)\} = \lim_{x \to a} f(x) \pm \lim_{x \to a} g(x) = \alpha \pm \beta$ (복부호 동순)

(3) $\displaystyle\lim_{x \to a} f(x) \cdot g(x) = \lim_{x \to a} f(x) \cdot \lim_{x \to a} g(x) = \alpha\beta$

(4) $\displaystyle\lim_{x \to a} \frac{f(x)}{g(x)} = \frac{\displaystyle\lim_{x \to a} f(x)}{\displaystyle\lim_{x \to a} g(x)} = \frac{\alpha}{\beta}$ (단, $\beta \neq 0$, $g(x) \neq 0$)

2. 극한과 부등식의 성질

함수의 극한에서도 수열의 극한에서와 같이 다음과 같은 대소 관계가 성립한다.

a에 가까운 모든 x의 값에 대하여

(1) $f(x) \leq g(x)$이고 $\displaystyle\lim_{x \to a} f(x) = a$, $\displaystyle\lim_{x \to a} g(x) = \beta$이면 $\alpha \leq \beta$

(2) $f(x) \leq g(x) \leq h(x)$이고 $\displaystyle\lim_{x \to a} f(x) = \lim_{x \to a} h(x) = \alpha$이면 $\displaystyle\lim_{x \to a} g(x) = \alpha$

3. 극한값의 계산

(1) $\dfrac{0}{0}$ 꼴의 극한값

  ① 분수식은 분모, 분자를 각각 인수분해하여 공통인수를 약분한다.

  ② 무리식은 분모 또는 분자 중에서 근호가 있는 쪽을 유리화하여 공통인수를 약분한다.

(2) $\dfrac{\infty}{\infty}$ 꼴의 극한값

  분모의 최고차항으로 분모, 분자를 나눈다.

(3) $\infty - \infty$, $\infty \times 0$ 꼴의 극한값

  $\dfrac{0}{0}$, $\dfrac{\infty}{\infty}$, $\infty \times k$, $\dfrac{k}{\infty}$ (k 는 상수)의 꼴로 변형하여 계산한다.

01 $\displaystyle\lim_{x \to 1} \frac{x^2-1}{\sqrt{x+3}-2}$ 의 값은?

① 7   ② 8

③ 9   ④ 10

⑤ 11

02 그림과 같이 직선 $y=x+1$ 위에 두 점 $A(-1,\,0)$과 $P(t,\,t+1)$ 이 있다. 점 P 를 지나고 직선 $y=x+1$ 에 수직인 직선 이 y축과 만나는 점을 Q라 할 때, $\displaystyle\lim_{t \to \infty} \frac{\overline{AQ}^2}{\overline{AP}^2}$의 값은?

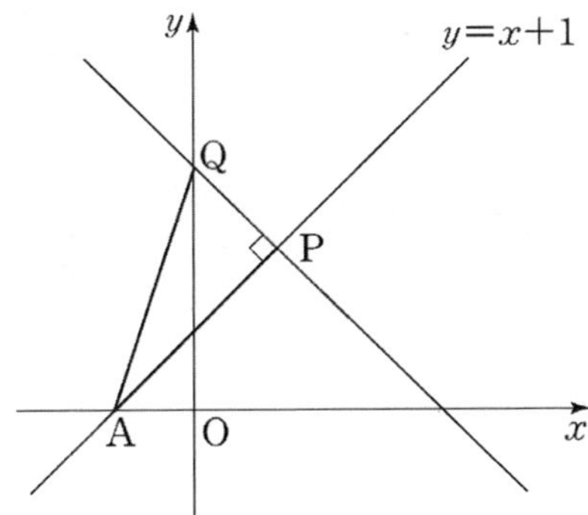

① 1   ② $\dfrac{3}{2}$

③ 2   ④ $\dfrac{5}{2}$

⑤ 3

03 극한 $\displaystyle\lim_{x \to 0} \frac{\{f(x)\}^2}{f(x^2)}=4$를 만족시키는 함 수 $f(x)$를 〈보기〉에서 모두 고른 것은?

> ㄱ. $f(x)=4|x|$
>
> ㄴ. $f(x)=2x^2+2x$
>
> ㄷ. $f(x)=x+\dfrac{4}{x}$

① ㄱ   ② ㄴ

③ ㄱ, ㄷ   ④ ㄴ, ㄷ

⑤ ㄱ, ㄴ, ㄷ

04 실수 전체의 집합에서 정의된 함수 $y=f(x)$의 그래프가 그림과 같다.

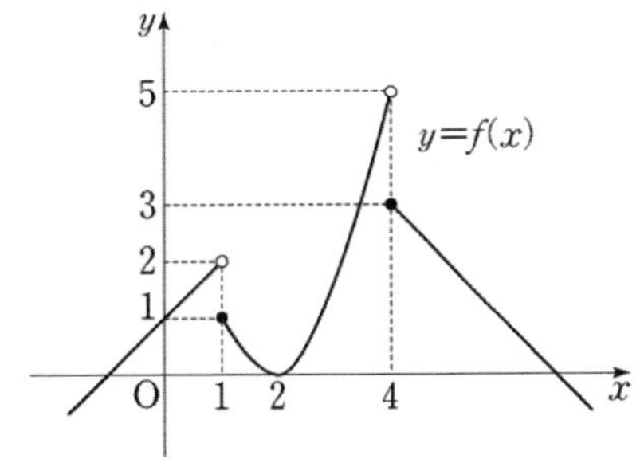

$\displaystyle\lim_{t \to \infty} f\!\left(\frac{t-1}{t+1}\right) + \lim_{t \to -\infty} f\!\left(\frac{4t-1}{t+1}\right)$의 값은?

① 3   ② 4

③ 5   ④ 6

⑤ 7

1. 극한값을 알고 미지수를 구할 때

(1) $\dfrac{\infty}{\infty}$꼴

$$\lim_{x \to \infty} \frac{f(x)}{g(x)} = \alpha \quad (\alpha \text{는 유한확정값)일 때}$$

$\alpha \neq 0$이면 $(f(x)$의 차수$) = (g(x)$의 차수$)$,

극한값 α는 최고차항의 계수의 비

(2) $\dfrac{0}{0}$꼴

$$\lim_{x \to a} \frac{f(x)}{g(x)} = \alpha \quad (\alpha \text{는 유한확정값)일 때}$$

$$\begin{cases} x \to a \text{일 때, 분모} g(a) = 0 \text{이면 분자} f(a) = 0 \\ x \to a \text{일 때, 분자} f(a) = 0 \text{이면 분모} g(a) = 0 \ (\text{단}, \alpha \neq 0) \end{cases}$$

01 두 실수 a, b가 $\lim\limits_{x \to 2} \dfrac{\sqrt{x^2+a}-b}{x-2} = \dfrac{2}{5}$를

만족시킬 때, $a+b$ 의 값을 구하시오.

02 최고차항의 계수가 1인 삼차함수 $f(x)$가

$f(-1)=2$, $f(0)=0$, $f(1)=-2$를

만족시킬 때, $\lim\limits_{x \to 0} \dfrac{f(x)}{x}$ 의 값은?

① -1 ② -2

③ -3 ④ -4

⑤ -5

03 다항함수 $f(x)$가 $\lim\limits_{x \to \infty} \dfrac{f(x)}{x^3} = 0$,

$\lim\limits_{x \to 0} \dfrac{f(x)}{x} = 5$를 만족시킨다.

방정식 $f(x)=x$의 한 근이 -2일 때, $f(1)$의 값은?

① 6 ② 7

③ 8 ④ 9

⑤ 10

04 다항함수 $f(x)$ 가

$$\lim_{x \to +0} \frac{x^3 f\left(\dfrac{1}{x}\right) - 1}{x^3 + x} = 5,$$

$$\lim_{x \to 1} \frac{f(x)}{x^2 + x - 2} = \frac{1}{3}$$ 을 만족시킬 때,

$f(2)$ 의 값을 구하시오.

1. 함수의 연속

함수 $f(x)$가 실수 a에 대하여

(i) $x=a$에서 함수값 $f(a)$가 정의되어 있고, 즉 $f(a)$가 존재하고

(ii) 극한값 $\lim\limits_{x \to a} f(x)$가 존재하며

(iii) $\lim\limits_{x \to a} f(x) = f(a)$일 때, 함수 $f(x)$는 $x=a$에서 연속이라고 한다.

2. 여러 가지 함수의 연속성

(1) 다항함수 : 일차함수, 이차함수, …등 $\Rightarrow$ ($-\infty$, ∞)에서 연속

(2) 분수함수 : $y = \dfrac{g(x)}{f(x)} \Rightarrow$ 분모$=0$인 점, 즉 $f(x)=0$인 점에서 불연속

(3) 무리함수 : $y = \sqrt{f(x)} \Rightarrow f(x) \geq 0$인 범위에서 연속

(4) 로그함수 : $y = \log_a x$(단, $a>0$, $a \neq 1$)$\Rightarrow x>0$인 범위, 즉 $(0, \infty)$에서 연속

(5) 지수함수 : $y = a^x$(단, $a>0$, $a \neq 1$)$\Rightarrow$ ($-\infty$, ∞) ($-\infty$, ∞)에서 연속

(6) 삼각함수 : $y = \sin x$, $y = \cos x$는 에서 연속

$$y = \tan x \text{는 } x = n\pi \pm \frac{\pi}{2} \text{에서 불연속 (단, } n \text{은 정수)}$$

(7) 가우스 함수 : $y = [x] \Rightarrow x = n$에서 불연속 (단, n은 정수)

3. 최대 최소의 정리

함수 $f(x)$ 가 폐구간 $[a,b]$ 에서 연속이면 $f(x)$ 는 이 구간에서 반드시 최대값과 최소값을 갖는다.

4. 중간값의 정리

함수 $f(x)$ 가 폐구간 $[a,b]$ 에서 연속이고 $f(x) \neq f(b)$ 일 때, $f(a)$ 와 $f(b)$ 사이의 임의의 실수 k 에 대하여 $f(c) = k$ 인 c 가 개구간 (a,b) 안에 적어도 하나 존재한다.

5. 중간값의 정리의 활용

함수 $f(x)$ 가 폐구간 $[a,b]$ 에서 연속이고 $f(a)f(b) < 0$ 이면 방정식 $f(x) = 0$ 은 a 와 b 사이에 적어도 하나의 실근을 갖는다.

6. 함수의 불연속

함수 $f(x)$ 가 $x=a$ 에서 연속이 아닐 때, $f(x)$ 는 $x=a$ 에서 불연속이라 한다. 즉, 연속의 세 조건 중에서 어느 한 가지라도 만족하지 않으면 함수 $f(x)$ 는 $x=a$ 에서 불연속이다.

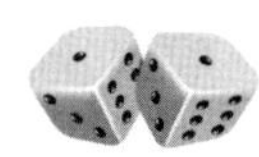

01 최고차항의 계수가 1 인 이차함수 $f(x)$ 와

함수 $g(x) = \begin{cases} -1 & (x \leq 0) \\ -x+1 & (0 < x < 2) \\ 1 & (x \geq 2) \end{cases}$ 에

대하여 함수 $f(x)g(x)$ 가 실수 전체의 집합에서 연속이다. $f(5)$ 의 값은?

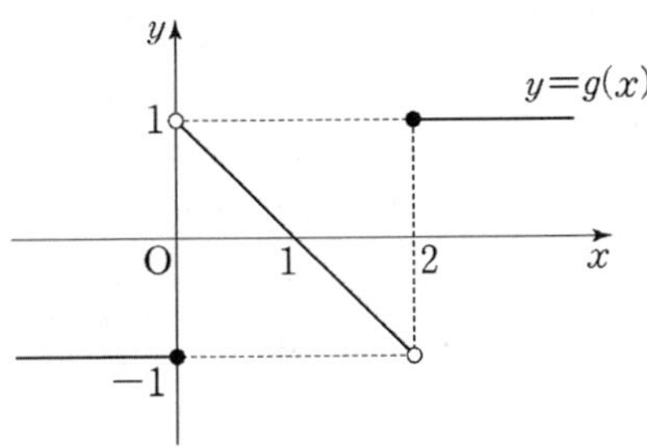

① 15   ② 17

③ 19   ④ 21

⑤ 23

02 함수 $f(x)$ 가

$$f(x) = \begin{cases} \dfrac{x^2}{2x - |x|} & (x \neq 0) \\ a & (x = 0) \end{cases}$$

일 때, [보기]에서 옳은 것을 모두 고른 것은?(단, a 는 실수이다.)

> ㄱ. $f(-3) = 1$ 이다.
> ㄴ. $x > 0$ 일 때, $f(x) = x$ 이다.
> **보기** ㄷ. 함수 $f(x)$ 가 $x = 0$에서 연속이 되도록 하는 a 가 존재한다.

① ㄴ   ② ㄷ

③ ㄱ, ㄴ   ④ ㄱ, ㄷ

⑤ ㄴ, ㄷ

03 두 함수 $f(x)$, $g(x)$에 대하여 〈보기〉에서 항상 옳은 것을 모두 고른 것은?

> ㄱ. $f(x) = \begin{cases} 1 & (x \geq 0) \\ -1 & (x < 0) \end{cases}$,
> $g(x) = |x|$ 일 때,
> $(g \circ f)(x)$ 는 $x = 0$에서 연속이다.
> **보기** ㄴ. $(g \circ f)(x)$ 가 $x = 0$에서 연속이면 $f(x)$ 는 $x = 0$에서 연속이다.
> ㄷ. $(f \circ f)(x)$ 가 $x = 0$에서 연속이면 $f(x)$ 는 $x = 0$에서 연속이다.

① ㄱ   ② ㄴ

③ ㄱ, ㄴ   ④ ㄱ, ㄷ

⑤ ㄴ, ㄷ

04 실수 a 에 대하여 집합

$\{ x \mid ax^2 + 2(a-2)x - (a-2) = 0,$

x는 실수$\}$의 원소의 개수를 $f(a)$ 라 할 때, 옳은 것만을 [보기]에서 있는 대로 고른 것은?

> ㄱ. $\lim\limits_{a \to 0} f(a) = f(0)$
> **보기** ㄴ. $\lim\limits_{a \to c+0} f(a) \neq \lim\limits_{a \to c-0} f(a)$ 인 실수 c 는 2 개다.
> ㄷ. 함수 $f(a)$ 가 불연속인 점은 3 개이다.

① ㄴ   ② ㄷ

③ ㄱ, ㄴ   ④ ㄴ, ㄷ

⑤ ㄱ, ㄴ, ㄷ

05 좌표평면에서 중심이 $(0, 3)$이고 반지름의 길이가 1인 원을 C라 하자. 양수 r에 대하여 $f(r)$를 반지름의 길이가 r인 원 중에서, 원 C와 한 점에서 만나고 동시에 x축에 접하는 원의 개수라 하자. 〈보기〉에서 옳은 것을 모두 고른 것은?

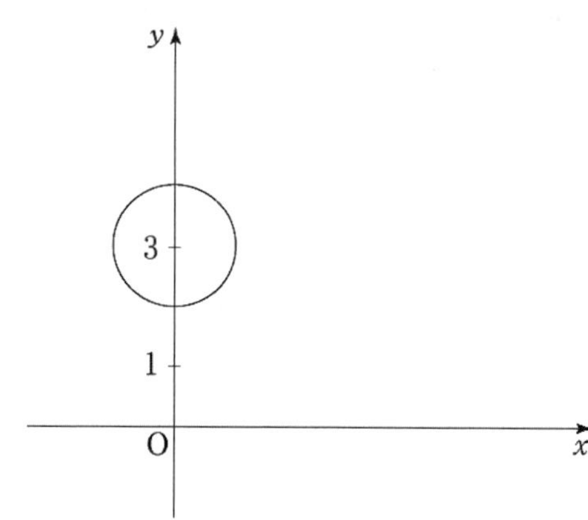

ㄱ. $f(2) = 3$

ㄴ. $\displaystyle\lim_{r \to 1+0} f(r) = f(1)$

ㄷ. 구간 $(0, 4)$에서 함수 $f(r)$의 불연속점은 2개이다.

보기

① ㄱ

② ㄴ

③ ㄷ

④ ㄱ, ㄷ

⑤ ㄱ, ㄴ, ㄷ

06 모든 실수에서 정의된 함수 $y = f(x)$에 대하여 함수 $y = x^k f(x)$가 $x = 0$에서 연속이 되도록 하는 가장 작은 자연수 k를 $N(f)$로 나타내자.

예를 들어,

$$f(x) = \begin{cases} \dfrac{1}{x} & (x \neq 0) \\ 0 & (x = 0) \end{cases} \text{이면 } n(f) = 2 \text{이다.}$$

다음 함수 $g_i \, (i = 1, 2, 3)$에 대하여 $N(g_i) = a_i$라 할 때, a_i의 대소 관계를 옳게 나타낸 것은?

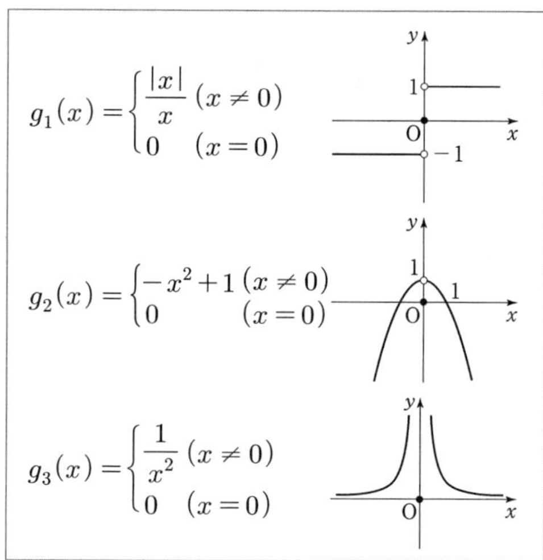

① $a_1 = a_2 < a_3$

② $a_1 < a_2 = a_3$

③ $a_1 = a_2 = a_3$

④ $a_2 = a_3 < a_1$

⑤ $a_3 < a_1 = a_2$

1. 삼각함수의 극한

(1) $\displaystyle\lim_{x \to 0} \frac{\sin x}{x} = 1$ (단, x 는 라디안)

(2) $\displaystyle\lim_{x \to 0} \frac{x}{\sin x} = \lim_{x \to 0} \frac{1}{\dfrac{\sin x}{x}} = \frac{1}{\displaystyle\lim_{x \to 0} \dfrac{\sin x}{x}} = \frac{1}{1} = 1$

(3) $\displaystyle\lim_{x \to 0} \frac{\tan x}{x} = \lim_{x \to 0} \frac{\sin x}{x \cos x} = \lim_{x \to 0} \frac{\sin x}{x} \cdot \frac{1}{\cos x}$

$= \displaystyle\lim_{x \to 0} \frac{\sin x}{x} \cdot \lim_{x \to 0} \frac{1}{\cos x} = 1 \cdot 1 = 1$

(4) $\displaystyle\lim_{x \to 0} \frac{x}{\tan x} = \lim_{x \to 0} \frac{1}{\dfrac{\tan x}{x}} = \frac{1}{\displaystyle\lim_{x \to 0} \dfrac{\tan x}{x}} = \frac{1}{1} = 1$

(5) $\displaystyle\lim_{x \to 0} \frac{\sin nx}{mx} = \lim_{x \to 0} \frac{\sin nx}{nx} \cdot \frac{n}{m} = 1 \cdot \frac{n}{m} = \frac{n}{m}$

(6) $\displaystyle\lim_{x \to 0} \frac{nx}{\sin mx} = \lim_{x \to 0} \frac{1}{\dfrac{\sin mx}{nx}} = \frac{1}{\displaystyle\lim_{x \to 0} \dfrac{\sin mx}{mx} \cdot \dfrac{m}{n}} = \frac{n}{m}$

(7) $\displaystyle\lim_{x \to 0} \frac{\tan nx}{mx} = \frac{n}{m}$

(8) $\displaystyle\lim_{x \to 0} \frac{nx}{\tan mx} = \frac{n}{m}$

01 $\displaystyle\lim_{\theta\to 0}\frac{\sec 2\theta-1}{\sec\theta-1}$ 의 값은?

① 1   ② 2   ③ 3

④ 4   ⑤ 5

02 그림과 같이 지름의 길이가 2이고, 두 점 A, B를 지름의 양 끝점으로 하는 반원 위에 점 C가 있다. 삼각형 ABC의 내접원의 중심을 O, 중심 O에서 선분 AB와 선분 BC에 내린 수선의 발을 각각 D, E라 하자. $\angle ABC=\theta$ 이고, 호 AC의 길이를 l_1, 호 DE의 길이를 l_2라 할 때, $\displaystyle\lim_{\theta\to 0}\frac{l_1}{l_2}$ 의 값은?(단, $0<\theta<\dfrac{\pi}{2}$ 이다.)

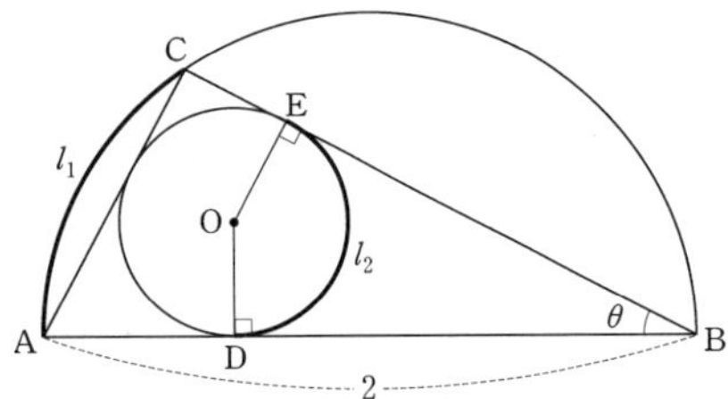

① 1   ② $\dfrac{\pi}{4}$ ③ $\dfrac{\pi}{3}$

④ $\dfrac{2}{\pi}$ ⑤ $\dfrac{3}{\pi}$

03 그림과 같이 양수 θ에 대하여 $\angle ABC=\angle ACB=\theta$ 이고 $\overline{BC}=2$인 이등변삼각형 ABC가 있다. 삼각형 ABC의 내접원의 중심을 O, 선분 AB와 내접원이 만나는 점을 D, 선분 AC와 내접원이 만나는 점을 E라 하자. 삼각형

OED의 넓이를 $S(\theta)$라 할 때, $\displaystyle\lim_{\theta\to +0}\frac{S(\theta)}{\theta^3}$ 의 값은?

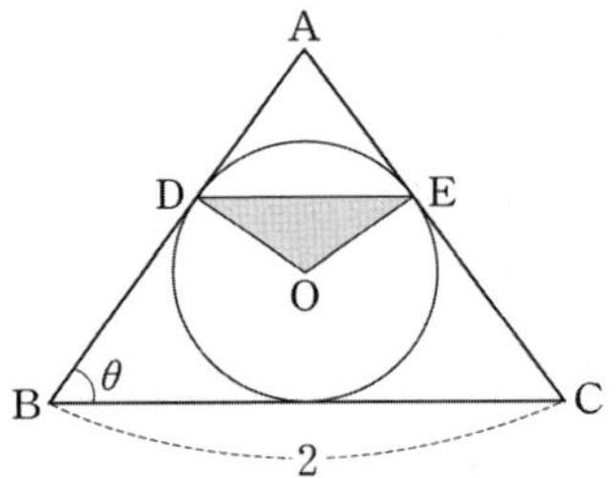

① $\dfrac{1}{8}$ ② $\dfrac{1}{4}$ ③ $\dfrac{3}{8}$

④ $\dfrac{1}{2}$ ⑤ $\dfrac{5}{8}$

04 그림과 같이 원 $x^2+y^2=1$ 위의 점 P에서의 접선이 x축과 만나는 점을 Q라 하자. 점 A$(-1,\,0)$과 원점 O에 대하여 $\angle PAO=\theta$라 할 때, $\displaystyle\lim_{\theta\to\frac{\pi}{4}-0}\frac{\overline{PQ}-\overline{OQ}}{\theta-\dfrac{\pi}{4}}$ 의 값은?

(단, 점 P는 제 1사분면 위의 점이다.)

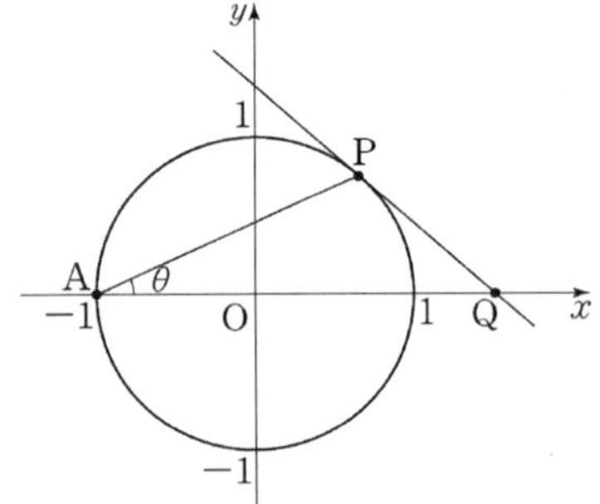

① 2   ② $\sqrt{3}$ ③ $\dfrac{3}{2}$

④ 1   ⑤ $\dfrac{\sqrt{2}}{2}$

1. 자연로그

무리수 e 를 밑으로 하는 $\log_e x$ 를 x 의 자연로그라고 한다. 자연로그 $\log_e x$ 는 밑 e 를 생략하고 간단히 $\log x$ 로 나타낸다. 다만 상용로그와 구별하기 위하여 상용로그의 밑을 밝혀 $\log_{10} x$ 로 나타내거나 자연로그 $\log_e x$ 를 $\log x$ 대신 $\ln x$ 로 나타내기로 한다.

2. 자연로그의 성질 ($x > 0$, $y > 0$일 때)

(1) $\ln 1 = 0, \ln e = 1$

(2) $\ln x\, y = \ln x + \ln y$

(3) $\ln \dfrac{x}{y} = \ln x - \ln y$

(4) $\ln x^n = n \ln x$ (단, n 은 임의의 실수)

3. e 의 정의

함수 $(1+x)^{\frac{1}{x}}$ 에 대하여 x 가 0에 한없이 가까워질 때의 극한값은 x 에 $\pm 0.1, \pm 0.01, \pm 0.001, \pm 0.0001, \pm 0.00001, \cdots$ 을 차례로 대입하여 $(1+x)^{\frac{1}{x}}$ 의 값을 계산해 보면 오른쪽 표와 같다.

이 표에서 x 가 0에 한없이 가까워짐에 따라 $(1+x)^{\frac{1}{x}}$ 의 값이 어떤 일정한 수에 수렴하고 있음을 알 수 있다. 실제로 $x \to 0$ 일 때, $(1+x)^{\frac{1}{x}}$ 의 극한값이 존재한다는 것이 알려져 있으며, 이 극한값을 e 로 나타내고 자연상수라 부른다. 이 때, e 는 무리수이고 이를 소수로 나타내면 $e = 2.71828182845 \cdots$ 와 같이 순환하지 않는 무한소수임이 알려져 있다.

x	$(1+x)^{\frac{1}{x}}$
-0.1	$2.86797\cdots$
-0.01	$2.73199\cdots$
-0.001	$2.71964\cdots$
-0.0001	$2.71841\cdots$
-0.00001	$2.71829\cdots$
$\vdots$	$\vdots$
0	$\mathbf{2.71828\cdots}$
$\vdots$	$\vdots$
0.00001	$2.59374\cdots$
0.0001	$2.70481\cdots$
0.001	$2.71692\cdots$
0.01	$2.71814\cdots$
0.1	$2.71827\cdots$

(1) $\displaystyle \lim_{x \to 0} (1+x)^{\frac{1}{x}} = e$

(2) $\displaystyle \lim_{x \to \infty} \left(1 + \frac{1}{x}\right)^x = e$

4. 지수함수와 로그함수의 극한

(1) $\displaystyle \lim_{x \to 0} \frac{e^x - 1}{x} = 1$

(2) $\displaystyle \lim_{x \to 0} \frac{e^{kx} - 1}{x} = k$

(3) $\displaystyle \lim_{x \to 0} \frac{a^x - 1}{x} = \ln a \ (a > 0, a \neq 1)$

(4) $\displaystyle \lim_{x \to 0} \frac{\ln(1+x)}{x} = 1$

(5) $\displaystyle \lim_{x \to 0} \frac{\ln(1+kx)}{x} = k$

(6) $\displaystyle \lim_{x \to 0} \frac{\log_a(1+x)}{x} = \log_a e = \frac{1}{\ln a}$

(7) $\displaystyle \lim_{x \to \infty} x \ln\left(1 + \frac{1}{x}\right) = 1$

01 $\displaystyle\lim_{x \to a} \frac{2^x - 1}{3\sin(x-a)} = b\ln 2$ 를 만족시키는

두 상수 a, b에 대하여 $a+b$의 값은?

① $\dfrac{1}{6}$ ② $\dfrac{1}{5}$

③ $\dfrac{1}{4}$ ④ $\dfrac{1}{3}$

⑤ $\dfrac{1}{2}$

02 함수 $f(x)$ 가 $\displaystyle\lim_{x \to 0} \frac{f(x)}{\ln(1+x)} = 1$ 을

만족시킬 때, 〈보기〉에서 항상 옳은 것을 모두 고른 것은?

> 〈보기〉
> ㄱ. $\displaystyle\lim_{x \to 0} \frac{\sin x}{f(x)} = 0$
> ㄴ. $\displaystyle\lim_{x \to 0} \frac{f(x) + x}{\ln(1+x)} = 2$
> ㄷ. $\displaystyle\lim_{x \to 0} \frac{\{f(x)\}^2}{\ln(1+x)} = 0$

① ㄱ   ② ㄴ

③ ㄷ   ④ ㄴ, ㄷ

⑤ ㄱ, ㄴ, ㄷ

03 함수 $f(x)$ 가 $x > -1$ 인

모든 실수 x 에 대하여

부등식 $\ln(1+x) \leq f(x) \leq \dfrac{1}{2}(e^{2x} - 1)$ 을

만족시킬 때, $\displaystyle\lim_{x \to 0} \frac{f(3x)}{x}$ 의 값은?

① 1 ② e

③ 3 ④ 4

⑤ $2e$

04 두 실수 $a = \displaystyle\lim_{t \to 0} \frac{\sin t}{2t}$,

$b = \displaystyle\lim_{t \to 0} \frac{e^{2t} - 1}{t}$ 에 대하여 함수 $f(x)$ 가

$f(x) = \begin{cases} a & (x \geq 1) \\ b & (x < 1) \end{cases}$ 일 때,

〈보기〉에서 옳은 것을 모두 고른 것은?

> 〈보기〉
> ㄱ. $f(1) = \dfrac{1}{2}$
> ㄴ. $f(f(1)) = 2$
> ㄷ. $\displaystyle\lim_{x \to 1-0} f(f(x)) = \lim_{x \to 1+0} f(f(x))$

① ㄱ   ② ㄴ

③ ㄱ, ㄴ   ④ ㄴ, ㄷ

⑤ ㄱ, ㄴ, ㄷ

 memo

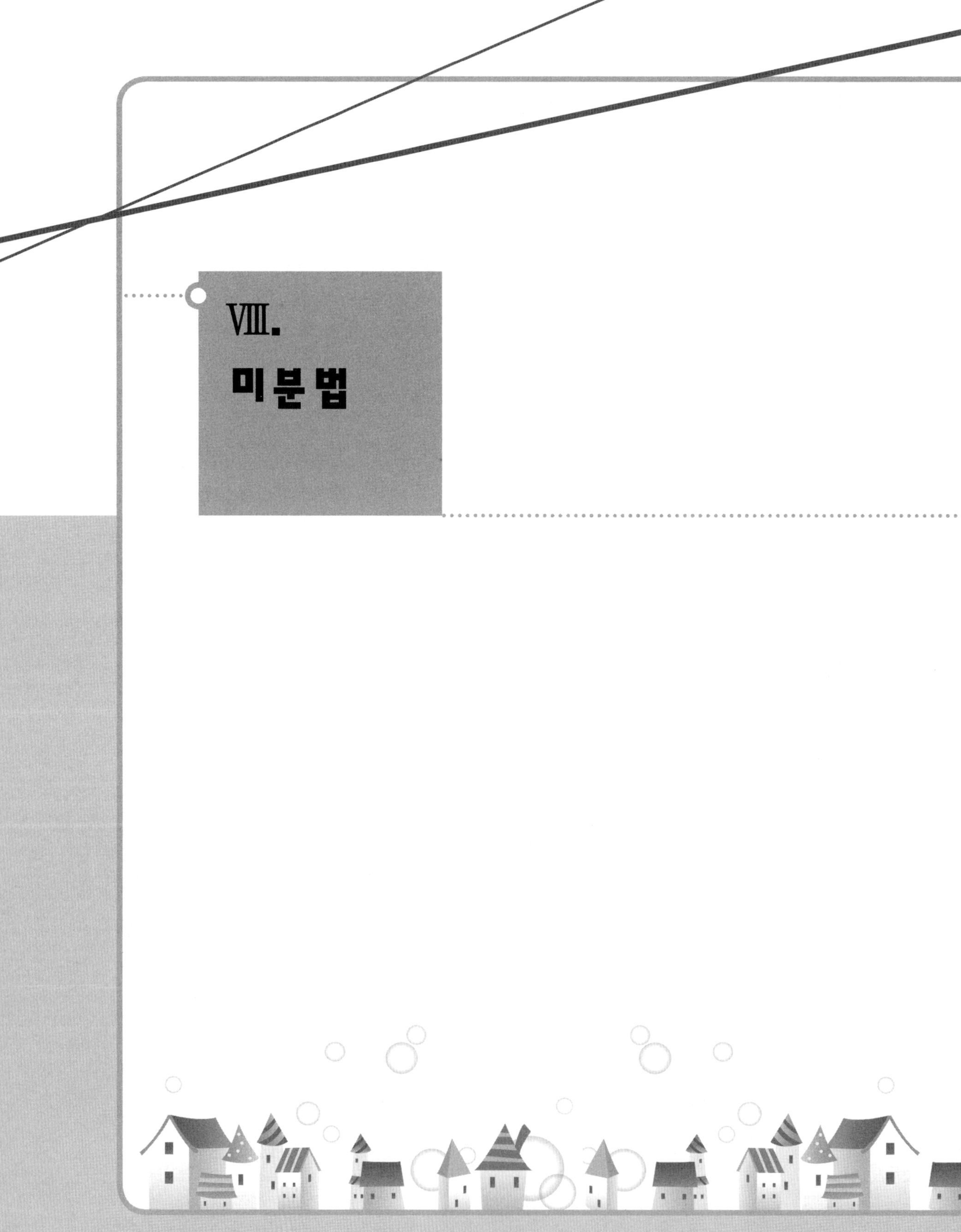

VIII.
미분법

Lec.26 평균변화율과 미분계수

Lec.27 미분계수의 성질

Lec.28 미분법(1)

Lec.29 미분법(2)

Lec.30 여러 가지 미분법

Lec.31 초월함수의 미분법

1. 평균변화율의 의미

함수 $y=f(x)$에서 x의 값이 a에서 b까지 변할 때

$$\frac{\triangle y}{\triangle x}=\frac{f(b)-f(a)}{b-a}=\frac{f(a+\triangle x)-f(a)}{\triangle x}$$ 을

구간 $[a,\ b]$에서의 평균변화율이라고 한다.

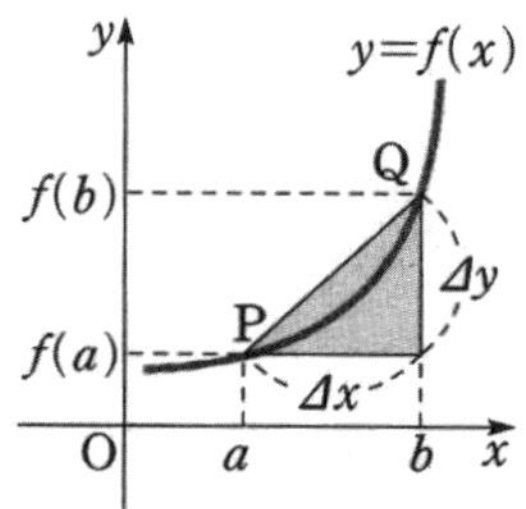

2. 평균변화율의 기하학적 의미

평균변화율은 오른쪽 그림에서 직선 PQ의 기울기를 나타낸다.

3. 미분계수의 의미

함수 $y=f(x)$에서 x의 값이 a에서 $a+\triangle x$까지 변할 때의 평균변화율에서 $\triangle x \rightarrow 0$일 때의

극한값 $\displaystyle\lim_{\triangle x \to 0}\frac{\triangle y}{\triangle x}=\lim_{\triangle x \to 0}\frac{f(a+\triangle x)-f(a)}{\triangle x}$ 를 $y=f(x)$의 $x=a$에서의 미분계수 또는

순간변화율이라 하고, 기호로 $f'(a)$, $y'_{x=a}$, $\left[\dfrac{dy}{dx}\right]_{x=a}$ 등으로 나타낸다.

4. 미분계수의 기하학적 의미

$f'(a)$는 곡선 $y=f(x)$위의 점 $(a,\ f(a))$에서의 접선의 기울기를 나타낸다. 따라서, 접선이 x축의 양의 방향과 이루는 각의 크기를 θ라 하면 $f'(a)=\tan\theta$가 성립한다.

- x의 값이 a에서 b까지 변할 때의 평균변화율

$$\frac{\triangle y}{\triangle x}=\frac{f(b)-f(a)}{b-a}=\frac{f(a+\triangle x)-f(a)}{\triangle x}$$

- $x=a$에서의 미분계수

$$f'(a)=\lim_{\triangle x \to 0}\frac{f(a+\triangle x)-f(a)}{\triangle x}$$

$$=\lim_{h \to 0}\frac{f(a+h)-f(a)}{h} \quad \leftarrow \text{미분계수의 활용공식(1)}$$

$$=\lim_{x \to a}\frac{f(x)-f(a)}{x-a} \quad \leftarrow \text{미분계수의 활용공식(2)}$$

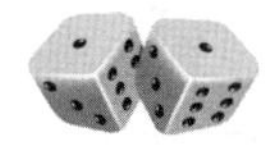

01 함수 $f(x)=x^4+4x^2+1$ 에 대하여

$$\lim_{h\to 0}\frac{f(1+2h)-f(1)}{h}$$ 의 값을 구하시오.

02 다항함수 $f(x)$ 에 대하여

$$\lim_{x\to 2}\frac{f(x+1)-8}{x^2-4}=5$$ 일 때,

$f(3)+f'(3)$ 의 값을 구하시오.

03 함수 $f(x)$ 가

$$f(x+2)-f(2)=x^3+6x^2+14x$$ 를

만족시킬 때, $f'(2)$ 의 값을 구하시오.

04 이차함수 $f(x)=x^2+3x$ 에 대하여

$f(2)+f'(2)$ 의 값을 구하시오.

1. 미분계수를 이용한 공식

(1) 분모가 한 개의 항으로 이루어진 꼴

x의 증분 $\triangle x$대신 h를 사용하여 다음과 같이 나타내기도 한다.

① $\displaystyle\lim_{h \to 0} \frac{f(a+h)-f(a)}{h} = f'(a)$

② $\displaystyle\lim_{h \to 0} \frac{f(a+ph)-f(a)}{h} = p \cdot f'(a)$

③ $\displaystyle\lim_{h \to 0} \frac{f(a+ph)-f(a-qh)}{h} = (p+q) \cdot f'(a)$

(2) 분모가 두 개의 항으로 이루어진 꼴

$f'(a) = \displaystyle\lim_{\triangle x \to 0} \frac{f(a+\triangle x)-f(a)}{\triangle x}$ 에서 $a+\triangle x = x$로 놓으면

$\triangle x = x - a$이고 $\triangle x \to 0$일 때 $x \to a$이므로 $f'(a) = \displaystyle\lim_{x \to a} \frac{f(x)-f(a)}{x-a}$ 가 된다.

① $\displaystyle\lim_{x \to a} \frac{f(x)-f(a)}{x-a} = f'(a)$

② $\displaystyle\lim_{x \to a} \frac{af(x)-xf(a)}{x-a} = af'(a)-f(a)$

③ $\displaystyle\lim_{x \to a} \frac{x^2 f(a)-a^2 f(x)}{x-a} = 2af(a)-a^2 f'(a)$

01 최고차항의 계수가 1이 아닌 다항함수 $f(x)$가 다음 조건을 만족시킬 때, $f'(1)$의 값을 구하시오.

> (가) $\displaystyle\lim_{x \to \infty} \frac{\{f(x)\}^2 - f(x^2)}{x^3 f(x)} = 4$
>
> (나) $\displaystyle\lim_{x \to 0} \frac{f'(x)}{x} = 4$

02 함수 $f(x)$에 대하여 〈보기〉에서 항상 옳은 것을 모두 고른 것은?

> **〈보기〉**
>
> ㄱ. $\displaystyle\lim_{h \to 0} \frac{f(1+h) - f(1)}{h} = 0$이면 $\displaystyle\lim_{x \to 1} f(x) = f(1)$이다.
>
> ㄴ. $\displaystyle\lim_{h \to 0} \frac{f(1+h) - f(1)}{h} = 0$이면 $\displaystyle\lim_{h \to 0} \frac{f(1+h) - f(1-h)}{2h} = 0$이다.
>
> ㄷ. $f(x) = |x-1|$일 때, $\displaystyle\lim_{h \to 0} \frac{f(1+h) - f(1-h)}{2h} = 0$이다.

① ㄱ   ② ㄷ
③ ㄱ, ㄴ   ④ ㄴ, ㄷ
⑤ ㄱ, ㄴ, ㄷ

03 등차수열 $\{x_n\}$과 이차함수 $f(x) = ax^2 + bx + c$에 대하여 〈보기〉에서 옳은 것을 모두 고른 것은?

> **〈보기〉**
>
> ㄱ. 수열 $\{f'(x_n)\}$은 등차수열이다.
>
> ㄴ. 수열 $\{f(x_{n+1}) - f(x_n)\}$은 등차수열이다.
>
> ㄷ. $f(0) = 3$, $f(2) = 5$, $f(4) = 9$이면 $f(6) = 15$이다.

① ㄱ   ② ㄴ
③ ㄱ, ㄷ   ④ ㄴ, ㄷ
⑤ ㄱ, ㄴ, ㄷ

04 세 다항함수 $f(x)$, $g(x)$, $h(x)$에 대하여 〈보기〉에서 항상 옳은 것을 모두 고른 것은?

> **〈보기〉**
>
> ㄱ. $f(0) = 0$이면 $f'(0) = 0$이다.
>
> ㄴ. 모든 실수 x에 대하여 $g(x) = g(-x)$이면 $g'(0) = 0$이다.
>
> ㄷ. 모든 실수 x에 대하여 $|h(2x) - h(x)| \leq x^2$이면 $h'(0) = 0$이다.

① ㄱ   ② ㄴ
③ ㄷ   ④ ㄱ, ㄴ
⑤ ㄴ, ㄷ

1. 도함수의 정의

(1) 함수 $y = f(x)$에서 x의 각 값에 미분계수 $f'(x)$를 대응시키는 함수

$$f'(x) = \lim_{\triangle x \to 0} \frac{\triangle y}{\triangle x} = \lim_{\triangle x \to 0} \frac{f(x + \triangle x) - f(x)}{\triangle x}$$ 를 x에 관한 y의 도함수라 하고,

다음과 같은 기호로 나타낸다.

$$y', f'(x), \frac{dy}{dx}, \frac{df(x)}{dx}, \frac{d}{dx}f(x)$$

(2) $f(x)$의 도함수를 구하는 것을 $f(x)$를 x에 관하여 미분한다고 하고, 이 계산법을 미분법 이라고 한다.

(3) 도함수의 기하학적 의미 : 도함수 $f'(x)$는 $y = f(x)$의 그래프 위의 임의의 점 $(x, f(x))$ 에서의 접선의 기울기를 의미한다.

2. 미분법의 공식

도함수를 구할 때 도함수의 정의에 의하여 일일이 계산하는 것은 복잡하나 아래 미분법의 기본 공식을 암기하고 있으면 도함수를 쉽게 구할 수 있다.

(1) $y = c\,(c$는 상수$) \Rightarrow y' = 0$

(2) $y = x^n\,(n$은 자연수$) \Rightarrow y' = nx^{n-1}$

(3) $y = cf(x)\,(c$는 상수$) \Rightarrow y' = cf'(x)$

(4) $y = f(x) \pm g(x) \Rightarrow y' = f'(x) \pm g'(x)$(복부호 동순) ←합 · 차의 미분법

(5) $y = f(x)g(x) \Rightarrow y' = f'(x)g(x) + f(x)g'(x)$ ←곱의 미분법

(6) $y' = f'(x)g(x)h(x) + f(x)g'(x)h(x) + f(x)g(x)h'(x)$

➡ 합성함수의 미분법 $y = \{f(x)\}^n \Rightarrow y' = n\{f(x)\}^{n-1} \cdot f'(x)$

3. 미분가능의 조건

$f(x) = \begin{cases} g(x)\,(x \le a) \\ h(x)\,(x > a) \end{cases}$ 가 $x = a$에서 미분가능일 조건

$\Rightarrow$ (i) $x = a$에서 연속이다. $g(a) = h(a)$

(ii) $x = a$에서 좌극한과 우극한의 값이 같아야 한다. $g'(a) = h'(a)$

4. 미분가능과 연속

함수 $y = f(x)$가 $x = a$에서 미분가능하면 $y = f(x)$는 $x = a$에서 연속이다. 그러나 역이 반드시 성립하는 것은 아니다.

(1) 함수 $y = f(x)$의 $x = a$에서의 미분계수, 즉 $f'(a)$가 존재할 때, 함수 $f(x)$는 $x = a$에서 미분가능하다고 한다.

(2) 함수 $y = f(x)$의 $x = a$에서 미분가능하면 $f(x)$는 $x = a$에서 연속이다. 그러나 그 역이 반드시 성립하는 것은 아니다.

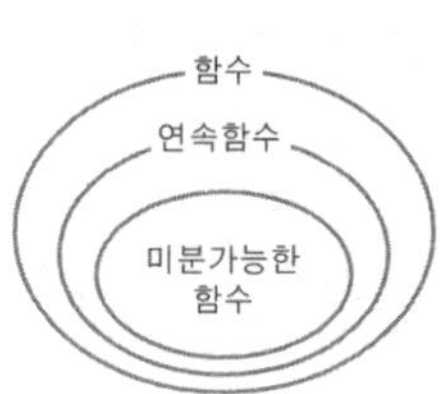

01 다항함수 $f(x)$ 가 $\displaystyle\lim_{x \to 1}\frac{f(x)-5}{x-1}=9$ 를 만족시킨다. $g(x)=xf(x)$ 라 할 때, $g'(1)$ 의 값을 구하시오.

02 이차함수 $y=f(x)$의 그래프가 직선 $x=3$ 에 대하여 대칭일 때, 〈보기〉에서 옳은 것을 모두 고른 것은?

〈보기〉
ㄱ. $y=f(x)$ 에서 x 의 값이 -1에서 7 까지 변할 때의 평균변화율은 0이다.
ㄴ. 두 실수 a, b 에 대하여 $a+b=6$ 이면 $f'(a)+f'(b)=0$ 이다.
ㄷ. $\displaystyle\sum_{k=1}^{15} f'(k-3)=0$

① ㄱ
② ㄷ
③ ㄱ, ㄴ
④ ㄴ, ㄷ
⑤ ㄱ, ㄴ, ㄷ

03 두 다항함수 $f(x)$, $g(x)$가 다음 조건을 만족시킬 때, $g'(0)$의 값을 구하시오.

(가) $f(0)=1$, $f'(0)=-6$, $g(0)=4$
(나) $\displaystyle\lim_{x \to 0}\frac{f(x)g(x)-4}{x}=0$

04 자연수 a, b에 대하여 함수 $f(x)=\displaystyle\lim_{n \to \infty}\frac{ax^{n+b}+2x-1}{x^n+1}\,(x>0)$ 이 $x=1$에서 미분가능할 때, $a+10b$의 값을 구하시오.

05 함수 $f(x)$가
$$f(x)=\begin{cases} 1-x & (x<0) \\ x^2-1 & (0 \le x < 1) \\ \dfrac{2}{3}(x^3-1) & (x \ge 1) \end{cases}$$
일 때, 〈보기〉에서 옳은 것을 모두 고른 것은?

〈보기〉
ㄱ. $f(x)$는 $x=1$에서 미분가능하다.
ㄴ. $|f(x)|$는 $x=0$에서 미분가능하다.
ㄷ. $x^k f(x)$가 $x=0$에서 미분가능하도록 하는 최소의 자연수 k는 2이다.

① ㄱ
② ㄴ
③ ㄱ, ㄷ
④ ㄴ, ㄷ
⑤ ㄱ, ㄴ, ㄷ

1. 접선의 방정식

(1) $y = f(x)$ 위의 한 점 $(a,\ f(a))$에서의 접선의 방정식

$y - f(a) = f'(a)(x - a)$

(2) $y = f(x)$ 밖의 임의의 점 (a, b)에서 $y = f(x)$에 그은 접선의 방정식

$y - f(t) = f'(t)(x - t)$ 라는 임의의 점 $(t,\ f(t))$에서의 접선의 방정식을 구한 후 $(a,\ b)$ 를 대입하여 임의의 t값을 결정하여 구한다.

(3) 임의의 기울기 m이 주어진 경우

$f'(a) = m$을 만족하는 임의의 점 $(a, f(a))$를 구한 후 이 점에서의 접선의 방정식 $y - f(a) = f'(a)(x - a)$를 구하여 해결한다.

2. 미분과 나머지 정리와의 관계

(1) 이차 이상의 다항식 $f(x)$를 $(x - a)^2$으로 나눌 때 나머지

⇒ (공식) : $f'(a)(x - a) + f(a)$

(2) 이차 이상의 다항식 $f(x)$가 $(x - a)^2$으로 나누어떨어질 조건

⇒ $f(a) = 0,\ f'(a) = 0$

01 곡선 $y=x^3$ 위의 점 $\mathrm{P}(t,\ t^3)$ 에서의 접선과 원점 사이의 거리를 $f(t)$ 라 하자. $\displaystyle\lim_{t\to\infty}\frac{f(t)}{t}=\alpha$ 일 때, 30α 의 값을 구하시오.

02 양수 a에 대하여 점 $(a,\ 0)$에서 곡선 $y=3x^3$에 그은 접선과 점 $(0,\ a)$에서 곡선 $y=3x^3$에 그은 접선이 서로 평행할 때, $90a$의 값을 구하시오.

03 삼차함수 $f(x)=x(x-1)(ax+1)$ 의 그래프 위의 점 $\mathrm{P}(1,\ 0)$을 접점으로 하는 접선을 l 이라 하자. 직선 l 에 수직이고 점 P를 지나는 직선이 곡선 $y=f(x)$와 서로 다른 세 점에서 만나도록 하는 a의 값의 범위는?

① $-1<a<-\dfrac{1}{3}$ 또는 $0<a<1$

② $-\dfrac{1}{3}<a<0$ 또는 $0<a<1$

③ $-1<a<0$ 또는 $0<a<\dfrac{1}{3}$

④ $-1<a<0$ 또는 $\dfrac{1}{3}<a<1$

⑤ $-2<a<-\dfrac{1}{3}$ 또는 $\dfrac{1}{3}<a<2$

04 서로 다른 두 실수 $\alpha,\ \beta$가 사차방정식 $f(x)=0$의 근일 때, 옳은 것만을 〈보기〉에서 있는 대로 고른 것은?

〈보기〉
ㄱ. $f'(\alpha)=0$이면 다항식 $f(x)$는 $(x-\alpha)^2$으로 나누어 떨어진다.

ㄴ. $f'(\alpha)f'(\beta)=0$이면 방정식 $f(x)=0$은 허근을 갖지 않는다.

ㄷ. $f'(\alpha)f'(\beta)>0$이면 방정식 $f(x)=0$은 서로 다른 네 실근을 갖는다.

① ㄱ   ② ㄷ
③ ㄱ, ㄴ   ④ ㄴ, ㄷ
⑤ ㄱ, ㄴ, ㄷ

1. 몫의 미분법

$y = \dfrac{f(x)}{g(x)}$ 에서 두 함수 $f(x)$, $g(x)\,(g(x) \neq 0)$ 가 미분가능할 때

$$y = \frac{f(x)}{g(x)} \longrightarrow y' = \frac{f'(x)g(x) - f(x)g'(x)}{\{g(x)\}^2}$$

특히, $y = \dfrac{1}{g(x)} \longrightarrow y' = -\dfrac{g'(x)}{\{g(x)\}^2}$

2. 합성함수의 미분법

(1) $y = f(u)$, $u = g(x)$ 가 미분가능할 때,

합성함수 $y = f(g(x))$ 의 도함수는 $\dfrac{dy}{dx} = \dfrac{dy}{du} \cdot \dfrac{du}{dx}$ 또는 $y' = f'(g(x))g'(x)$

(2) $y = \{f(x)\}^n \longrightarrow \dfrac{dy}{dx} = n\{f(x)\}^{n-1}f'(x)$ (n은 정수)

3. 매개변수로 나타내어진 함수의 미분법

$x = f(t)$, $y = g(t)$ 가 t에 대하여 미분가능하고 $f'(t) \neq 0$ 이면 $\quad \dfrac{dy}{dx} = \dfrac{\dfrac{dy}{dt}}{\dfrac{dx}{dt}} = \dfrac{g'(t)}{f'(t)}$

4. 음함수의 미분법

x의 함수 y가 음함수 $f(x, y) = 0$으로 주어지고, y가 x에 대하여 미분가능할 때, x에 대한 y의 도함수는 $f(x, y) = 0$의 각 항을 x에 대하여 미분하여 $\dfrac{dy}{dx}$를 구한다.

이 때, $\dfrac{d}{dx}y^n = \dfrac{d}{dy}y^n \cdot \dfrac{dy}{dx} = ny^{n-1}\dfrac{dy}{dx}$를 이용한다.

5. 역함수의 미분법

(1) 함수 $y = f(x)$가 미분가능하고 그 역함수가 $x = g(y)$이면

$$\frac{dy}{dx} = \frac{1}{\dfrac{dx}{dy}} \quad \text{또는} \quad f'(x) = \frac{1}{g'(y)} \,(\text{단}, g'(y) \neq 0)$$

(2) 역함수 미분의 기하학적 의미

$y = f(x)$의 역함수 $y = g(x)$ 위의 한 점 $\mathrm{P}(a, b)$에서 미분계수 $g'(a)$는 다음과 같다.

$$g'(a) = \frac{1}{f'(b)}$$

01 함수 $f(x)=(x+1)^{\frac{3}{2}}$ 과 실수 전체의 집합에서 미분가능한 함수 $g(x)$에 대하여 함수 $h(x)$를 $h(x)=(g\circ f)(x)$라 하자. $h'(0)=15$일 때, $g'(1)$의 값을 구하시오.

02 두 다항함수 $f_1(x)$, $f_2(x)$가 다음 세 조건을 만족시킬 때, 상수 k의 값은?

> (가) $f_1(0)=0$, $f_2(0)=0$
>
> (나) $f_i{}'(0)=\displaystyle\lim_{x\to 0}\dfrac{f_i(x)+2kx}{f_i(x)+kx}$
>
> $\quad\ (i=1,\,2)$
>
> (다) $y=f_1(x)$와 $y=f_2(x)$의 원점에서의 접선이 서로 직교한다.

① $\dfrac{1}{2}$ ② $\dfrac{1}{4}$

③ 0 ④ $-\dfrac{1}{4}$

⑤ $-\dfrac{1}{2}$

03 실수 전체의 집합에서 증가하고 미분가능한 함수 $f(x)$가 있다. 곡선 $y=f(x)$ 위의 점 $(2,\,1)$에서의 접선의 기울기는 1이다. 함수 $f(2x)$의 역함수를 $g(x)$라 할 때, 곡선 $y=g(x)$ 위의 점 $(1,\,a)$에서의 접선의 기울기는 b이다. $10(a+b)$의 값을 구하시오.

04 실수 m에 대하여 점 $(0,\,2)$를 지나고 기울기가 m인 직선이 곡선 $y=x^3-3x^2+1$과 만나는 점의 개수를 $f(m)$이라 하자. 함수 $f(m)$이 구간 $(-\infty,\,a)$에서 연속이 되게 하는 실수 a의 최댓값은?

① -3 ② $-\dfrac{3}{4}$

③ $\dfrac{3}{2}$ ④ $\dfrac{15}{4}$

⑤ 6

1. 삼각함수의 미분법

(1) $y = \sin x \Rightarrow y' = \cos x$ (2) $y = \cos x \Rightarrow y' = -\sin x$

(3) $y = \tan x \Rightarrow y' = \sec^2 x$ (4) $y = \cot x \Rightarrow y' = -\csc^2 x$

(5) $y = \sec x \Rightarrow y' = \sec x \tan x$ (6) $y = \csc x \Rightarrow y' = -\csc x \cot x$

2. 지수함수의 미분법

(1) $y = a^x \Rightarrow y' = a^x (\ln a)$ (단, $a \neq 1$, $a > 0$) (2) $y = e^x \Rightarrow y' = e^x$

(3) $y = a^{f(x)} \Rightarrow y' = a^{f(x)} (\ln a) f'(x)$ (4) $y = e^{f(x)} \Rightarrow y' = e^{f(x)} f'(x)$

3. 로그함수의 미분법

(1) $y = \ln x \Rightarrow y' = \dfrac{1}{x}$ (2) $y = \log_a x \Rightarrow y' = \dfrac{1}{x \ln a}$

(3) $y = \ln|f(x)| \Rightarrow y' = \dfrac{f'(x)}{f(x)}$ (4) $y = \log_a |f(x)| \Rightarrow y' = \dfrac{f'(x)}{\ln a \, f(x)}$

4. 로그미분법

도함수를 구하는 한 방법으로서 양변의 절댓값에 자연로그를 취한 다음 양변을 미분하여 도함수를 구하는 미분법을 로그미분법이라고 하며, 지수가 복잡하거나 형태가 복잡한 함수의 도함수를 구할 때는 로그미분법을 이용하는 것이 편리하다.

(1) 문제 유형

① 밑, 지수가 변수일 때 } 로그미분법을 이용
② 복잡한 분수꼴일 때

(2) 문제 푸는 방법

① 주어진 식의 양변의 절대값에 자연로그를 취한다.

② 양변을 x에 대하여 미분한다.

→ 이 때, $y = \ln|x| \Rightarrow y' = \dfrac{1}{x}$ 이 이용된다. 양변이 양이면 절댓값을 취하지 않고 직접 로그를 취한다.

5. 이계도함수

함수 $y = f(x)$의 도함수 $f'(x)$의 도함수를 $f(x)$의 이계도함수라 하고

기호로는 $f''(x), y'', \dfrac{d^2}{dx^2}, \dfrac{d^2 y}{dx^2}$ 등으로 나타낸다.

6. n 계도함수

함수 $y = f(x)$가 x에 대해 n번 미분가능할 때, x에 대하여 n번 계속 미분한 것을 제n계도함수라 하고, 다음과 같이 나타낸다.

$$f^{(n)}(x), \ y^{(n)}, \ \frac{d^n}{dx^n} f(x), \ \frac{d^n y}{dx^n}$$

01 좌표평면에서 곡선

$y^3 = \ln(5-x^2) + xy + 4$ 위의 점 $(2,2)$에서의 접선의 기울기는?

① $-\dfrac{3}{5}$ ② $-\dfrac{1}{2}$

③ $-\dfrac{2}{5}$ ④ $-\dfrac{3}{10}$

⑤ $-\dfrac{1}{5}$

02 곡선 $y = e^x$ 위의 점 $(1,\ e)$에서의 접선이 곡선 $y = 2\sqrt{x-k}$에 접할 때, 실수 k의 값은?

① $\dfrac{1}{e}$ ② $\dfrac{1}{e^2}$

③ $\dfrac{1}{e^4}$ ④ $\dfrac{1}{1+e}$

⑤ $\dfrac{1}{1+e^2}$

03 함수 $f(x) = \ln(2x-1)$에 대하여

$f'(10) = \dfrac{q}{p}$ 일 때, $p+q$의 값을 구하시오.(단, p와 q는 서로소인 자연수이다.)

04 함수 $f(x) = x\ln x + 13x$에 대하여 $f'(1)$의 값을 구하시오.

IX.
미분법의
활용

Lec.32 접선 방정식과 평균값 정리

Lec.33 함수의 증가 감소

Lec.34 함수의 극대 극소

Lec.35 그래프의 개형과 최대 최소

Lec.36 방정식 부등식과 미분

Lec.37 속도 가속도와 미분

1. 접선의 방정식

곡선 $y = f(x)$ 위의 점 $(a, f(a))$에서의

(1) 접선의 기울기는 $f'(a)$

(2) 접선의 방정식은 $y - f(a) = f'(a)(x - a)$

(3) 접선이 x축의 양의 방향과 이루는 각을 θ라 하면 $f'(a) = \tan\theta$

2. 롤(Rolle)의 정리

함수 $f(x)$가 폐구간 $[a, b]$에서 연속이고 개구간 (a, b)에서 미분가능할 때

$f(a) = f(b)$ 이면 $f'(c) = 0$ $(a < c < b)$ 인 c가 (a, b) 안에 적어도 하나는 존재한다.

(1) 롤의 정리는 개구간 (a, b)에서 미분가능할 때 성립한다는 것에 주의해야 한다.

(2) 기하학적 의미 : 함수 $f(x)$가 나타내는 곡선의 접선 중에서 x축과 평행한 것이 적어도 하나 존재한다는 뜻이다.

3. 평균값의 정리

함수 $f(x)$가 폐구간 $[a, b]$에서 연속이고, 개구간 (a, b)에서 미분가능하면

$\dfrac{f(b) - f(a)}{b - a} = f'(c)$ (단, $a < c < b$)인 c가 (a, b) 안에 적어도 하나 존재한다.

→ 기하학적 의미 : $y = f(x)$의 그래프에서 두 점 A, B를 맺는 직선 AB에 평행한 접선이 구간 (a, b)안에 적어도 하나 존재한다는 뜻이다.

4. 평균값 정리의 확장

함수 $f(x)$가 폐구간 $[a, b]$에서 연속이고 개구간 (a, b)에서 미분가능할 때,

(1) $f(b) = f(a) + (b - a)f'(c)$ (단, $a < c < b$)

(2) $f(a + h) = f(a) + hf'(c)$ $(b - a = h)$

(3) $f(a + h) = f(a) + hf'(a + \theta h)$ $(c = a + \theta h, 0 < \theta < 1)$

평균값의 정리 $\dfrac{f(b) - f(a)}{b - a} = f'(c)$ (단, $a < c < b$)에서 분모를 없애고 $f(b)$에 관하여

정리하면 $f(b) = f(a) + (b - a)f'(c)$ (단, $a < c < b$)이고, 여기에서 $b - a = h$라 하면

$b = a + h$이므로 $f(a + h) = f(a) + hf'(c)$

한편, $\dfrac{c - a}{b - a} = \theta$로 놓으면 $0 < \theta < 1$이고 $\dfrac{c - a}{b - a} = \dfrac{c - a}{h} = \theta$에서 $c = a + \theta h$

$f(a + h) = f(a) + hf'(a + \theta h)$

01 곡선 $y = x^3 - 5x$ 위의 점 $A(1, -4)$에서의 접선이 점 A가 아닌 점 B에서 곡선과 만난다. 선분 AB의 길이는?

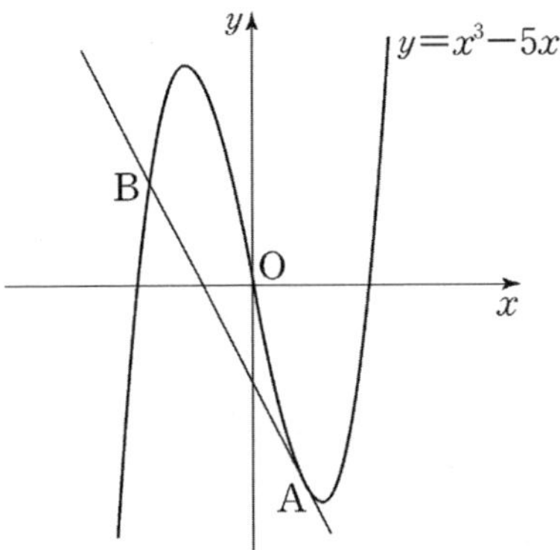

① $\sqrt{30}$

② $\sqrt{35}$

③ $2\sqrt{10}$

④ $3\sqrt{5}$

⑤ $5\sqrt{2}$

02 다음 조건을 만족시키는 모든 사차함수 $y = f(x)$의 그래프가 항상 지나는 점들의 y좌표의 합을 구하시오.

> (가) $f(x)$의 최고차항의 계수는 1이다.
> (나) 곡선 $y = f(x)$가 점 $(2, f(2))$에서 직선 $y = 2$에 접한다.
> (다) $f'(0) = 0$

03 실수 전체의 집합에서 이계도함수를 갖는 함수 $f(x)$가 $f(-1) = -1$, $f(0) = 1$, $f(1) = 0$을 만족시킬 때, 〈보기〉에서 항상 옳은 것을 모두 고른 것은?

> **보기**
>
> ㄱ. $f(a) = \dfrac{1}{2}$인 실수 a가 구간 $(-1, 1)$에 두 개 이상 존재한다.
>
> ㄴ. $f'(b) = -1$인 실수 b가 구간 $(-1, 1)$에 적어도 한 개 존재한다.
>
> ㄷ. $f''(c) = 0$인 실수 c가 구간 $(-1, 1)$에 적어도 한 개 존재한다.

① ㄱ

② ㄱ, ㄴ

③ ㄱ, ㄷ

④ ㄴ, ㄷ

⑤ ㄱ, ㄴ, ㄷ

1. 증가함수/ 감소함수

함수 $f(x)$가 어떤 구간의 임의의 두 수 a, b에 대하여 $a < b$일 때

(1) $f(a) < f(b)$이면 $f(x)$는 그 구간에서 증가함수라고 한다.

(2) $f(a) > f(b)$이면 $f(x)$는 그 구간에서 감소함수라고 한다.

2. 함수의 증가상태/ 감소상태

함수 $f(x)$가 $x = a$에서 미분가능할 때

(1) $f'(a) > 0$이면 $f(x)$는 $x = a$에서 증가상태라고 한다.

(2) $f'(a) < 0$이면 $f(x)$는 $x = a$에서 감소상태라고 한다.

3. 함수의 증가/ 감소

함수 $f(x)$가 어떤 구간에서 미분가능하고 그 구간에서

(1) $f'(x) > 0$이면 $f(x)$는 그 구간에서 증가한다.

(2) $f'(x) < 0$이면 $f(x)$는 그 구간에서 감소한다.

4. 함수의 증가/ 감소 조건

함수 $f(x)$가 어떤 구간에서 미분가능하고 그 구간에서

(1) $f(x)$가 증가함수이면 그 구간에서 $f'(x) \geq 0$

(2) $f(x)$가 감소함수이면 그 구간에서 $f'(x) \leq 0$

  (단, $f'(x) = 0$인 점의 좌우에서 (1)은 $f'(x) > 0$, (2)는 $f'(x) < 0$)

01 세 다항함수 $f(x)$, $g(x)$, $h(x)$ 가 다음 두 조건을 만족시킨다.

> 모든 실수 x에 대하여
> (가) $f(x)g(x) > 0$
> (나) $\dfrac{g(x)}{f(x)h(x)} \geqq 0$

〈보기〉에서 옳은 것을 모두 고른 것은?

> **보기**
> ㄱ. 방정식 $f(x) = 0$은 실근을 갖지 않는다.
> ㄴ. 부등식 $g(x) > 0$의 해집합은 공집합이거나 실수 전체의 집합이다.
> ㄷ. 방정식 $|g(x)| + h(x) = 0$은 적어도 1개의 실근을 갖는다.

① ㄱ   ② ㄷ
③ ㄱ, ㄴ   ④ ㄴ, ㄷ
⑤ ㄱ, ㄴ, ㄷ

02 함수 $f(x) = x^3 - (a+2)x^2 + ax$에 대하여 곡선 $y = f(x)$ 위의 점 $(t, f(t))$에서의 접선의 y절편을 $g(t)$라 하자. 함수 $g(t)$가 개구간 $(0, 5)$에서 증가할 때, a의 최솟값을 구하시오.

03 삼차함수 $f(x) = x^3 + ax^2 + 2ax$ 가 구간 $(-\infty, \infty)$에서 증가하도록 하는 실수 a의 최댓값을 M이라 하고, 최솟값을 m이라 할 때, $M - m$의 값은?

① 3   ② 4
③ 5   ④ 6
⑤ 7

04 최고차항의 계수가 1인 사차함수 $f(x)$에 대하여 함수 $g(x)$가 다음 조건을 만족시킨다.

> (가) $-1 \leq x < 1$일 때,
> $g(x) = f(x)$이다.
> (나) 모든 실수 x에 대하여
> $g(x+2) = g(x)$이다.

옳은 것만을 〈보기〉에서 있는 대로 고른 것은?

> **보기**
> ㄱ. $f(-1) = f(1)$이고
> $f'(-1) = f'(1)$이면,
> $g(x)$는 실수 전체의 집합에서 미분가능하다.
> ㄴ. $g(x)$가 실수 전체의 집합에서 미분가능하면, $f'(0)f'(1) < 0$ 이다.
> ㄷ. $g(x)$가 실수 전체의 집합에서 미분가능하고 $f'(1) > 0$이면,
>   구간 $(-\infty, -1)$에 $f'(c) = 0$인 c가 존재한다.

① ㄱ   ② ㄴ
③ ㄱ, ㄷ   ④ ㄴ, ㄷ
⑤ ㄱ, ㄴ, ㄷ

1. 수의 극대/극소의 의미

함수 $y = f(x)$가 $x = a$, $x = b$에서 연속이고

(1) x가 증가하면서 $x = a$를 지날 때 $f(x)$가 증가상태에서 감소상태로 변하면 $f(x)$는 $x = a$에서 극대라 하고 $f(a)$를 극대값이라고 한다.

(2) x가 증가하면서 $x = b$를 지날 때 $f(x)$가 감소상태에서 증가상태로 변하면 $f(x)$는 $x = b$에서 극소라 하고 $f(b)$를 극소값이라고 한다.

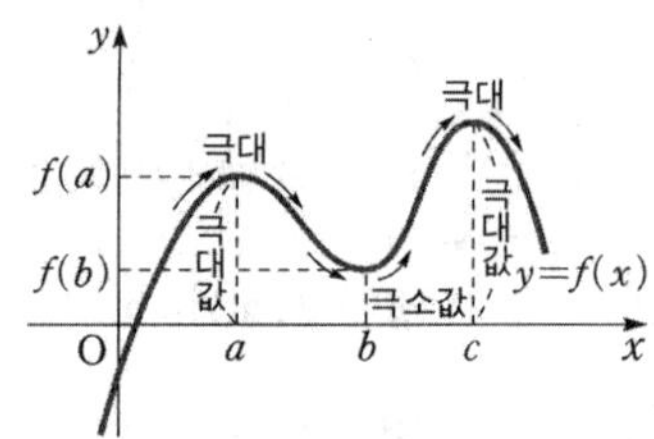

2. 극값의 판정

함수 $y = f(x)$가 $x = a$에서 미분가능하고 $x = a$에서 극값을 가지면 $f'(a) = 0$이다.

3. 극대 극소 판정

(1) $f'(x)$에 의한 극대·극소의 판정

미분가능한 함수 $f(x)$에서 $f'(a) = 0$일 때, $x = a$의 좌우에서

① $f'(x)$의 부호가 양($+$)에서 음($-$)으로 바뀌면 $f(x)$는 $x = a$에서 극대이고, 극대값 $f(a)$를 갖는다.

② $f'(x)$의 부호가 음($-$)에서 양($+$)으로 바뀌면 $f(x)$는 $x = a$에서 극소이고, 극소값 $f(a)$를 갖는다.

(2) 이계도함수를 이용한 극값의 판정

이계도함수를 갖는 함수 $f(x)$에 대하여 $f'(a) = 0$일 때,

① $f''(a) > 0$이면 $x = a$에서 $f(x)$는 극소이다.

② $f''(a) < 0$이면 $x = a$에서 $f(x)$는 극대이다.

4. 극대/극소의 응용

함수 $f(x)$에 대하여

(1) $x = a$에서 극값을 갖는다. $\Rightarrow f'(a) = 0$

(2) $x = a$에서 극값 β를 갖는다. $\Rightarrow f'(a) = 0, \ f(a) = \beta$

5. 그래프를 이용한 극대/극소 판정

삼차함수 $f(x) = ax^3 + bx^2 + cx + d$에서 $f'(x) = 0$의 두 근을 α, β $(\alpha < \beta)$라 할 때

$a > 0$이면 $\begin{cases} x = \alpha \text{에서 극대값} f(\alpha) \\ x = \beta \text{에서 극소값} f(\beta) \end{cases}$

$a < 0$이면 $\begin{cases} x = \alpha \text{에서 극소값} f(\alpha) \\ x = \beta \text{에서 극대값} f(\beta) \end{cases}$

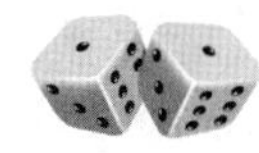

01 실수에서 정의된 미분가능한 함수 $f(x)$는 다음 두 조건을 만족한다.

> (가) 임의의 실수 x, y에 대하여
> $$f(x-y) = f(x) - f(y) + xy(x-y)$$
> (나) $f'(0) = 8$

함수 $f(x)$가 $x=a$에서 극대값을 갖고 $x=b$에서 극소값을 가질 때, $a^2 + b^2$의 값을 구하시오.

02 $x=0$에서 극댓값을 갖는 모든 다항함수 $f(x)$에 대하여 옳은 것만을 〈보기〉에서 있는 대로 고른 것은?

> 〈보기〉
> ㄱ. 함수 $|f(x)|$은 $x=0$에서 극댓값을 갖는다.
> ㄴ. 함수 $f(|x|)$은 $x=0$에서 극댓값을 갖는다.
> ㄷ. 함수 $f(x) - x^2|x|$은 $x=0$에서 극댓값을 갖는다.

① ㄴ   ② ㄷ   ③ ㄱ, ㄴ
④ ㄱ, ㄷ   ⑤ ㄴ, ㄷ

03 모든 계수가 정수인 삼차함수 $y=f(x)$는 다음 조건을 만족시킨다.

> (가) 모든 실수 x에 대하여
> $$f(-x) = -f(x)\text{이다.}$$
> (나) $f(1) = 5$
> (다) $1 < f'(1) < 7$

함수 $y=f(x)$의 극댓값은 m이다. m^2의 값을 구하시오.

04 이계도함수를 갖는 함수 $f(x)$가 모든 실수 x에 대하여 $f(-x) = -f(x)$를 만족시킬 때, 〈보기〉에서 항상 옳은 것을 모두 고른 것은?

> 〈보기〉
> ㄱ. $f'(-x) = f'(x)$
> ㄴ. $\displaystyle\lim_{x \to 0} f'(x) = 0$
> ㄷ. $f(x)$의 도함수 $f'(x)$가 $x=a$ $(a \neq 0)$에서 극대값을 가지면 $f'(x)$는 $x=-a$에서 극소값을 갖는다.

① ㄱ   ② ㄴ
③ ㄱ, ㄴ
④ ㄱ, ㄷ   ⑤ ㄱ, ㄴ, ㄷ

05 $a > 1$일 때, 함수
$$f(x) = 2x^3 - 3(a+1)x^2 + 6ax - 4a + 2$$
에 대하여 방정식 $f(x) = 0$의 한 실근을 b라 하자. 다음은 두 수 a, b의 크기를 비교하는 과정이다.

> $f'(x) = \boxed{\ \ \text{(가)}\ \ }$이고 $a > 1$이므로 $f(x)$는 $x=1$에서 $\boxed{\ \ \text{(나)}\ \ }$을 가진다. 그런데 $f(1) < 0$이고 $f(b) = 0$이므로 $a\ \boxed{\ \text{(다)}\ }\ b$ 이다.

위의 과정에서 (가), (나), (다)에 알맞은 것은?

	(가)	(나)	(다)
①	$6(x+a)(x+1)$	극소값	>
②	$6(x+a)(x+1)$	극소값	<
③	$6(x-a)(x-1)$	극소값	>
④	$6(x-a)(x-1)$	극대값	<
⑤	$6(x-a)(x-1)$	극대값	>

1. 곡선의 오목 · 볼록

(1) 아래로 볼록

구간 $[a, b]$에서 곡선 $y = f(x)$ 위의 임의의 두 점 P, Q를 잡았을 때, P와 Q의 사이에 있는 곡선의 부분이 선분 PQ의 아래에 있으면 곡선 $y = f(x)$는 구간 $[a, b]$에서 아래로 볼록 (또는 위로 오목)하다고 한다.

임의의 양수 m, n에 대하여

$$f\left(\frac{mx_2 + nx_1}{m + n}\right) < \frac{mf(x_2) + nf(x_1)}{m + n}$$

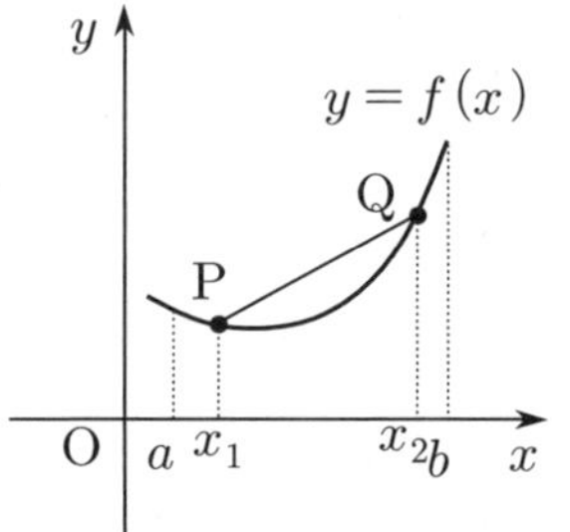

(2) 위로 볼록

P, Q 사이에 있는 곡선의 부분이 선분 PQ의 위에 있으면 곡선 $y = f(x)$는 구간 $[a, b]$에서 위로 볼록(또는 아래로 볼록)하다고 한다.

$$f\left(\frac{mx_2 + nx_1}{m + n}\right) > \frac{mf(x_2) + nf(x_1)}{m + n}$$

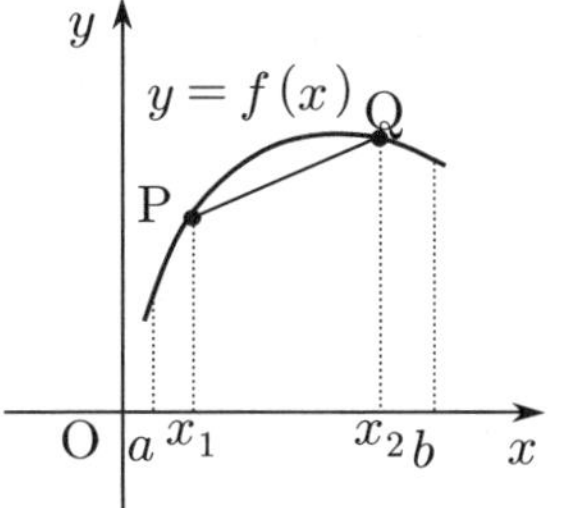

2. 곡선의 오목 · 볼록의 판정

곡선 $y = f(x)$가 어떤 구간에서 항상

(1) $f''(x) > 0$이면 곡선 $y = f(x)$는 그 구간에서 아래로 볼록하다.

(2) $f''(x) < 0$이면 곡선 $y = f(x)$는 그 구간에서 위로 볼록하다.

3. 변곡점

곡선 $y = f(x)$에서 $f''(a) = 0$이고 $x = a$의 앞과 뒤에서 $f''(x)$의 부호가 변하면 점 $(a, f(a))$는 변곡점이다.

4. 함수의 최대값과 최소값의 뜻

함수 $f(x)$가 폐구간 $[a, b]$에서 연속일 때

$\Rightarrow$ $\begin{cases} \text{주어진 구간에서 취할 수 있는} \\ \text{가장 큰 값을 } f(x)\text{의 최대값} \\ \text{주어진 구간에서 취할 수 있는} \\ \text{가장 작은 값을 } f(x)\text{의 최소값} \end{cases}$ 이라 한다.

5. 최대값/최소값을 구하는 방법

폐구간 $[a,\ b]$에서 함수 $y=f(x)$가 연속일 때

(1) $y=f(x)$의 극대값, 극소값을 모두 구한다.

(2) 주어진 범위의 양끝점에서의 함수값 $f(a),\ f(b)$를 구한다.

(3) 극대값, 극소값, 양끝값 중에서 $\begin{cases} \text{가장 큰 값이 최대값} \\ \text{가장 작은 값이 최소값} \end{cases}$ 이다.

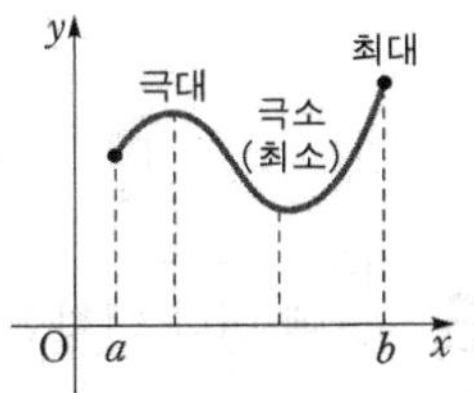

6. 극값이 하나만 존재할 때의 최대/최소값

함수가 주어진 구간에서 연속이고 그 구간에서 극값이 하나만 존재할 때

(1) 극값이 극소값이면 ⇒ (극소값)=(최소값)

(2) 극값이 극대값이면 ⇒ (극대값)=(최대값)

7. 곡선의 개형을 그리는 방법

(1) 곡선이 존재하는 범위를 구한다.

(2) 곡선의 대칭성 및 함수의 주기를 조사한다.

(3) 좌표축과의 교점을 구한다.

(4) 도함수를 구하여 함수의 증가·감소와 극대·극소 등을 조사한다.

(5) 이계도함수를 구하여 곡선의 오목·볼록과 변곡점을 조사한다.

(6) 그래프의 점근선을 조사한다.

memo

01 닫힌 구간 $[1, 4]$에서
함수 $f(x) = x^3 - 3x^2 + a$의 최댓값을 M,
최솟값을 m이라 하자.
$M + m = 20$일 때, 상수 a의 값은?

① 1   ② 2
③ 3   ④ 4
⑤ 5

02 함수 $f(x) = 4\ln x + \ln(10 - x)$에 대하여
〈보기〉에서 옳은 것만을 있는 대로 고른
것은?

> ㄱ. 함수 $f(x)$의 최댓값은 $13\ln 2$이다.
> ㄴ. 방정식 $f(x) = 0$은 서로 다른 두 실
> 　　근을 갖는다.
> ㄷ. 함수 $y = e^{f(x)}$의 그래프는
> 　　구간 $(4, 8)$에서 위로 볼록하다.

① ㄱ   ② ㄷ
③ ㄱ, ㄴ   ④ ㄴ, ㄷ
⑤ ㄱ, ㄴ, ㄷ

03 양의 실수 전체의 집합을 정의역으로 하는
함수
$$f(x) = \frac{1}{27}(x^4 - 6x^3 + 12x^2 + 19x)$$
에
대하여 $f(x)$의 역함수를 $g(x)$라 하자.
〈보기〉에서 옳은 것만을 있는 대로 고른
것은?

> ㄱ. 점 $(2, 2)$는 곡선 $y = f(x)$의 변
> 　　곡점이다.
> ㄴ. 방정식 $f(x) = x$의 실근 중 양수인
> 　　것은 $x = 2$ 하나뿐이다.
> ㄷ. 함수 $|f(x) - g(x)|$는 $x = 2$에
> 　　서 미분가능하다.

① ㄱ   ② ㄴ
③ ㄱ, ㄴ   ④ ㄱ, ㄷ
⑤ ㄱ, ㄴ, ㄷ

04 양수 a에 대하여 폐구간 $[-a, a]$에서 함수
$$f(x) = \frac{x - 5}{(x - 5)^2 + 36}$$
의 최대값을 M, 최
소값을 m이라 할 때, $M + m = 0$이 되도록
하는 a의 최소값을 구하시오.

05 실수 전체의 집합에서 이계도함수를 갖는 함수 $f(x)$에 대하여 점 $A(a, f(a))$를 곡선 $y=f(x)$의 변곡점이라 하고, 곡선 $y=f(x)$ 위의 점 A에서의 접선의 방정식을 $y=g(x)$라 하자. 직선 $y=g(x)$가 함수 $f(x)$의 그래프와 점 $B(b, f(b))$에서 접할 때, 함수 $h(x)$를 $h(x)=f(x)-g(x)$라 하자. 〈보기〉에서 항상 옳은 것을 모두 고른 것은?(단, $a \neq b$이다.)

〈보기〉
ㄱ. $h'(b)=0$
ㄴ. 방정식 $h'(x)=0$은 3개 이상의 실근을 갖는다.
ㄷ. 점 $(a, h(a))$는 곡선 $y=h(x)$의 변곡점이다.

① ㄱ   ② ㄴ
③ ㄱ, ㄴ   ④ ㄱ, ㄷ
⑤ ㄱ, ㄴ, ㄷ

06 함수 $f(x)=x+\sin x$에 대하여 함수 $g(x)$를 $g(x)=(f \circ f)(x)$로 정의할 때, 〈보기〉에서 옳은 것을 모두 고른 것은?

〈보기〉
ㄱ. 함수 $f(x)$의 그래프는 개구간 $(0, \pi)$에서 위로 볼록하다.
ㄴ. 함수 $g(x)$는 개구간 $(0, \pi)$에서 증가한다.
ㄷ. $g'(x)=1$인 실수 x가 개구간 $(0, \pi)$에 존재한다.

① ㄱ   ② ㄷ
③ ㄱ, ㄴ   ④ ㄴ, ㄷ
⑤ ㄱ, ㄴ, ㄷ

07 그림과 같이 좌표평면 위에 네 점 $O(0, 0)$, $A(8, 0)$, $B(8, 8)$, $C(0, 8)$을 꼭지점으로 하는 정사각형 $OABC$와 한 변의 길이가 8이고 네 변이 좌표축과 평행한 정사각형 $PQRS$가 있다. 점 P가 점 $(-1, -6)$에서 출발하여 포물선 $y=-x^2+5x$를 따라 움직이도록 정사각형 $PQRS$를 평행이동시킨다. 평행이동시킨 정사각형과 정사각형 $OABC$가 겹치는 부분의 넓이의 최대값을 $\dfrac{q}{p}$라 할 때, $p+q$의 값을 구하시오.
(단, p와 q는 서로소인 자연수이다.)

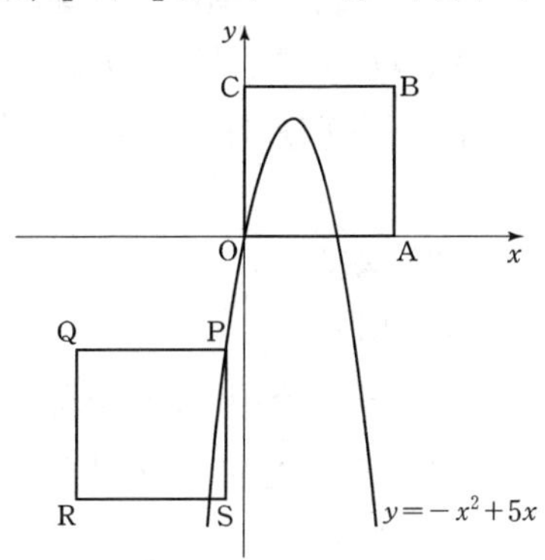

1. 방정식의 실근의 뜻

(1) $f(x)=0$의 실근이란?

함수 $y=f(x)$의 그래프와 x축과의 교점의 x좌표 (x절편)

(2) 방정식 $f(x)=g(x)$의 실근이란?

함수 $y=f(x)$의 그래프와 $y=g(x)$의 그래프의 교점의 x좌표

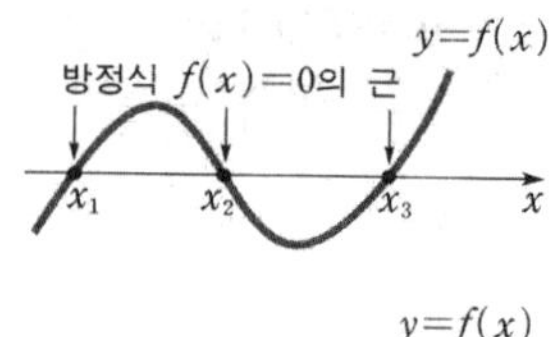
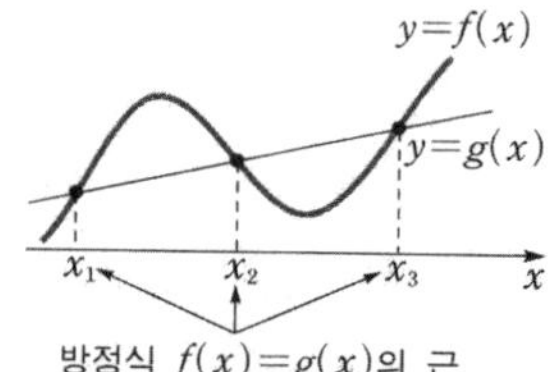

2. 삼차방정식의 실근의 개수

(1) 서로 다른 세 실근을 가질 조건 : (극대값)×(극소값) < 0

(2) 이중근과 다른 한 실근을 가질 조건

⇒ 서로 다른 두 실근을 가질 조건 : (극대값)×(극소값) $= 0$

(3) 한 실근과 두 허근을 가질 조건

⇒ 한 실근만을 가질 조건 : (극대값)×(극소값) > 0

3. 부등식에의 응용

(1) 최소값 이용

① x의 모든 실수 값에 대하여 $f(x) > 0$ ⇒ ($y=f(x)$의 최소값) > 0

② x의 모든 실수 값에 대하여 $f(x) \geq 0$ ⇒ ($y=f(x)$의 최소값) ≥ 0

(2) 주어진 범위에서 극값이 존재하지 않을 때

$x > a$일 때 $f(x) > 0$의 증명 ⇒ $x > a$일 때 $f'(x) > 0$이고 $f(a) \geq 0$임을 보인다.

(3) $f(x) \geq g(x)$의 증명

$F(x) = f(x) - g(x)$로 놓으면 $F(x) \geq 0$의 증명이 되므로 (1)의 경우와 같은 방법으로 구한다.

[참고]   (1) (극대값) × (극소값) < 0
⇔ 서로 다른 세 실근

(2) (극대값) × (극소값) $= 0$
⇔ 중근과 다른 한 실근

(3) (극대값) × (극소값) > 0
⇔ 한 실근과 서로 다른 두 허근

01 삼차함수 $f(x)$ 의 도함수의 그래프와 이차함수 $g(x)$ 의 도함수의 그래프가 그림과 같다. 함수 $h(x)$ 를 $h(x)=f(x)-g(x)$ 라 하자. $f(0)=g(0)$ 일 에서 있는 대로 고른 것은?

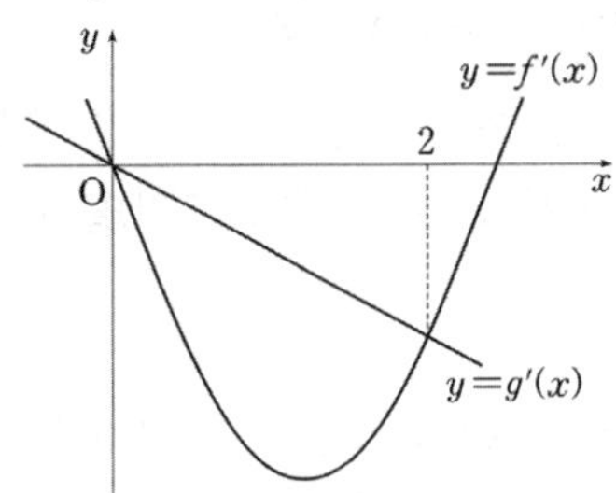

> **보기**
> ㄱ. $0 < x < 2$ 에서 $h(x)$ 는 감소한다.
> ㄴ. $h(x)$ 는 $x=2$ 에서 극솟값을 갖는다.
> ㄷ. 방정식 $h(x)=0$ 은 서로 다른 세 실근을 갖는다.

① ㄱ ② ㄴ ③ ㄱ, ㄴ
④ ㄱ, ㄷ ⑤ ㄱ, ㄴ, ㄷ

02 삼차함수 $y=f(x)$ 가 다음 조건을 만족시킨다.

> (가) 방정식 $f(x)-x=0$ 이 서로 다른 세 실근 α, β, γ 를 갖는다.
> (나) $x=3$ 일 때 극값 7을 갖는다.
> (다) $f(f(3))=5$

$f(f(x))$ 를 $f(x)-x$ 로 나눈 몫을 $g(x)$, 나머지를 $h(x)$ 라 할 때, 옳은 것만을 〈보기〉에서 있는 대로 고른 것은?

> **보기**
> ㄱ. α, β, γ는 방정식 $f(f(x))-x=0$ 의 근이다.
> ㄴ. $h(x)=x$ ㄷ. $g'(3)=1$

① ㄱ ② ㄷ ③ ㄱ, ㄴ
④ ㄴ, ㄷ ⑤ ㄱ, ㄴ, ㄷ

03 두 함수 $f(x)=5x^3-10x^2+k$, $g(x)=5x^2+2$ 가 있다. $\{x\,|\,0 < x < 3\}$ 에서 부등식 $f(x) \geq g(x)$ 가 성립하도록 하는 상수 k 의 최소값을 구하시오.

04 x 에 대한 삼차방정식 $\dfrac{1}{3}x^3-x=k$ 가 서로 다른 세 실근 α, β, γ 를 가진다. 실수 k에 대하여 $|\alpha|+|\beta|+|\gamma|$ 의 최소값을 m이라 할 때, m^2 의 값을 구하시오.

05 정의역이 $\{x\,|\,0 \leq x \leq \pi\}$ 인 함수 $f(x)=2x\cos x$ 에 대하여 옳은 것만을 〈보기〉에서 있는 대로 고른 것은?

> **보기**
> ㄱ. $f'(a)=0$ 이면 $\tan a=\dfrac{1}{a}$ 이다.
> ㄴ. 함수 $f(x)$ 가 $x=a$ 에서 극댓값을 가지는 a 가 구간 $\left(\dfrac{\pi}{4},\ \dfrac{\pi}{3}\right)$ 에 있다.
> ㄷ. 구간 $\left[0,\ \dfrac{\pi}{2}\right]$ 에서 방정식 $f(x)=1$ 의 서로 다른 실근의 개수는 2 이다.

① ㄱ ② ㄷ
③ ㄱ, ㄴ ④ ㄴ, ㄷ
⑤ ㄱ, ㄴ, ㄷ

1. 평균 속도와 속도/가속도(직선위에서 운동)

(1) 시각 t에서 $t+\triangle t$까지의 평균속도는 $\dfrac{\triangle x}{\triangle t} = \dfrac{f(t+\triangle t) - f(t)}{\triangle t}$

(2) 시각 t에서의 속도 (v) $\Rightarrow$ 거리의 시간에 대한 순간변화율 $v = \lim\limits_{\triangle t \to 0} \dfrac{\triangle x}{\triangle t} = \dfrac{dx}{dt} = f'(t)$

(3) 시각 t에서의 가속도 (a)

$\quad \Rightarrow$ 속도의 시간에 대한 순간변화율 $a = \lim\limits_{\triangle t \to 0} \dfrac{\triangle v}{\triangle t} = \dfrac{dv}{dt} = v'(t) = f''(t)$

(4) 속력 $\Rightarrow$ 속도의 방향은 생각하지 않고 그 크기만 생각할 때, 속도의 절대값 $|v|$를 속도의 크기, 즉 속력이라고 한다. 즉, $f'(t)$는 속도를 나타내고 $|f'(t)|$는 속력(빠르기)을 나타낸다.

(평면위에서 운동)

평면 위를 움직이는 점P의 시각 t에서의 위치(x, y)가 $x = f(t), y = g(t)$ 로 주어질 때,

① 속도 : $\vec{v} = \left(\dfrac{dx}{dt}, \dfrac{dy}{dt} \right) = (f'(t), g'(t))$

② 속력 : $|\vec{v}| = \sqrt{\left(\dfrac{dx}{dt} \right)^2 + \left(\dfrac{dy}{dt} \right)^2} = \sqrt{\{f'(t)\}^2 + \{g'(t)\}^2}$

③ 가속도 : $\vec{a} = \left(\dfrac{d^2x}{dt^2}, \dfrac{d^2y}{dt^2} \right) = (f''(t), g''(t))$

④ 가속도의 크기 : $|\vec{a}| = \sqrt{\left(\dfrac{d^2x}{dt^2} \right)^2 + \left(\dfrac{d^2y}{dt^2} \right)^2} = \sqrt{\{f''(t)\}^2 + \{g''(t)\}^2}$

$\Rightarrow$ ① 수직으로 던져 올린 물체의 운동에서 최고점에 도달할 때 속도 $\quad v = 0$
$\quad\quad$ 땅에 떨어질 때 높이 $\quad h = 0$

$\quad$ ② 수직선 위를 움직이는 점 P의 운동방향이 $\begin{cases} v > 0 일 \ 때에는 \ 양의 \ 방향이다. \\ v < 0 일 \ 때에는 \ 음의 \ 방향이다. \\ v = 0 일 \ 때에는 \ 운동 \ 방향을 \\ \quad\quad 바꾸거나 \ 정지한다. \end{cases}$

2. 시간에 대한 변화율

시각에 대한 길이, 넓이, 부피의 변화율

(1) 시각 t 에서의 길이 l 의 변화율은 $\lim\limits_{\triangle t \to 0} \dfrac{\triangle l}{\triangle t} = \dfrac{dl}{dt}$

(2) 시각 t 에서의 넓이 S 의 변화율은 $\lim\limits_{\triangle t \to 0} \dfrac{\triangle S}{\triangle t} = \dfrac{dS}{dt}$

(3) 시각 t 에서의 부피 V 의 변화율은 $\lim\limits_{\triangle t \to 0} \dfrac{\triangle V}{\triangle t} = \dfrac{dV}{dt}$

3. 변화율 문제를 푸는 방법

(1) t초 후의 관계식을 세운다. (길이, 넓이, 부피)

(2) 양변을 t에 관하여 미분한다.

(3) 주어진 조건을 대입한다.

01 수직선 위를 움직이는 두 점 P, Q 의 시각 t 일 때의 위치는 각각 $f(t) = 2t^2 - 2t$, $g(t) = t^2 - 8t$ 이다. 두 점 P 와 Q 가 서로 반대방향으로 움직이는 시각 t 의 범위는?

① $\dfrac{1}{2} < t < 4$ ② $1 < t < 5$

③ $2 < t < 5$ ④ $\dfrac{3}{2} < t < 6$

⑤ $2 < t < 8$

02 그림과 같이 편평한 바닥에 $60°$로 기울어진 경사면과 반지름의 길이가 0.5m인 공이 있다. 이 공의 중심은 경사면과 바닥이 만나는 점에서 바닥에 수직으로 높이가 21m인 위치에 있다.

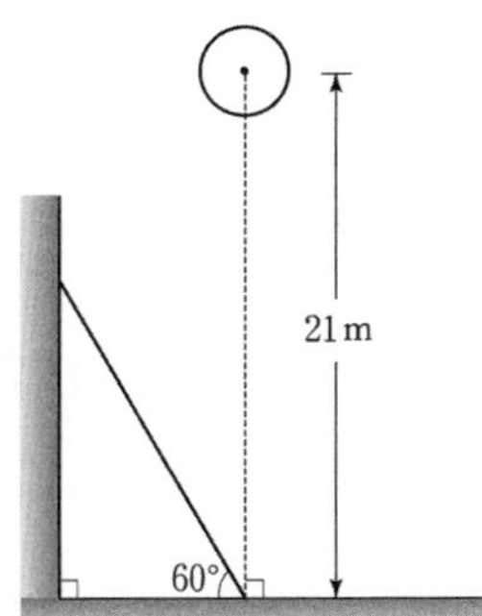

이 공을 자유낙하시킬 때, t초 후 공의 중심의 높이 $h(t)$는 $h(t) = 21 - 5t^2 (\text{m})$라고 한다. 공이 경사면과 처음으로 충돌하는 순간, 공의 속도는?(단, 경사면의 두께와 공기의 저항은 무시한다.)

① -20m/초 ② -17m/초

③ -15m/초 ④ -12m/초

⑤ -10m/초

03 수직선 위를 움직이는 두 점 P, Q의 시각 t 일 때의 위치는 각각

$$P(t) = \dfrac{1}{3}t^3 + 4t - \dfrac{2}{3}, \quad Q(t) = 2t^2 - 10$$

이다. 두 점 P, Q의 속도가 같아지는 순간 두 점 P, Q 사이의 거리를 구하시오.

04 좌표평면 위에 그림과 같이 중심각의 크기가 $90°$ 이고 반지름 의 길이가 10 인 부채꼴 OAB 가 있다. 점 P 가 점 A 에서 출발하여 호 AB 를 따라 매초 2 의 일정한 속력으로 움직일 때, $\angle \text{AOP} = 30°$ 가 되는 순간 점 P 의 y 좌표의 시간(초)에 대한 변화율은?

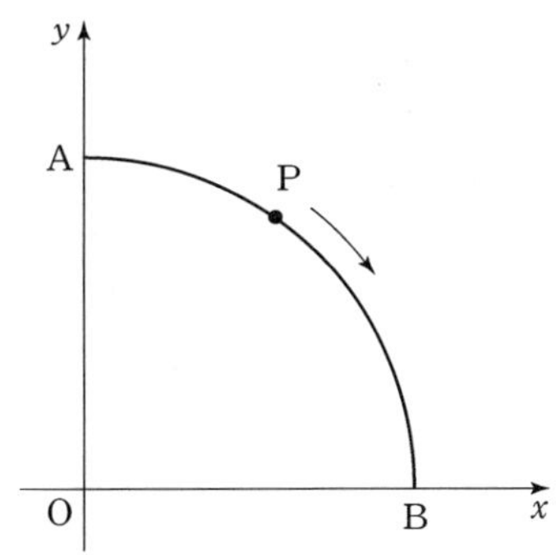

① $-\dfrac{1}{2}$ ② $-\dfrac{\sqrt{2}}{2}$

③ $-\dfrac{\sqrt{3}}{2}$ ④ -1

⑤ -2

05 아래 그림은 수직선 위를 움직이는 점 P의 시각 t에서의 속도 $v(t)$를 나타내는 그래프이다. $v(t)$는 $t=2$를 제외한 개구간 $(0, 3)$에서 미분가능한 함수이고, $v(t)$의 그래프는 개구간$(0, 1)$에서 원점과 점 $(1, k)$를 잇는 직선과 한 점에서 만난다. 점 P의 시각 t에서의 가속도 $a(t)$를 나타내는 그래프의 개형으로 가장 알맞은 것은?

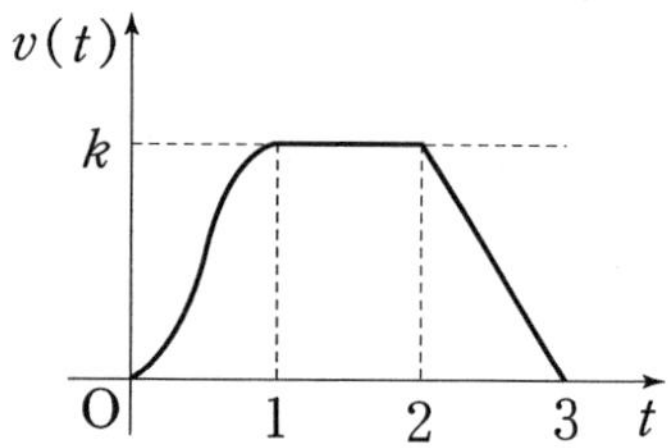

① 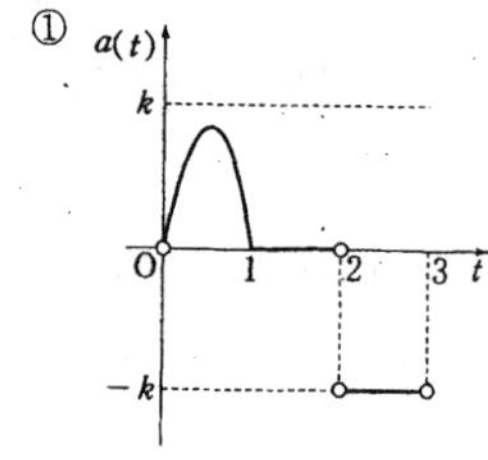

② 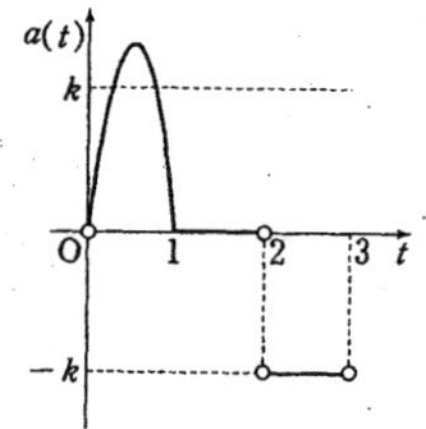

③ 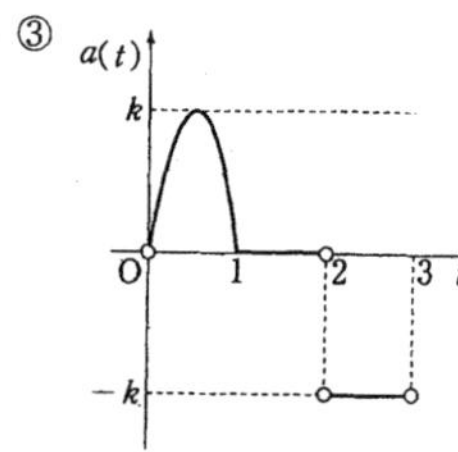

④ 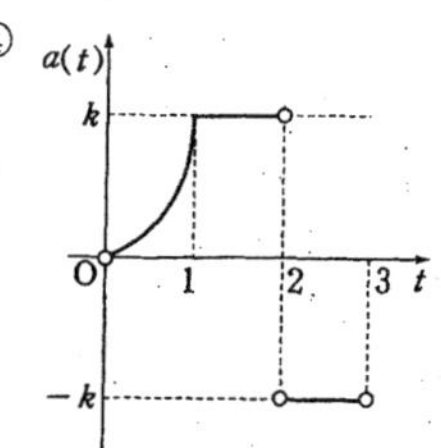

⑤ 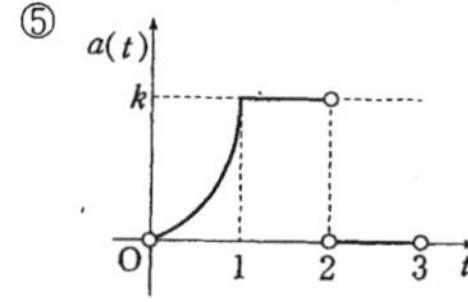

교육방송

정답

정답 및 해설

01 정답 ③

풀이

$AB = CA$의 양변의 오른쪽에 A^{-1}를 곱하면

$$C = ABA^{-1} = \begin{pmatrix} 1 & 0 \\ 0 & 2 \end{pmatrix}\begin{pmatrix} 1 & a \\ b & 1 \end{pmatrix}\frac{1}{2}\begin{pmatrix} 2 & 0 \\ 0 & 1 \end{pmatrix}$$

$$= \frac{1}{2}\begin{pmatrix} 1 & a \\ 2b & 2 \end{pmatrix}\begin{pmatrix} 2 & 0 \\ 0 & 1 \end{pmatrix} = \frac{1}{2}\begin{pmatrix} 2 & a \\ 4b & 2 \end{pmatrix}$$

행렬 C의 모든 성분의 합은

$2 + \dfrac{1}{2}a + 2b$이다. a와 b가 모두 양수이므로

산술평균, 기하평균 사이의 관계에 의해

$$2 + \frac{1}{2}a + 2b \geq 2 + 2\sqrt{\frac{1}{2}a \cdot 2b} = 6$$

따라서,

$a = 4$, $b = 1$일 때 최솟값 6을 갖는다.

02 정답 18

풀이

$$\begin{pmatrix} a & 3 \\ 0 & a \end{pmatrix}^2 = \begin{pmatrix} a & 3 \\ 0 & a \end{pmatrix}\begin{pmatrix} a & 3 \\ 0 & a \end{pmatrix} = \begin{pmatrix} a^2 & 6a \\ 0 & a^2 \end{pmatrix}$$

$$\begin{pmatrix} a & 3 \\ 0 & a \end{pmatrix}^3 = \begin{pmatrix} a^2 & 6a \\ 0 & a^2 \end{pmatrix}\begin{pmatrix} a & 3 \\ 0 & a \end{pmatrix} = \begin{pmatrix} a^3 & 9a^2 \\ 0 & a^3 \end{pmatrix}$$

$$\begin{pmatrix} a & 3 \\ 0 & a \end{pmatrix}^4 = \begin{pmatrix} a^3 & 9a^2 \\ 0 & a^3 \end{pmatrix}\begin{pmatrix} a & 3 \\ 0 & a \end{pmatrix} = \begin{pmatrix} a^4 & 12a^3 \\ 0 & a^4 \end{pmatrix}$$

$$\vdots$$

$$\begin{pmatrix} a & 3 \\ 0 & a \end{pmatrix}^n = \begin{pmatrix} a^n & 3n \cdot a^{n-1} \\ 0 & a^n \end{pmatrix}$$

$\begin{pmatrix} a & 3 \\ 0 & a \end{pmatrix}^n$의 $(1, 1)$ 성분과 $(1, 2)$ 성분이 같으므로 $a^n = 3n \cdot a^{n-1}$

$\therefore a = 3n$

따라서, 가능한 a의 값은 $n = 1$일 때 $a = 3$, $n = 2$일 때 $a = 6$이다.

따라서, 가능한 a의 곱은 18이다.

03 정답 ①

풀이

$$A = \begin{pmatrix} 1-c & 0 \\ 1 & c \end{pmatrix}, \quad A^2 = \begin{pmatrix} (1-c)^2 & 0 \\ 1 & c^2 \end{pmatrix} = \begin{pmatrix} 1 & 0 \\ 1 & k \end{pmatrix}$$

$(1-c)^2 = 1$

$c^2 - 2c = 0$, $c = 0, 2$

$\therefore c = 2 \, (c > 0)$, $k = 4$

04 정답 ①

풀이

$$(BA)^1 = \begin{pmatrix} 2 & 0 \\ 0 & 0 \end{pmatrix}, (BA)^2 = \begin{pmatrix} 4 & 0 \\ 0 & 0 \end{pmatrix},$$

$$(BA)^3 = \begin{pmatrix} 8 & 0 \\ 0 & 0 \end{pmatrix}, \cdots, (BA)^n = \begin{pmatrix} 2^n & 0 \\ 0 & 0 \end{pmatrix} \cdots (가)$$

$$따라서, (AB)^n A = \begin{pmatrix} 2^{n-1} & 2^{n-1} \\ 2^{n-1} & 2^{n-1} \end{pmatrix}\begin{pmatrix} 1 & 0 \\ 1 & 0 \end{pmatrix}$$

$$= \begin{pmatrix} 2^n & 0 \\ 2^n & 0 \end{pmatrix} = 2^n A \cdots (나)$$

$$(BA)^n B = \begin{pmatrix} 2^n & 0 \\ 0 & 0 \end{pmatrix}\begin{pmatrix} 1 & 1 \\ 0 & 0 \end{pmatrix}$$

$$= \begin{pmatrix} 2^n & 2^n \\ 0 & 0 \end{pmatrix} = 2^n B \quad \cdots (다)$$

01 정답 ③

풀이

역행렬이 존재하지 않으려면 $a^3 = b^2$

$5 < a$, $b < 50$이므로 a를 기준으로 하는 것이 빠르다. a^3이 완전제곱수이므로 a가 완전제곱수이면 된다.

$a = 3^2 \rightarrow a^3 = (3^2)^3 = (3^3)^2$

$\therefore a = 9$, $b = 27$

02 정답 ②

풀이

ㄱ. (반례) $A = \begin{pmatrix} 1 & 1 \\ 0 & 0 \end{pmatrix}$, $B = \begin{pmatrix} 1 & 0 \\ 1 & 0 \end{pmatrix}$

ㄴ. $A = \begin{pmatrix} a & b \\ c & d \end{pmatrix}$, $B = \begin{pmatrix} p & q \\ r & s \end{pmatrix}$이면

$$\begin{pmatrix} a & b \\ c & d \end{pmatrix}\begin{pmatrix} p & q \\ r & s \end{pmatrix} - \begin{pmatrix} p & q \\ r & s \end{pmatrix}\begin{pmatrix} a & b \\ c & d \end{pmatrix}$$

$$= \begin{pmatrix} ap+br & aq+bs \\ cp+dr & cq+ds \end{pmatrix} - \begin{pmatrix} ap+cq & bp+qd \\ ar+cs & br+ds \end{pmatrix}$$

$$= \begin{pmatrix} br-cq & \\ & cq-br \end{pmatrix}$$ 이므로

$$\therefore br-cq+cq-br=0$$

ㄷ. (반례)

$$A = \begin{pmatrix} 1 & 0 \\ 0 & 2 \end{pmatrix}, \ B = \begin{pmatrix} 2 & 0 \\ 0 & 1 \end{pmatrix}$$

03 정답 ②

풀이

$A^3 = -E$ 이므로 $A^3 \begin{pmatrix} 1 \\ 1 \end{pmatrix} + A \begin{pmatrix} 2 \\ 0 \end{pmatrix} = \begin{pmatrix} 0 \\ 0 \end{pmatrix}$

$$\begin{pmatrix} -1 & 0 \\ 0 & -1 \end{pmatrix} \begin{pmatrix} 1 \\ 1 \end{pmatrix} + A \begin{pmatrix} 2 \\ 0 \end{pmatrix} = \begin{pmatrix} 0 \\ 0 \end{pmatrix}$$

$$\begin{pmatrix} -1 \\ -1 \end{pmatrix} + A \begin{pmatrix} 2 \\ 0 \end{pmatrix} = \begin{pmatrix} 0 \\ 0 \end{pmatrix}$$

$$\therefore A \begin{pmatrix} 2 \\ 0 \end{pmatrix} = \begin{pmatrix} 1 \\ 1 \end{pmatrix}$$

04 정답 9

풀이

연립방정식 $\begin{cases} ax+by=1 \\ cx+dy=2 \end{cases}$ 의 해가

$x=5, \ y=4$ 이고 $A = \begin{pmatrix} a & b \\ c & d \end{pmatrix}$ 이므로

$$A \begin{pmatrix} 5 \\ 4 \end{pmatrix} = \begin{pmatrix} 1 \\ 2 \end{pmatrix}$$

양변에 A^{-1} 을 곱하면 $A^{-1} \begin{pmatrix} 1 \\ 2 \end{pmatrix} = \begin{pmatrix} 5 \\ 4 \end{pmatrix}$

$$\therefore p+q = 5+4 = 9$$

05 정답 17

풀이

$x=b, \ y=9$ 가 연립방정식을 만족하므로

$$\begin{pmatrix} 1 & -2 \\ a & 2 \end{pmatrix} \begin{pmatrix} b \\ 9 \end{pmatrix} = \begin{pmatrix} 0 \\ 0 \end{pmatrix}, \ \begin{pmatrix} b-18 \\ ab+18 \end{pmatrix} = \begin{pmatrix} 0 \\ 0 \end{pmatrix}$$

즉, $b-18=0, \ ab+18=0$ 에서

$$a=-1, \ b=18$$

$$\therefore a+b = 17$$

06 정답 ⑤

풀이

$$AP = P \begin{pmatrix} a & 0 \\ 0 & b \end{pmatrix} \cdots (1),$$

$$BP = P \begin{pmatrix} c & 0 \\ 0 & d \end{pmatrix} \cdots (2) \text{ 라 하자.}$$

ㄱ. $A = P \begin{pmatrix} a & 0 \\ 0 & b \end{pmatrix} P^{-1}, \ B = P \begin{pmatrix} c & 0 \\ 0 & d \end{pmatrix} P^{-1}$ 이므

로 $a=c, \ b=d$ 이면 $A=B$ 이다. (참)

ㄴ. $AB = P \begin{pmatrix} a & 0 \\ 0 & b \end{pmatrix} P^{-1} P \begin{pmatrix} c & 0 \\ 0 & d \end{pmatrix}$

$\quad P^{-1} = P \begin{pmatrix} a & 0 \\ 0 & b \end{pmatrix} \begin{pmatrix} c & 0 \\ 0 & d \end{pmatrix} P^{-1}$

$\quad = P \begin{pmatrix} ac & 0 \\ 0 & bd \end{pmatrix} P^{-1},$

$\quad BA = P \begin{pmatrix} c & 0 \\ 0 & d \end{pmatrix} P^{-1} P \begin{pmatrix} a & 0 \\ 0 & b \end{pmatrix}$

$\quad P^{-1} = P \begin{pmatrix} c & 0 \\ 0 & d \end{pmatrix} \begin{pmatrix} a & 0 \\ 0 & b \end{pmatrix} P^{-1}$

$\quad = P \begin{pmatrix} ac & 0 \\ 0 & bd \end{pmatrix} P^{-1}$

따라서 $AB=BA$ 이다. (참)

ㄷ. (1)−(2)하면

$$(A-B)P = P \begin{pmatrix} a-c & 0 \\ 0 & b-d \end{pmatrix}$$

$A-B$ 가 역행렬을 가지면 $\begin{pmatrix} a-c & 0 \\ 0 & b-d \end{pmatrix}$ 도

역행렬을 가지므로

행렬식 $D = (a-c)(b-d) \neq 0$ 이다.

따라서 $a \neq c, \ b \neq d$ 이다. (참)

이상에서 ㄱ, ㄴ, ㄷ 모두 참이므로 정답은
⑤이다.

07 정답 ③

풀이

$$B = A - \frac{p+q}{2}E = A - \frac{p}{2}E - \frac{q}{2}E$$

$$= A - pE + \frac{p}{2}E - \frac{q}{2}E$$

$$\therefore B - \frac{p-q}{2}E = A - pE$$

$B - kE = A - pE$ 에서 $k = \dfrac{p-q}{2}$

이 때, $B-kE = A-pE$ 이고 $B+kE = A-qE$

이므로 $B-kE$ 와 $B+kE$ 는 모두 역행렬을

갖지 않는다.

따라서 $B = \begin{pmatrix} a & b \\ c & d \end{pmatrix}$ 라 하면,

$B - kE = \begin{pmatrix} a-k & b \\ c & d-k \end{pmatrix}$ 의 역행렬이 존재하지

않으므로 $(a-k)(d-k) - bc = 0$

$$ad - bc - (a+d)k + k^2 = 0 \quad \cdots\cdots ①$$

또, $B+kE=\begin{pmatrix} a+k & b \\ c & d+k \end{pmatrix}$의 역행렬이 존재하지 않으므로 $(a+k)(d+k)-bc=0$

$ad-bc+(a+d)k+k^2=0$ ······ ②

①식과 ②식을 변변 빼면 $-2(a+d)k=0$

$k\neq0$이므로 $a+d=0$이고 $ad-bc=-k^2$이다.

$$B^{-1}=\frac{1}{ad-bc}\begin{pmatrix} d & -b \\ -c & a \end{pmatrix}=\frac{1}{-k^2}\begin{pmatrix} -d & b \\ c & -a \end{pmatrix}$$

$$=\frac{1}{k^2}\begin{pmatrix} a & b \\ c & d \end{pmatrix}$$

$$(\because a+d=0에서 \ -d=a이고 \ -a=d)$$

$$=\frac{1}{k^2}B이므로 \ k^2B^{-1}=B$$

$$(B-kE)(B+kE)=B^2-k^2E=B^2-k^2B^{-1}B$$

$$=B^2-(k^2B^{-1})B=B^2-B\cdot B=O$$

따라서 $(B-kE)(B+kE)=(A-pE)(A-qE)$

$=A^2-(p+q)A+pqE=O$가 성립한다.

Lec.03

01 정답 ②

풀이

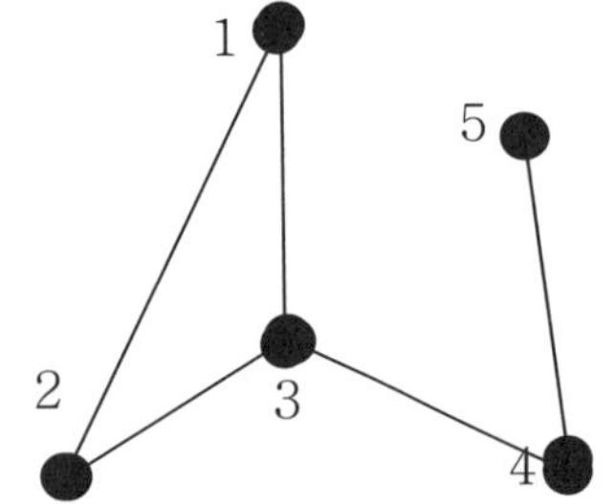

주어진 그래프의 꼭지점에 번호를 위와 같이 부여하고, 각 꼭지점에서 다른 꼭지점으로의 연결관계를 확인해 행렬을 만들면,

$$\begin{pmatrix} 0 & 1 & 1 & 0 & 0 \\ 1 & 0 & 1 & 0 & 0 \\ 1 & 1 & 0 & 1 & 0 \\ 0 & 0 & 1 & 0 & 1 \\ 0 & 0 & 0 & 1 & 0 \end{pmatrix}$$ 이 된다.

따라서, 1의 개수는 10개가 된다.

02 정답 14

출제의도

그래프를 나타내는 행렬을 통해 그래프의 특성을 파악할 수 있는가?

풀이

그래프 G를 나타내는 행렬 M에 대하여 그림과 같이 그래프 G를 그리면 다음과 같다.

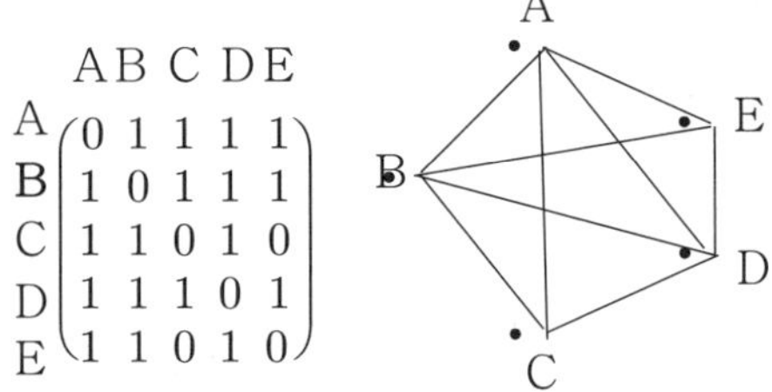

$$\begin{array}{c} \\ A \\ B \\ C \\ D \\ E \end{array}\begin{array}{c} A\ B\ C\ D\ E \\ \begin{pmatrix} 0 & 1 & 1 & 1 & 1 \\ 1 & 0 & 1 & 1 & 1 \\ 1 & 1 & 0 & 1 & 0 \\ 1 & 1 & 1 & 0 & 1 \\ 1 & 1 & 0 & 1 & 0 \end{pmatrix} \end{array}$$

$\therefore \ a=5, \ b=9$

$\therefore \ a+b=5+9=14$

03 정답 ③

풀이

그래프에서 모든 성분의 합은 변의 개수의 2배이므로 $2\times5=10$

04 정답 ②

풀이

주어진 그래프의 연결 관계를 나타내는 행렬을 구하면 아래와 같다.

$$\begin{pmatrix} 0 & 1 & 1 & 0 & 0 & 0 \\ 1 & 0 & 1 & 1 & 0 & 0 \\ 1 & 1 & 0 & 0 & 1 & 0 \\ 0 & 1 & 0 & 0 & 1 & 1 \\ 0 & 0 & 1 & 1 & 0 & 1 \\ 0 & 0 & 0 & 1 & 1 & 0 \end{pmatrix}$$

따라서, 성분 중 0의 개수는 20이다.

다른풀이

꼭짓점의 개수가 6개이고, 사이가 변으로 직접 연결된 꼭짓점의 쌍의 개수가 8이므로

$6^2-8\times2=20$

이다.

05 **정답** ③

풀이

주어진 행렬을 이용하여 그래프를 그려보면
다음과 같다.

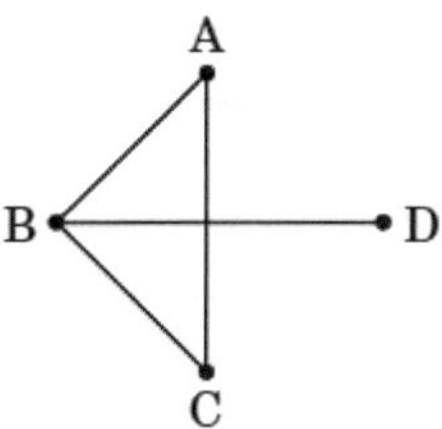

ㄱ. 그래프의 변의 개수는 4이다.(참)

ㄴ. 꼭짓점 C와 D는 한 개의 변으로 연결
되어 있지 않다.(거짓)

ㄷ. 꼭짓점 B에서 두 개의 변을 지나 꼭짓
점 C로 가는 경로는 BAC로 1개이다.
(참)

Lec.04

01 **정답** 30

풀이

$$a = 3^{\frac{1}{6}},\ b = 7^{\frac{1}{5}},\ c = 11^{\frac{1}{2}}$$

$$(abc)^n = \left(3^{\frac{1}{6}} \times 7^{\frac{1}{5}} \times 11^{\frac{1}{2}}\right)^n$$

$3^{\frac{n}{6}} \times 7^{\frac{n}{5}} \times 11^{\frac{n}{2}}$ 이 자연수이려면,

$\dfrac{n}{6},\ \dfrac{n}{5},\ \dfrac{n}{2}$ 이 모두 자연수이어야 한다.

따라서, 최소의 자연수 n은 6, 5, 2의 최소
공배수이므로 $n = 30$이다.

02 **정답** ④

풀이

$\sqrt[3]{n^m} = n^{\frac{m}{3}}$ 에서 $n^{\frac{m}{3}}$ 이 자연수가 되는
경우는

$n = 1$ 인 경우에 $m = 1, 2, 3$

$2 \leq n \leq 7$인 경우에 $m = 3$

$n = 8$인 경우에 $m = 1, 2, 3$

따라서 순서쌍 (m, n)의 개수는

$3 + 6 + 3 = 12$

03 **정답** 16

풀이

$$\left(\sqrt[3]{3^5}\right)^{\frac{1}{2}} = \left(3^{\frac{5}{3}}\right)^{\frac{1}{2}} = 3^{\frac{5}{6}}$$

이 때,

$$3^{\frac{5}{6}} = (3^5)^{\frac{1}{6}} = (3^{10})^{\frac{1}{12}} = (3^{15})^{\frac{1}{18}} = \cdots$$

$$= (3^{80})^{\frac{1}{96}}$$ 이므로

$\left(\sqrt[3]{3^5}\right)^{\frac{1}{2}}$ 은 3^5의 6제곱근, 3^{10}의 12제곱근,

3^{15}의 18제곱근, $\cdots$, 3^{80}의 96제곱근과 같다.

따라서 구하는 n은 6, 12, 18, $\cdots$, 96이므
로 16개이다.

다른풀이

$$N = \left(\left(\sqrt[3]{3^5}\right)^{\frac{1}{2}}\right)^n = 3^{\frac{5}{6}n}$$

여기서 N이 자연수이려면 $\dfrac{5}{6}n$은 0이상의

정수이어야 한다.

$\therefore n = 6k \ (k = 1,\ 2,\ 3,\ \cdots,\ 16)$

따라서 16개이다.

04 **정답** ②

풀이

$$\frac{Q_A}{Q_B} = \frac{0.01t^{1.25}w^{0.25}}{0.05t^{0.75}w^{0.30}}$$

$$= \frac{1}{5}t^{0.5}w^{-0.05}$$

이때, $t = 20$, $w = 8$이므로

$$\frac{Q_A}{Q_B} = \frac{1}{5}20^{0.5}8^{-0.05}$$

$$= 5^{-1}(5^{0.5} \cdot 2^1)2^{-0.15} = 5^{-0.5} \times 2^{0.85}$$

$\therefore a + b = 0.85 - 0.5 = 0.35$

05 정답 ⑤

풀이

$S = NQ^{\frac{1}{2}}H^{-\frac{3}{4}}$ 에서 $Q = 24$, $H = 5$ 일 때,

$S_1 = N \times 24^{\frac{1}{2}} \times 5^{-\frac{3}{4}}$ $Q = 12$, $H = 10$ 일 때,

$S_2 = N \times 12^{\frac{1}{2}} \times 10^{-\frac{3}{4}}$

$$\therefore \frac{S_1}{S_2} = \frac{N \times 24^{\frac{1}{2}} \times 5^{-\frac{3}{4}}}{N \times 12^{\frac{1}{2}} \times 10^{-\frac{3}{4}}}$$

$$= \frac{N \times 2^{\frac{1}{2}} \times 12^{\frac{1}{2}} \times 10^{-\frac{3}{4}}}{N \times 12^{\frac{1}{2}} \times 2^{-\frac{3}{4}} \times 5^{-\frac{3}{4}}}$$

$$= \frac{2^{\frac{1}{2}}}{2^{-\frac{3}{4}}} = 2^{\frac{1}{2}-\left(-\frac{3}{4}\right)} = 2^{\frac{5}{4}}$$

Lec.05

01 정답 ⑤

풀이

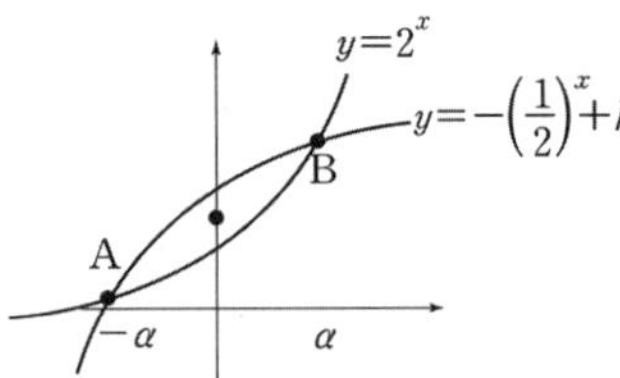

$2^x = -\left(\frac{1}{2}\right)^x + k$ 의 두 근을 α, β 라 하면

$\dfrac{\alpha + \beta}{2} = 0$ 에서 $\beta = -\alpha$

선분 AB의 중점의 y 좌표가 $\dfrac{5}{4}$ 이므로

$$\frac{2^{\alpha} - \left(\frac{1}{2}\right)^{\beta} + k}{2} = \frac{5}{4}$$

$$\frac{k}{2} = \frac{5}{4}(\because \beta = -\alpha) \quad \therefore k = \frac{5}{2}$$

02 정답 ③

풀이

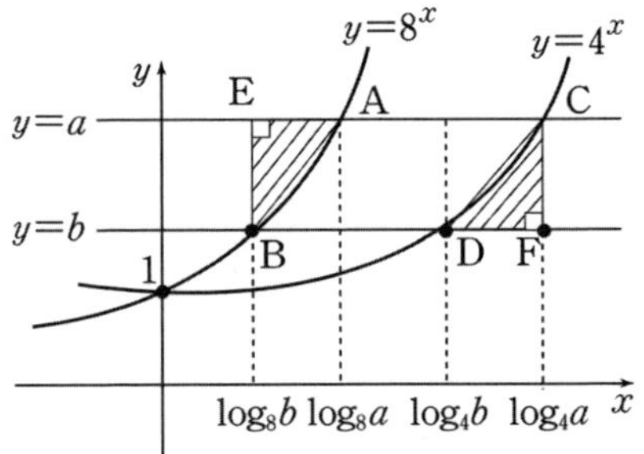

$$\triangle AEB = \frac{1}{2}(a-b)(\log_8 a - \log_8 b)$$

$$= \frac{1}{2}(a-b) \cdot \frac{1}{3}\log_2 ab$$

$$\triangle CDF = \frac{1}{2}(a-b)(\log_4 a - \log_4 b)$$

$$= \frac{1}{2}(a-b) \cdot \frac{1}{2}\log_2 ab$$

$$\therefore \triangle CDF = \frac{3}{2}\triangle AEB = 30$$

03 정답 16

풀이

$$\begin{cases} x + 33y \leqq 5 \\ 2x + y \leqq 5 \\ x \geqq 0, \ y \geqq 0 \end{cases}$$

위의 연립부등식을 만족하는 영역을 좌표평면에 나타내면 다음과 같다.

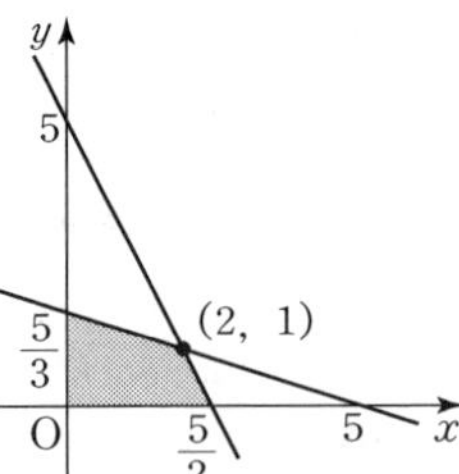

$2^x 4^y$ 를 k 라 하자. $k = 2^{x+2y}$

k 는 $x + 2y$ 가 최대일 때 최대값을 갖는다.

$x + 2y$ 를 t 라 하면, $t = x + 2y$, $k = 2^t$

$(x, y) = (2, 1)$ 일 때 t 는 최대값 4를 갖는다.

따라서 k 의 최대값은 $2^4 = 16$ 이다.

04 정답 ③

풀이

함수 $y = 2^{x+n}$ 과 $y = \left(\dfrac{1}{2}\right)^x$ 의

교점의 좌표는 $2^{x+n} = \left(\dfrac{1}{2}\right)^x$ 에서

$x + n = -x$

$\therefore x = -\dfrac{n}{2}, \ y = 2^{\frac{n}{2}}$

$\therefore a_n = -\dfrac{n}{2}, \ b_n = 2^{\frac{n}{2}}$

ㄱ. 수열 a_n 은 등차수열이다. $\therefore$ 참

ㄴ. $b_m b_n = 2^{\frac{m}{2}} 2^{\frac{n}{2}} = 2^{\frac{m+n}{2}} = b_{m+n}$ $\therefore$ 참

ㄷ. $2b_n - b_{n+1} = 2 \cdot 2^{\frac{n}{2}} - 2^{\frac{n+1}{2}}$

$\qquad = (2 - \sqrt{2})2^{\frac{n}{2}} > 0$ 이므로

$2b_n > b_{n+1}$ $\therefore$ 거짓

05 정답 36

풀이

$4^x + 4^{-x} = (2^x - 2^{-x})^2 + 2$ 이므로

방정식 $4^x + 4^{-x} + a(2^x - 2^{-x}) + 7 = 0$ 에서

$2^x - 2^{-x} = t$ 라 하면

$t^2 + at + 9 = 0$

$2^x - 2^{-x}$ 이 모든 실수값을 가질 수 있으므로

$t^2 + at + 9 = 0$ 이 실근을 가지면 주어진 지수방정식도 실근을 갖는다.

따라서, $D = a^2 - 36 \geq 0$ 이므로 양수 a 의 최솟값 m 은 $m = 6$ 이다.

$\therefore m^2 = 6^2 = 36$

01 정답 ①

풀이

$5^{\log b} = a^{2\log 5} = 5^{2\log a} = 5^{\log a^2}$

$\therefore b = a^2$ $\quad \cdots\cdots$ ㉠

$\begin{pmatrix} a & -1 \\ -b & 2 \end{pmatrix}$ 가 역행렬을 갖지 않으므로

$2a - b = 0$

$\therefore b = 2a$ $\quad \cdots\cdots$ ㉡

㉠, ㉡에서 $a^2 = 2a$

$\therefore a = 2, \ b = 4 \ (\because a, b \text{는 양수})$

$\therefore ab = 8$

02 정답 ④

풀이

$0.6\left\{a \times 16b + \dfrac{3}{2}a \times 8b + \left(\dfrac{3}{2}\right)^2 a \times 4b\right.$

$\left. + \left(\dfrac{3}{2}\right)^3 a \times 2b + \left(\dfrac{3}{2}\right)^4 a \times b\right\}$

$= 0.6 \times \dfrac{16ab\left\{1 - \left(\dfrac{3}{4}\right)^5\right\}}{1 - \dfrac{3}{4}}$

$= \dfrac{192}{5}ab\left\{1 - \left(\dfrac{3}{4}\right)^5\right\}$

03 정답 80

풀이

i) $10 \leq n < 81$ 이면 $[\log_9 n] = 1$ 이므로

$\quad \log_9 n - [\log_9 n] = \log_9 \dfrac{n}{9}$ 이고

$\quad \log_9 \dfrac{n}{9}$ 이 최대이어야 하므로 $n = 80$

ii) $81 \leq n < 100$ 이면 $[\log_9 n] = 2$ 이므로

$\quad \log_9 n - [\log_9 n] = \log_9 \dfrac{n}{81}$ 이고

$\quad \log_9 \dfrac{n}{81}$ 이 최대이어야 하므로 $n = 99$

따라서,

i), ii)에서 $\log_9 \dfrac{80}{9} > \log_9 \dfrac{99}{81}$ 이므로 구하는

n 은 80이다.

$a_n = \log_9 n - [\log_9 n]$을 수직선 위에 나타내

어보면 $[\log_9 n] = k$일 때

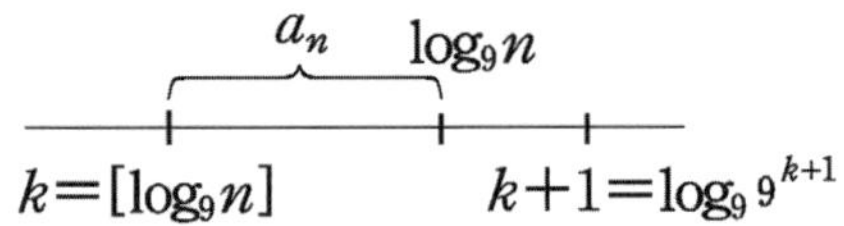

$\therefore$ n이 9^{k+1}보다 왼쪽에 있는 최대수일 때

즉 $9^{k+1} - 1$일 때 a_n이 최대이다.

n이 두 자릿수이므로 $n = 9^2 - 1 = 80$일

때 a_n이 최대이다.

04 정답 ⑤

풀이

ㄱ. 2006은 4자리의 자연수이므로

  $\log 2006$의 지표는 3이다.

  $\therefore$ $f(2006) = 3$(참)

ㄴ. $\log 2$, $\log 6$의 가수는 각각 $\log 2$, $\log 6$

  이므로 $g(2) = \log 2$, $g(6) = \log 6$이다.

  또, $12 = 1.2 \times 10^1$이므로 $\log 12$의 가

  수는 $\log 1.2$이다.

  $\therefore$ $g(12) = \log 1.2$

  $\therefore$ $g(2) + g(6) = \log 2 + \log 6$

  $= \log 12 = \log 1.2 + 1 = g(12) + 1$(참)

ㄷ. 임의의 양수 x에 대하여

  $\log x = (지표) + (가수) = f(x) + g(x)$

  이므로

  $\log a = f(a) + g(a)$,

  $\log b = f(b) + g(b)$이고

  $\log ab = f(ab) + g(ab)$이다.

  그런데, $\log ab = \log a + \log b$이므로

  $f(ab) + g(ab) = f(a) + g(a) + f(b) + g(b)$

  이다.

  따라서 $f(ab) = f(a) + f(b)$이면

  $g(ab) = g(a) + g(b)$이다. (참)

이상에서 옳은 것은 ㄱ, ㄴ, ㄷ이다.

05 정답 ③

풀이

$\log a = n + \alpha$ $(0 < \alpha < 1)$

$\log b = m + \beta$ $(0 < \beta < 1)$

$\log a + \log b = n + m + 1 (\because \alpha + \beta = 1)$

 $= 정수$

$\therefore$ $\log ab$는 정수이므로 ab는 10의 거듭제곱

  이다.

$ab = 10, \ 10^2, \ 10^3$

$(\because a$와 b는 100보다 작은 자연수)

 ⅰ) $ab = 10 = 2 \times 5 \ (a < b) \rightarrow (2, \ 5)$

 ⅱ) $ab = 100 = 2 \times 50 \ (a < b) \rightarrow (2, \ 50)$

   $= 4 \times 25 \qquad \rightarrow (4, \ 25)$

   $= 5 \times 20 \qquad \rightarrow (5, \ 20)$

 ⅲ) $ab = 1000 = 20 \times 50 \rightarrow (20, \ 50)$

   $= 25 \times 40 \qquad \rightarrow (25, \ 40)$

 $\therefore$ $(a, \ b)$의 순서쌍의 개수는 6개다.

06 정답 ⑤

풀이

주어진 조건에서

$A(n) = \{ x \, | \, 0 < x \leq 2^n \}$,

$B(n) = \{ x \, | \, 0 < x \leq 4^n \}$이다.

ㄱ. $A(1) = \{ x \, | \, 0 < x \leq 2 \}$ (거짓)

ㄴ. $A(4) = \{ x \, | \, 0 < x \leq 2^4 \}$

  $= \{ x \, | \, 0 < x \leq 4^2 \} = B(2)$ (참)

ㄷ. $A(n) \subset B(n)$이면 $2^n \leq 4^n = 2^{2n}$

$\therefore$ $n \geq 0$

$\therefore$ $B(-n) = \{ x \, | \, 0 < x \leq 4^{-n} \}$

  $\subset A(-n) = \{ x \, | \, 0 \leq x \leq 2^{-n} \}$ (참)

Lec.07

01 정답 ④

ㄱ. $f(2) = 2^2 - \log_2 2 = 4 - 1 = 3$

ㄴ. $f(8) = 2^8 - \log_2 8 = 2^8 - 3$,

$-f(\log_2 8) = -f(3) = -2^3 - \log_2 3$

$\therefore f(8) \neq -f(\log_2 8)$

ㄷ. $f(2^n) + n = 2^{2^n} - \log_2 2^n + n$

$= 2^{2^n} - n + n = 2^{2^n}$

$\{f(2^{n-1}) + n - 1\}^2$

$= \left\{ 2^{2^{n-1}} - \log_2 2^{n-1} + n - 1 \right\}^2$

$= \left\{ 2^{2^{n-1}} \right\}^2 = 2^{2^n}$

$\therefore f(2^n) + n = \{f(2^{n-1}) + n - 1\}^2$

02 정답 58

풀이

(나)에서 $b - a = 2^3$ $\therefore b = a + 2^3$

(다)에서 $c - b = 2^2$

$\therefore c = b + 2^2 = a + 2^3 + 2^2$

$a + b + c = 3a + 20$에서

$23 \leq 3a + 20 \leq 35$

$\therefore$ (최대값)$+$(최소값)$= 35 + 23 = 58$

03 정답 ④

풀이

진수의 조건에 의해

$x^2 + x - 2 > 0$, $-2x + 2 > 0$

$x^2 + x - 2 > 0 \Leftrightarrow x > 1$ 또는 $x < -2$

$-2x + 2 > 0 \Leftrightarrow x < 1$

두 조건을 모두 만족시키는 범위는

$x < -2 \cdots$ (1)

$\log_2 (x^2 + x - 2) < \log_2 (-2x + 2)$

$\Leftrightarrow x^2 + x - 2 < -2x + 2$

$\Leftrightarrow x^2 + 3x - 4 < 0$

부등식을 풀면 $-4 < x < 1 \cdots$ (2)

(1), (2)를 동시에 만족하는 범위는

$-4 < x < -2$ 이다.

$\alpha = -4$, $\beta = -2$ 이므로 $\alpha\beta = 8$

04 정답 ④

풀이

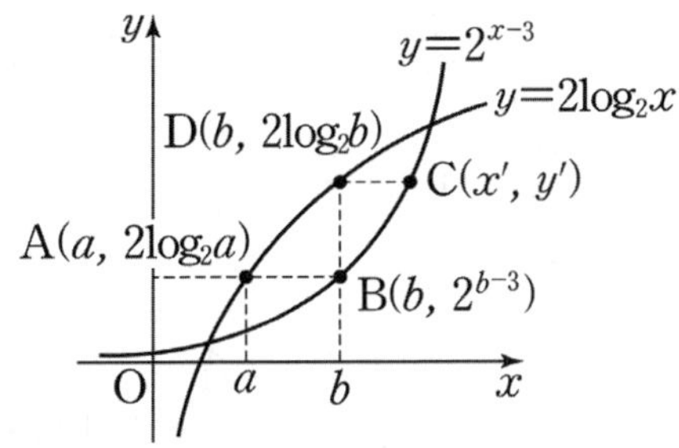

점 A의 x좌표를 a, 점 B의 x좌표를 b라 하면

A$(a, 2\log_2 a)$, B$(b, 2^{b-3})$, D$(b, 2\log_2 b)$

이고 $\overline{AB} = 2$에서 $b - a = 2$ ……㉠

$\overline{BD} = 2$에서 $2\log_2 b - 2\log_2 a = 2$ ……㉡

($\because$ A와 B의 y좌표가 같으므로)

㉠, ㉡에서

$\log_2 \dfrac{b}{b-2} = 1$이고 $b = 4$, $a = 2$

점 C의 y좌표가 점 D의 y좌표와 같으므로
점 C의 좌표를 (x', y')라 하면

$y' = 2^{x'-3} = 2\log_2 4$이므로 $x' = 5$, $y' = 4$

$\therefore$ C$(5, 4)$

$\triangle$ABD의 넓이는 $\dfrac{1}{2} \times 2 \times 2 = 2$

$\triangle$BCD의 넓이는 $\dfrac{1}{2} \times 2 \times 1 = 1$

따라서, 사각형 ABCD의 넓이는 3이다.

05 정답 79

출제의도

로그부등식을 활용하여 정사각형의 개수를 구할 수 있는가?

풀이

두 자연수 n, k에 대하여
아래 그림과 같이 네 꼭짓점
$A_1(n, k)$, $A_2(n+1, k)$, $A_3(n+1, k+1)$,
$A_4(n, k+1)$으로 하는 정사각형이 두 함수
$y = \log 7x$, $y = \log 3x$와 모두 만나기 위해서

는 $\log 7n \leq k+1$이고 $\log 3(n+1) \geq k$이
어야 한다.

즉, $n \leq \dfrac{10^{k+1}}{7}$ 이고 $n \geq \dfrac{10^k}{3} - 1$

$$\therefore \ \frac{10^k}{3} - 1 \leq n \leq \frac{10^{k+1}}{7}$$

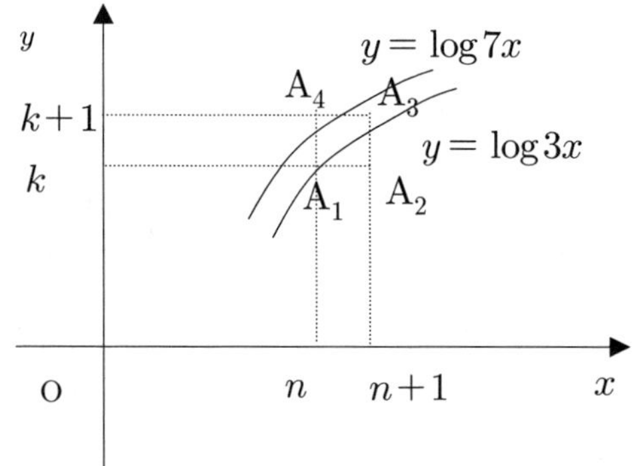

（ⅰ） $k=1$일 때, $\dfrac{10}{3} - 1 \leq n \leq \dfrac{100}{7}$

그러므로 자연수 n은 3, 4, $\cdots$, 14로
12개다.

（ⅱ） $k=2$일 때, $\dfrac{100}{3} - 1 \leq n \leq \dfrac{1000}{7}$

그리고 꼭지점의 x좌표는 모두 100이
하이므로 $n+1 \leq 100$이다.

그러므로 99이하의 자연수 n은 33,
34, $\cdots$, 99로 67개다.

따라서 모든 정사각형의 개수는 12+67=79

Lec.08

01 정답 ④

풀이

등차수열의 합 공식에 의해
$\dfrac{(n+2)(1+3)}{2} = 24$ 이므로 $n = 14$

02 정답 16

풀이

두 수열 $\{S_{2n-1}\}$과 $\{S_{2n}\}$은 각각 공차가

−3과 2인 등차수열이므로
$$S_{2n-1} = S_1 + (n-1)(-3)$$
$$S_{2n} = S_2 + (n-1) \times 2$$
그런데,
$S_1 = a_1$이고 $S_2 = a_1 + a_2 = a_1 + 1$이므로
$$S_{2n-1} = a_1 - 3n + 3$$
$$S_{2n} = (a_1 + 1) + 2n - 2 = a_1 + 2n - 1$$
따라서, 구하는 a_8의 값은
$$a_8 = S_8 - S_7$$
$$= (a_1 + 2 \cdot 4 - 1) - (a_1 - 3 \cdot 4 + 3)$$
$$= a_1 + 7 - a_1 + 9 = 16$$

03 정답 ①

풀이

$$S_{n+1} - S_{n-1} = a_{n+1} + a_n$$
$$(S_{n+1} - S_{n-1})^2 = 4a_n a_{n+1} + 4$$
$$(a_{n+1} + a_n)^2 = 4a_{n+1}a_n + 4$$
$$a_{n+1} - a_n = \pm 2$$
$$a_{n+1} - a_n = 2 \ (\because d > 0)$$
$$a_n = 2n - 1$$
$$a_{20} = 39$$

04 정답 ④

풀이

삼각형 ABC의 넓이는 $\boxed{3(a+d)}$ 이므로

$a : \boxed{3(a+d)} = \triangle APQ : \triangle ABC$

$= \dfrac{1}{2}\overline{AP} \cdot \overline{AQ}\sin A : \dfrac{1}{2}\overline{AB} \cdot \overline{AC}\sin A$

$= \overline{AP} \cdot \overline{AQ} : \overline{AB} \cdot \overline{AC}$

이 때, $\overline{AP} = \dfrac{2}{3}\overline{AB}$이므로

$a : 3(a+d) = \dfrac{2}{3}\overline{AB} \cdot \overline{AQ} : \overline{AB} \cdot \overline{AC}$

$a\overline{AC} = \dfrac{2}{3} \cdot 3(a+d)\overline{AQ}$

$\therefore \ \dfrac{\overline{AQ}}{\overline{AC}} = \dfrac{a}{2(a+d)}$

$$\therefore \ \frac{\overline{CQ}}{\overline{AQ}} = \frac{\overline{AC} - \overline{AQ}}{\overline{AQ}} = \frac{\overline{AC}}{\overline{AQ}} - 1$$

$$= \frac{2(a+d)}{a} - 1 = \frac{a+2d}{a}$$

Lec.09

01 **정답** 25

풀이

$x^2 - kx + 125 = 0$의 두 근이 α, β이므로 근과 계수의 관계에 의해

$\alpha + \beta = k$, $\alpha\beta = 125$

한편, α, $\beta - \alpha$, β가 이 순서로 등비수열을 이루므로

$(\beta - \alpha)^2 = \alpha\beta \qquad \therefore (\beta - \alpha)^2 = 125$

$(\alpha + \beta)^2 = (\alpha - \beta)^2 + 4\alpha\beta$

$\qquad\qquad = 125 + 500 = 625$

$\therefore k = \alpha + \beta = 25 \ (\because k > 0)$

02 **정답** ⑤

풀이

수열 $\{a_n\}$이 첫째항이 1이고 공비가 2인 등비수열이므로 $a_n = 2^{n-1}$이다.

따라서,

$b_n = (a_{n+1})^2 - (a_n)^2 = (2^n)^2 - (2^{n-1})^2$

$\qquad = 2^{2n}\left(1 - \dfrac{1}{4}\right) = \dfrac{3}{4} \cdot 4^n$

$\therefore \ \dfrac{b_6}{b_3} = \dfrac{\dfrac{3}{4} \cdot 4^6}{\dfrac{3}{4} \cdot 4^3} = 64$

03 **정답** ④

풀이

(가) 첫해에서 19년째의 합 (S_1)

$\qquad S_1 = a + 1.08a + 1.08^2 a + 1.08^3 a + \dots + 1.08^{18} a$

$\qquad = a + \dfrac{a(1.08)\{1.08^{18} - 1\}}{1.08 - 1}$

$\qquad = a + \dfrac{81}{2}a = \dfrac{83}{2}a$

(나) 20년째부터 9년 동안의 합 (S_2)

$\qquad S_2 = 1.08^{18} a \times \dfrac{2}{3} \times 9년 = 24a$

$\therefore S = S_1 + S_2 = \dfrac{131}{2}a$

04 **정답** 35

풀이

[등비수열]

$a_n = ar^{n-1}$로 놓으면

$a_2 = ar = 1$에서 $a = \dfrac{1}{r}$

$\therefore \ \log_r \omega = \log_r \left(\dfrac{1}{r} \cdot 1 \cdot r \cdot \dots \cdot r^8\right)$

$\qquad = \log_r (r^2 \cdot r^3 \cdot \dots \cdot r^8)$

$\qquad = \log_r r^{2+3+\dots+8}$

$\qquad = \log_r r^{\frac{7(2+8)}{2}}$

$\qquad = \log_r r^{35} = 35$

05 **정답** ③

풀이

ㄱ. $a_n = n$이면 $S_n = \dfrac{n(n+1)}{2}$

$\qquad T_n = \dfrac{n^2(n^2-1)}{S_n}$

$\qquad\quad = 2n(n-1) = 2n^2 - 2n$

$\qquad b_n = T_n - T_{n-1}$

$\qquad\quad = 2n^2 - 2n - \{2(n-1)^2 + 2(n-1)\}$

$\qquad\quad = 4n - 4$

$\therefore$ 참

ㄴ. 수열 a_n의 첫째항을 a_1, 수열 b_n의 첫째항을 b_1라 하면

$\qquad S_n = \dfrac{n\{2a_1 + (n-1)d_1\}}{2}$,

$$T_n = \frac{n\{2b_1 + (n-1)d_2\}}{2}$$

$S_n T_n = n^2(n^2-1)$에서 n^4의 계수를 비교하면

$$\frac{d_1}{2} \times \frac{d_2}{2} = 1 \qquad \therefore d_1 d_2 = 4$$

$$\therefore \ \text{참}$$

ㄷ. $a_n = 2n$이면 $a_1 = 2 \neq 0$이다.

$S_n = n(n+1)$이므로

$T_n = n(n-1) = n^2 - n$

$b_n = T_n - T_{n-1} = 2n - 2$가 돼서

b_n이 존재한다.

즉, $a_n \neq n$이면서 $a_1 \neq 0$이고 주어진 조건을 만족하는 a_n이 존재한다.

$$\therefore \ \text{거짓}$$

Lec.10

01 정답 20

풀이

$$S_9 = \sum_{k=1}^{9} D_k$$

$$= \sum_{k=1}^{9} 20\log V_k$$

$$= \sum_{k=1}^{9} 20\log \frac{k+1}{k}$$

$$= 20\left\{\log\frac{2}{1} + \log\frac{3}{2} + \cdots + \log\frac{10}{9}\right\}$$

$$= 20\log\left(\frac{2}{1} \times \frac{3}{2} \times \frac{4}{3} \times \ldots \times \frac{10}{9}\right) = 20$$

02 정답 ②

풀이

$x^2 - 2x - 1 = 0$ 의 두 근이 α, β 이므로

$\alpha + \beta = 2$, $\alpha\beta = -1$

$$\sum_{k=1}^{10}(k-\alpha)(k-\beta)$$

$$= \sum_{k=1}^{10}\left(k^2 - (\alpha+\beta)k + \alpha\beta\right)$$

$$= \sum_{k=1}^{10}\left(k^2 - 2k - 1\right) = 265$$

03 정답 ③

풀이

$a_n = b_n$ 이므로 $S_n = \displaystyle\sum_{k=1}^{n} a_k$라 하면,

$$a_n = 1 + \sum_{k=1}^{n-1} b_k = 1 + \sum_{k=1}^{n-1} a_k = 1 + S_{n-1}$$

$a_n = 1 + S_{n-1}$ $\cdots$ (1)

(1)에 $n \leftarrow n+1$ 을 대입하면,

$a_{n+1} = 1 + S_n$ $\cdots$ (2)

(2)−(1)하면

$a_{n+1} - a_n = S_n - S_{n-1} = a_n$

$a_{n+1} = 2a_n$ 이므로 수열 $\{a_n\}$은 공비가 2인 등비수열이다.

$a_n = 2^{n-1}$

$$\sum_{k=1}^{6} a_k = \sum_{k=1}^{6} 2^{k-1} = \frac{2^6 - 1}{2-1} = 63$$

04 정답 ⑤

풀이

$a_n = 3 + (-1)^n$, $b_n = \cos\dfrac{2n\pi}{3}$,

$c_n = \sin\dfrac{2n\pi}{3}$라 하면

$a_{n+2} = a_n$, $b_{n+3} = b_n$, $c_{n+3} = c_n$ 이고

점 P_n의 x좌표 $a_n b_n$은

$a_n b_n = a_{n+6} b_{n+6}$,

점 P_n의 y좌표 $a_n c_n$은

$a_n c_n = a_{n+6} c_{n+6}$이므로

$P_{n+6} = P_n$

따라서 $P_{2009} = P_{6\times334+5} = P_5$

05 정답 ①

풀이

$\displaystyle\sum_{k=n-m+1}^{n+m} a_k$를 P 라 하면, 항수는 $2m$ 개이다.

$$P = (a_{n-m+1} + a_{n-m+2})$$
$$+ (a_{n-m+3} + a_{n-m+4}) + \dots$$
$$+ (a_{n+m-3} + a_{n+m-2})$$
$$+ (a_{n+m-1} + a_{n+m})$$
$$= (n-m+1) + (n-m+3) + \dots$$
$$+ (n+m-3) + (n+m-1)$$

$\boxed{\text{가}} = n+m-1$

P 는 첫째항이 $n-m+1$이고 공차가 2, 항수가 m 인 등차수열의 합이므로

$$p = \frac{m(n-m+1+n+m-1)}{2} = mn$$

따라서, $\boxed{\text{나}} = m$, $\boxed{\text{다}} = mn$

Lec.11

01 정답 29

풀이

$$\sum_{k=1}^{14} \frac{1}{k(k+1)}$$
$$= \sum_{k=1}^{14} \left(\frac{1}{k} - \frac{1}{k+1} \right)$$
$$= \left(\frac{1}{1} - \frac{1}{2} \right) + \left(\frac{1}{2} - \frac{1}{3} \right) + \dots + \left(\frac{1}{14} - \frac{1}{15} \right)$$
$$= 1 - \frac{1}{15} = \frac{14}{15}$$

02 정답 ①

풀이

$$(4n^2-1)x^2 - 4nx + 1 = 0$$
$$\{(2n-1)x-1\}\{(2n+1)x-1\} = 0$$
$$x = \frac{1}{2n-1},\ \frac{1}{2n+1}$$

$\alpha_n > \beta_n$이고 n이 자연수이므로

$$\alpha_n = \frac{1}{2n-1},\ \beta_n = \frac{1}{2n+1}$$

$$\therefore \sum_{n=1}^{\infty} (\alpha_n - \beta_n)$$
$$= \sum_{n=1}^{\infty} \left(\frac{1}{2n-1} - \frac{1}{2n+1} \right)$$
$$= \lim_{n \to \infty} \left\{ \left(\frac{1}{1} - \frac{1}{3} \right) + \left(\frac{1}{3} - \frac{1}{5} \right) + \left(\frac{1}{5} - \frac{1}{7} \right) \right.$$
$$\left. + \dots + \left(\frac{1}{2n-1} - \frac{1}{2n+1} \right) \right\}$$
$$= \lim_{n \to \infty} \left(1 - \frac{1}{2n+1} \right) = 1$$

다른풀이

$$(\alpha_n - \beta_n)^2 = (\alpha_n + \beta_n)^2 - 4\alpha_n\beta_n$$
$$\alpha_n + \beta_n = \frac{4n}{4n^2-1},\ \alpha_n\beta_n = \frac{1}{4n^2-1} \text{이므로}$$
$$(\alpha_n - \beta_n)^2 = \left(\frac{4n}{4n^2-1} \right)^2 - 4 \times \frac{1}{4n^2-1}$$
$$= \left(\frac{4}{4n^2-1} \right)^2$$
$$\alpha_n - \beta_n = \frac{2}{4n^2-1} \ (\because\ \alpha_n > \beta_n)$$
$$= \frac{2}{(2n-1)(2n+1)}$$
$$= \frac{1}{2n-1} - \frac{1}{2n+1}$$

$$\therefore \sum_{n=1}^{\infty} (\alpha_n - \beta_n)$$
$$= \sum_{n=1}^{\infty} \left(\frac{1}{2n-1} - \frac{1}{2n+1} \right)$$
$$= \lim_{n \to \infty} \left\{ \left(\frac{1}{1} - \frac{1}{3} \right) + \left(\frac{1}{3} - \frac{1}{5} \right) + \left(\frac{1}{5} - \frac{1}{7} \right) \right.$$
$$\left. + \dots + \left(\frac{1}{2n-1} - \frac{1}{2n+1} \right) \right\}$$
$$= \lim_{n \to \infty} \left(1 - \frac{1}{2n+1} \right) = 1$$

03 정답 86

풀이

$y = \log_n x$ 의 그래프는 $(n, 1)$ 을 지난다.

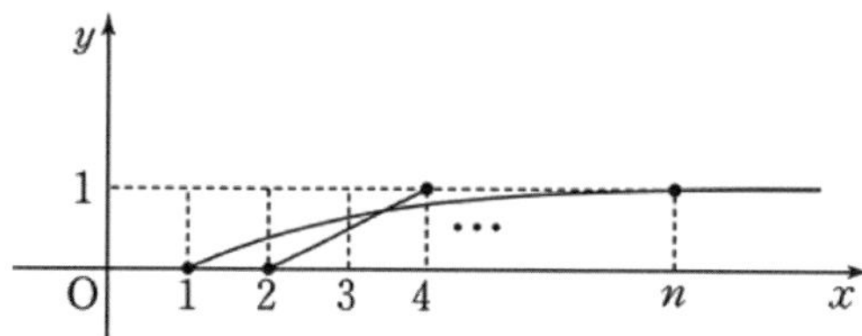

$\dfrac{\log_n a}{a - 2} \leq \dfrac{1}{2}$ 에서 $\log_n a \leq \dfrac{1}{2}(a - 2)$

$n \geq 4$ 이면 $\log_n 4 \leq \dfrac{4 - 2}{2}$ 이므로

$a = 4$ 일 때, $\log_n a \leq \dfrac{1}{2}(a - 2)$ 를 만족하고,

따라서 $a = 3$ 일 때 성립하는지만 알아보면 충분하다.

$\log_n 3 \leq \dfrac{1}{2}$ 에서 $n \geq 9$

$\therefore n \geq 9$ 이면

    만족하는 자연수 a 는 $a \geq 3$,

    $4 \leq n \leq 8$ 이면

    만족하는 자연수 a 는 $a \geq 4$

$\therefore f(n) = \begin{cases} 4 & (4 \leq n \leq 8) \\ 3 & (9 \leq n) \end{cases}$

$\therefore \displaystyle\sum_{n=4}^{30} f(n) = 4 \times 5 + 3 \times 22 = 86$

04 정답 ④

풀이

$a_1 = 1$ 이고, $a_{n+1} = \displaystyle\sum_{k=1}^{n} 2^{n-k} a_k$

먼저 $n = 1$ 일 때,

$a_2 = \displaystyle\sum_{k=1}^{1} 2^{1-k} a_k = 2^0 a_1 = a_1 = 1$

그러므로 (가)는 1이다.

자연수 n 으로부터,

$a_{n+2} = \displaystyle\sum_{k=1}^{n+1} 2^{n+1-k} a_k$

$= \displaystyle\sum_{k=1}^{n} 2^{n+1-k} a_k + a_{n+1}$

$= 2 \displaystyle\sum_{k=1}^{n} 2^{n-k} a_k + a_{n+1}$

$(\because 2^{n+1-k} = 2 \times 2^{n-k})$

따라서, (나)는 2이다.

주어진 조건인

$a_{n+1} = \displaystyle\sum_{k=1}^{n} 2^{n-k} a_k$ 으로부터,

$2 \displaystyle\sum_{k=1}^{n} 2^{n-k} a_k + a_{n+1}$

$= 2a_{n+1} + a_{n+1} = 3a_{n+1}$

그러므로 (다)는 3이 된다.

따라서, (가)+(나)+(다)의 합은 9

05 정답 ④

풀이

[수열]

ㄱ. $\left[\dfrac{n}{k} \right] = 1$ 에서 $1 \leq \dfrac{n}{k} < 2$

    따라서 $\dfrac{n}{2} < k \leq n$ $\cdots\cdots$ ㉠

    n 이 짝수일 때

    ㉠을 만족하는 정수 k의 개수는

    $n - \dfrac{n}{2} = \dfrac{n}{2}$

    n 이 홀수일 때

    ㉠을 만족하는 정수 k의 개수는

    $n - \dfrac{n+1}{2} + 1 = \dfrac{n+1}{2}$

    따라서 ㉠을 만족하는 정수 k의 개수는

    $\left[\dfrac{n+1}{2} \right]$ 이다. (참)

ㄴ. $\left[\dfrac{100}{k} \right] = 3$ 에서

    $3 \leq \dfrac{100}{k} < 4$, $\dfrac{100}{4} < k \leq \dfrac{100}{3}$

    따라서 정수 k 는 26, 27, 28, 29, 30, 31, 32, 33의 8개이다. (참)

ㄷ. $\left[\dfrac{n}{3}\right]=5$ 에서

$5 \le \dfrac{n}{3} < 6, \ 15 \le n < 18$

따라서 정수 n 은 15, 16, 17의 3개이다.
(거짓)

이상에서 옳은 것은 ㄱ, ㄴ이다.

Lec.12

01 정답 39

풀이

$a_{n+1}-a_n$

$= (-1)^n \dfrac{2n+1}{n(n+1)}$

$= (-1)^n \left(\dfrac{2n+1}{n} - \dfrac{2n+1}{n+1}\right)$

$= (-1)^n \left(2 + \dfrac{1}{n} - 2 + \dfrac{1}{n+1}\right)$

$= (-1)^n \left(\dfrac{1}{n} + \dfrac{1}{n+1}\right)$

즉, $a_{n+1}-a_n = (-1)^n \left(\dfrac{1}{n} + \dfrac{1}{n+1}\right)$ 이므로

$a_{20} = 2 + \sum_{k=1}^{19} (-1)^k \left(\dfrac{1}{k} + \dfrac{1}{k+1}\right)$

$= 2 + \left\{ -\left(1 + \dfrac{1}{2}\right) + \left(\dfrac{1}{2} + \dfrac{1}{3}\right) - \cdots - \left(\dfrac{1}{19} + \dfrac{1}{20}\right) \right\}$

$= 2 + \left(-1 - \dfrac{1}{20}\right) = 1 - \dfrac{1}{20} = \dfrac{19}{20}$

$\therefore \ p + q = 39$

02 정답 ④

풀이

$\dfrac{1}{a_{n+1}} = \dfrac{10A + a_n}{10A \cdot a_n} = \dfrac{1}{a_n} + \dfrac{1}{10A}$

$\dfrac{1}{a_n} = b_n$ 이라 하면

$b_1 = \dfrac{1}{a_1} = \dfrac{1}{10A}$ 이고, $b_{n+1} = b_n + \dfrac{1}{10A}$

따라서, 수열 $\{b_n\}$은 첫째항이 $\dfrac{1}{10A}$, 공차가

$\dfrac{1}{10A}$ 인 등차수열이다.

$\therefore \ b_n = \dfrac{1}{10A} + (n-1)\cdot\dfrac{1}{10A} = \dfrac{n}{10A}$

$\therefore \ a_n = \dfrac{1}{b_n} = \dfrac{10A}{n}$

$\therefore \ a_8 = \dfrac{5}{4}A$

03 정답 ②

풀이

$a_{k+1} = \dfrac{1! + 2! + 3! + \ldots + (k+1)!}{(k+2)!}$

$= \dfrac{1! + 2! + 3! + \ldots + k! + (k+1)!}{(k+2) \times (k+1)!}$

$= \left(\dfrac{1}{k+2}\right)a_k + \dfrac{1}{k+2}$

$= \left(\dfrac{1}{k+2}\right)a_k + \dfrac{1}{k+2}$

$= \boxed{\dfrac{1}{k+2}}(1 + a_k) < \dfrac{1}{k+2}\left(1 + \dfrac{2}{k+1}\right)$

$= \dfrac{1}{k+2} + \boxed{\dfrac{2}{(k+1)(k+2)}}$

04 정답 ②

풀이

$k(k+1)! + \left\{ \boxed{(k+1)^2 + 1} \right\} \cdot (k+1)!$

$= \left\{ k + (k+1)^2 + 1 \right\} \cdot (k+1)!$

$= \boxed{k^2 + 3k + 2} \cdot (k+1)!$

$= (k+1)(k+2)(k+1)!$

$= (k+1) \boxed{(k+2)!}$

05 정답 513

풀이

$\dfrac{1}{(n+2)a_n} < \dfrac{1}{k} < \dfrac{1}{na_n}$ 에서

$na_n < k < (n+2)a_n$

만족하는 자연수 k 의 개수는

$(n+2)a_n - na_n - 1 = 2a_n - 1$ 개다.

$\therefore \ a_{n+1} = 2a_n - 1$

$a_{n+1} - 1 = 2(a_n - 1)$ 이므로, 수열 $\{a_n - 1\}$ 은 첫째항 1, 공비 2인 등비수열이다.

$\therefore \ a_n - 1 = 2^{n-1}$

$\therefore \ a_{10} = 2^9 + 1 = 513$

06 정답 34

풀이

순서도를 따라가며 a, b, c의 값을 조사해 보면

c	a	b
	1	2
$1+2$	2	$1+2$
$2+(1+2)$ $=1+2\cdot2$	$1+2$	$1+2\cdot2$
$2\cdot1+3\cdot2$	$1+2\cdot2$	$2\cdot1+3\cdot2$
$3\cdot1+5\cdot2$	$2\cdot1+3\cdot2$	$3\cdot1+5\cdot2$
$5\cdot1+8\cdot2$	$3\cdot1+5\cdot2$	$5\cdot1+8\cdot2$
$8\cdot1+13\cdot2$	$5\cdot1+8\cdot2$	$8\cdot1+13\cdot2$

$8\cdot1 + 13\cdot2 = 34$이므로 인쇄되는 c의 값은 34이다.

07 정답 39

풀이

$a = 1$

$n = 1, \ a = 3\cdot1 = 3$

$n = 2, \ a = 3 + 1 = 4$

$n = 3, \ a = 3\cdot4 = 12$

$n = 4, \ a = 12 + 1 = 13$

$n = 5, \ a = 3\cdot13 = 39$

$\therefore \ a = 39$

Lec.13

01 정답 ④

풀이

$f(x)$를 $(x-1)$로 나눈 나머지는

$f(1) = 2^n + 3^n + 1 = a_n$

$f(x)$를 $(x-2)$로 나눈 나머지는

$f(2) = 4\cdot2^n + 2\cdot3^n + 1 = b_n$

$$\lim_{n\to\infty} \frac{a_n}{b_n} = \lim_{n\to\infty} \frac{2^n + 3^n + 1}{4\cdot2^n + 2\cdot3^n + 1}$$

$$= \lim_{n\to\infty} \frac{\left(\dfrac{2}{3}\right)^n + 1 + 1\left(\dfrac{1}{3}\right)^n}{4\cdot\left(\dfrac{2}{3}\right)^n + 2\cdot1 + \left(\dfrac{1}{3}\right)^n} = \frac{1}{2}$$

02 정답 ①

풀이

$$f(x) = \sum_{k=1}^{n} \left(x - \frac{k}{n}\right)^2$$

$$= \sum_{k=1}^{n} \left(x^2 - \frac{2x}{n}k + \frac{1}{n^2}k^2\right)$$

$$= nx^2 - (n+1)x + \frac{(n+1)(2n+1)}{6n}$$

$$= n\left(x - \frac{n+1}{2n}\right)^2 - \frac{(n+1)^2}{4n} + \frac{(n+1)(2n+1)}{6n}$$

이므로 최솟값

$$a_n = -\frac{(n+1)^2}{4n} + \frac{(n+1)(2n+1)}{6n}$$

$$\therefore \ \lim_{n\to\infty} \frac{a_n}{n}$$

$$= \lim_{n\to\infty} \left\{ -\frac{(n+1)^2}{4n^2} + \frac{(n+1)(2n+1)}{6n^2} \right\}$$

$$= -\frac{1}{4} + \frac{1}{3} = \frac{1}{12}$$

03 정답 ③

풀이

직선 $y = \dfrac{1}{3}x + 1$ 위의 점 (x, y)가 모두 자연수가 되려면

x좌표가 3의 배수가 되어야 한다.

즉, $a_1 = 3$, $a_2 = 6$, $a_3 = 9$, … 이므로

$a_n = 3n$

$\therefore \ (a_n, \ b_n) = (3n, \ n+1)$

$$\therefore \sum_{n=1}^{\infty} \frac{1}{a_n b_n}$$

$$= \sum_{n=1}^{\infty} \frac{1}{3n(n+1)} = \sum_{n=1}^{\infty} \frac{1}{3}\left(\frac{1}{n} - \frac{1}{n+1} \right)$$

$$= \frac{1}{3}\left\{ \left(\frac{1}{1} - \frac{1}{2}\right) + \left(\frac{1}{2} - \frac{1}{3}\right) + \left(\frac{1}{3} - \frac{1}{4}\right) + \ \cdots \right\}$$

$$= \frac{1}{3}$$

04 정답 ①

풀이

$$a_n = \log \frac{n+1}{n} = \log(n+1) - \log n$$

$$a_1 + a_2 + \cdots + a_n$$

$$= \{(\log 2 - \log 1) + (\log 3 - \log 2)\}$$
$$\qquad + \cdots + (\log(n+1) - \log n\}$$

$$= \log(n+1)$$

$$\lim_{n\to\infty} \frac{n}{10^{a_1 + a_2 + \cdots + a_n}} = \lim_{n\to\infty} \frac{n}{10^{\log(n+1)}}$$

$$= \lim_{n\to\infty} \frac{n}{n+1} = 1$$

05 정답 ③

풀이

삼각형 $A_n O B_n$에 내접하는 원의 반지름의 길이를 r_n이라 하면 C_n의 좌표는
$$C_n(n - r_n,\ r_n)$$
점 C_n에서 직선 $x - ny = 0$까지의 거리가 r_n이므로 $\dfrac{|n - r_n - n r_n|}{\sqrt{1^2 + (-n)^2}} = r_n$

$$|n - (n+1)r_n| = \sqrt{n^2 + 1} \times r_n$$

그런데 $\overline{A_n B_n} = 1$에서 $r_n < \dfrac{1}{2}$이므로

$$n - (n+1)r_n > 0 \left(\because r_n < \frac{n}{n+1} \right)$$

따라서 $n - (n+1)r_n = \sqrt{n^2 + 1} \times r_n$이므로

$$r_n = \frac{n}{n+1 + \sqrt{n^2 + 1}}$$

$$\therefore S_n = \frac{1}{2} \times \overline{OA_n} \times r_n$$

$$= \frac{1}{2} \times \sqrt{n^2 + 1} \times \frac{n}{n+1 + \sqrt{n^2 + 1}}$$

$$= \frac{n\sqrt{n^2 + 1}}{2(n+1 + \sqrt{n^2 + 1})}$$

$$\therefore \lim_{n\to\infty} \frac{S_n}{n} = \lim_{n\to\infty} \frac{n\sqrt{n^2 + 1}}{2n(n+1 + \sqrt{n^2 + 1})}$$

$$= \lim_{n\to\infty} \frac{\sqrt{1 + \dfrac{1}{n^2}}}{2\left(1 + \dfrac{1}{n} + \sqrt{1 + \dfrac{1}{n^2}}\right)} = \frac{1}{4}$$

06 정답 12

풀이

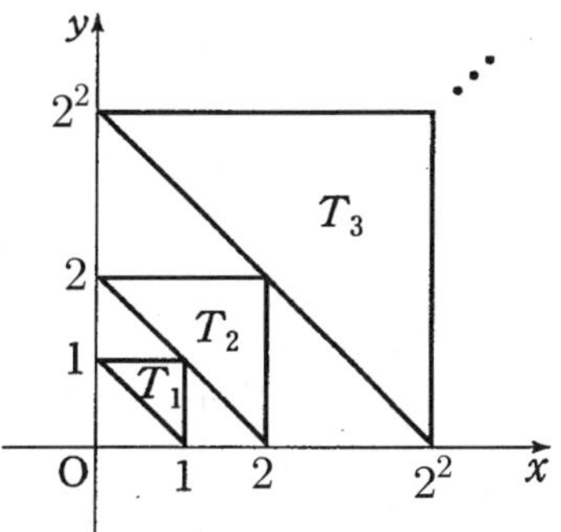

위 그림에서 T_n의 한 변의 길이는 2^{n-1}이므로 $a_n = \dfrac{1}{2} \cdot (2^{n-1})^2 = 2 \cdot 4^{n-1}$

T_n에서 세 개의 꼭지점을 제외한 각 변에 존재하는 격자점의 개수는 모두 $2^{n-1} - 1$개 이므로 $b_n = 3(2^{n-1} - 1) + 3 = 3 \times 2^{n-1}$

$$\therefore (준식) = \lim_{n\to\infty} \frac{2^n \times 3 \cdot 2^{n-1}}{\dfrac{1}{2} \cdot 4^{n-1} + 2^n}$$

$$= \lim_{n\to\infty} \frac{6}{\dfrac{1}{2} + \dfrac{1}{2^{n-2}}} = 12$$

[참고] T_n 위에 일일이 격자점을 그려서 세어 보면 $b_1 = 3$, $b_2 = 6$, $b_3 = 12$, $b_4 = 24$, $\cdots$가 되어, 수열 $\{b_n\}$은 공비가 2인 등비수열임을 알 수 있다.

01 정답 32

풀이

$ar^4 = 2^8 \cdots ①$

$ar^7 = 2^5 \cdots ②$ 이므로

①÷②를 계산하면 $r^3 = 2^{-3}$ 이므로 $r = \dfrac{1}{2}$

이다. 따라서 $a = 2^{12}$

$\displaystyle\sum_{n=9}^{\infty} a_n$ 은 첫째항이 a_9 이고 공비가 $\dfrac{1}{2}$ 인

무한등비급수이므로

$$\sum_{n=9}^{\infty} a_n = \frac{a_9}{1-\dfrac{1}{2}} = 2^5 = 32$$

02 정답 ③

풀이

[무한등비급수의 성질]

무한등비수열 $\{a_n\}$ 의 공비를 r 라고 하자.

ㄱ. 〈참〉 무한등비급수 $\displaystyle\sum_{n=1}^{\infty} a_n$ 이 수렴하면

$-1 < r < 1$ 이다.

무한등비수열 $\{a_{2n}\}$ 의 공비는 r^2 이고

$0 \le r^2 < 1$ 이므로 $\displaystyle\sum_{n=1}^{\infty} a_{2n}$ 도 수렴한다.

ㄴ. 〈참〉 무한등비급수 $\displaystyle\sum_{n=1}^{\infty} a_n$ 이 발산하면

$\displaystyle\sum_{n=1}^{\infty} a_{2n}$ 도 발산한다.

ㄷ. 〈거짓〉 무한등비급수 $\displaystyle\sum_{n=1}^{\infty} a_n$ 이 수렴하면

$\displaystyle\sum_{n=1}^{\infty} \left(a_n + \dfrac{1}{2}\right)$ 도 수렴한다.

03 정답 ②

출제의도

무한등비급수에 관련된 내적문제를 해결할 수 있는가?

04 정답 ②

풀이

아래 그림과 같이 원 O의 중심을 0, 원 O와 중심이 A인 원이 만나는 점을 C라 하자.

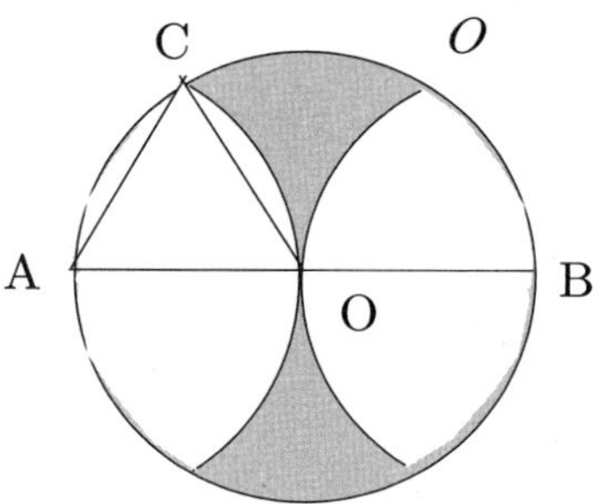

이때, 삼각형 AOC는 정삼각형이므로

$$S_1 = 1^2 \times \pi - 4$$
$$\times \{2 \times (\text{부채꼴 } OAC) - \triangle AOC\}$$
$$= 1^2 \times \pi - 4 \times \left\{2 \times \left(\frac{1}{2} \times 1^2 \times \frac{\pi}{3}\right) - \frac{\sqrt{3}}{4} \times 1^2\right\}$$
$$= \pi - \left(\frac{4}{3}\pi - \sqrt{3}\right) = \sqrt{3} - \frac{\pi}{3}$$

한편, 도형 R_n 에서 가장 작은 원은 개수가

2^{n-1}, 반지름의 길이가 $\left(\dfrac{1}{2}\right)^{n-1}$ 이므로

$$S_n = S_1 + 2 \times \left(\frac{1}{2}\right)^2 \times S_1$$
$$+ \cdots + 2^{n-1} \times \left\{\left(\frac{1}{2}\right)^2\right\}^{n-1} S_1$$
$$= S_1 + \frac{1}{2}S_1 + \left(\frac{1}{2}\right)^2 S_1 + \cdots + \left(\frac{1}{2}\right)^{n-1} S_1$$

따라서 $\displaystyle\lim_{n\to\infty} S_n = \dfrac{S_1}{1-\dfrac{1}{2}}$

$$= \frac{\sqrt{3} - \dfrac{\pi}{3}}{1 - \dfrac{1}{2}} = 2\sqrt{3} - \frac{2}{3}\pi$$

그림과 같이 점 A 에서 $\overline{B_1 C_1}$ 에 내린 수선의 발을 M 이라 하고 수선과 $\overline{B_2 C_2}$ 의 교점을 O 라 하자.

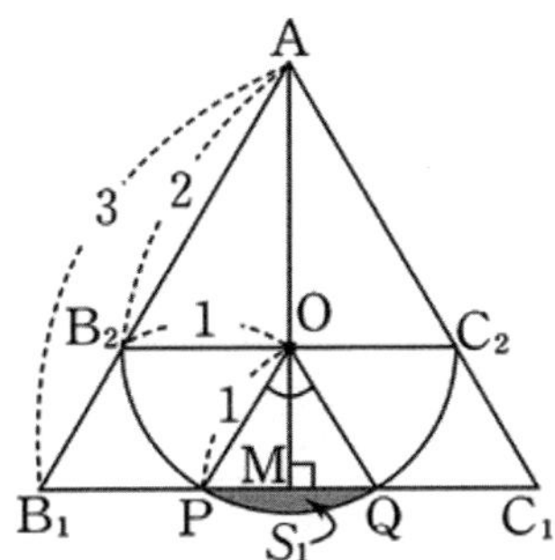

$\overline{AB_2}:\overline{B_2B_1}=\overline{AC_2}:\overline{C_2C_1}=2:1$ 이므로

$\overline{B_1C_2}$ $\overline{B_2C_2}$ 이고 $\overline{B_2O}=1$ 이고

$$\overline{OM}=\frac{1}{3}\overline{AM}=\frac{1}{3}\times\frac{3\sqrt{3}}{2}=\frac{\sqrt{3}}{2}$$

$\overline{B_2C_2}$ 를 지름으로 하는 원의 호 B_2C_2 와

선분 $\overline{B_1C_1}$ 의 교점을 각각 P, Q 라 하면

O 가 원의 중심이므로 $\overline{OQ}=1$

직각삼각형 $\triangle OQM$ 에서 $\overline{OQ}=1$ 이고

$\overline{OM}=\dfrac{\sqrt{3}}{2}$ 이므로 $\angle QOM=\dfrac{\pi}{6}$

$\therefore\ \angle QOP=\dfrac{\pi}{3}$

S_1 은 부채꼴 OQP 의 넓이에서 삼각형

OQP 의 넓이를 뺀 것과 같으므로

$$S_1=\frac{1}{2}\cdot 1^2\cdot\frac{\pi}{3}-\frac{\sqrt{3}}{4}\cdot 1^2=\frac{\pi}{6}-\frac{\sqrt{3}}{4}$$

삼각형 AB_nC_n 과 $AB_{n+1}C_{n+1}$ 이 닮음이

고 닮음비가 $3:2$ 이므로

$$S_n:S_{n+1}=3^2:2^2=9:4$$

따라서, S_n 은 공비가 $\dfrac{4}{9}$ 인 등비수열이다.

$$\therefore\ \sum_{n=1}^{\infty}S_n=\frac{\dfrac{\pi}{6}-\dfrac{\sqrt{3}}{4}}{1-\dfrac{4}{9}}=\frac{6\pi-9\sqrt{3}}{20}$$

05 정답 ①

풀이

(i) $n=2k$ (k 는 정수)일 때, 즉 n 이 짝수

일 때, $(-3)^{n-1}<0$ 이므로 $a_n=0$

(ii) $n=2k-1$ (k 는 정수)일 때, 즉 n 이

홀수일 때, $a_n=1$

$$\sum_{n=3}^{\infty}\frac{a_n}{2^n}=\frac{1}{2^3}+\frac{1}{2^5}+\frac{1}{2^7}+\cdots$$

$$=\frac{\dfrac{1}{2^3}}{1-\dfrac{1}{4}}=\frac{1}{6}$$

06 정답 ④

풀이

ㄱ. $a_n=a_1r_1^{n-1}$, $b_n=b_1r_2^{n-1}$ 이라 하자.

$\displaystyle\sum_{n=1}^{\infty}a_n$, $\displaystyle\sum_{n=1}^{\infty}b_n$ 이 모두 수렴하므로

$-1<r_1<1$, $-1<r_2<1$ 이고,

$-1<r_1r_2<1$ 을 만족하므로

$\displaystyle\sum_{n=1}^{\infty}a_nb_n$도 수렴한다.

ㄴ. (반례) $a_n=(-1)^n$, $b_n=(-1)^{n+1}$

ㄷ. $a_n=a_1r_1^{n-1}$, $b_n=b_1r_2^{n-1}$ 이라 하자.

$\displaystyle\sum_{n=1}^{\infty}a_n^3$, $\displaystyle\sum_{n=1}^{\infty}b_n^3$ 이 모두 수렴하므로

$-1<r_1^3<1$, $-1<r_2^3<1$ 이고,

$-1<r_1<1$, $-1<r_2<1$ 이다.

따라서 $\displaystyle\sum_{n=1}^{\infty}a_n$, $\displaystyle\sum_{n=1}^{\infty}b_n$ 이 모두 수렴

하므로 $\displaystyle\sum_{n=1}^{\infty}(a_n+b_n)$은 수렴한다.

07 정답 ⑤

풀이

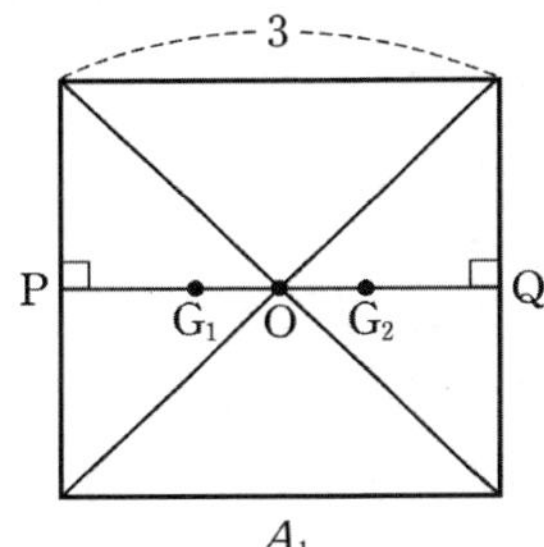

그림과 같이 대각선의 교점을 O, 무게중심을 G_1, G_2라고 하면 P, G_1, O, G_2, Q 는 일직선 위에 있고, $\overline{PQ} = 3$이다.

$\overline{G_1G_2} = \dfrac{2}{3}\overline{PQ} = 2$ A_1과 A_2의 대각선의 길이의 비가 $3\sqrt{2} : 2$이므로 넓이의 비는 $(3\sqrt{2})^2 : 2^2$이다. 첫째항 $S_1 = 9$이고, 공비 $r = \dfrac{2}{9}$이므로 $\displaystyle\sum_{n=1}^{\infty} S_n = \dfrac{9}{1-\dfrac{2}{9}} = \dfrac{81}{7}$

08 정답 ③

풀이

삼각비와 피타고라스 정리에 의해 주어진 선분의 길이는 $\overline{OA_1} = \dfrac{2a}{\sqrt{3}}$, $\overline{OA_2} = \dfrac{4a}{3}$, $\overline{OA_3} = \dfrac{8a}{3\sqrt{3}}$, $\cdots$

$$\therefore \sum_{n=1}^{\infty} \dfrac{1}{l_n} = \dfrac{\dfrac{\sqrt{3}}{2a}}{1-\dfrac{\sqrt{3}}{2}} = \dfrac{\sqrt{3}}{a(2-\sqrt{3})}$$

$$\therefore \dfrac{\sqrt{3}}{a(2-\sqrt{3})} = \sqrt{3} \quad \therefore a = 2+\sqrt{3}$$

Lec.15

01 정답 10

풀이

갈 때의 속력은 시속 $a$km였고, 돌아올 때는 갈 때보다 속력을 시속2km 줄였더니 15분이 더 걸렸으므로

$$\dfrac{10}{a} + \dfrac{1}{4} = \dfrac{10}{a-2} \quad (a>2)$$

양변에 $4a(a-2)$를 곱하면

$40(a-2) + a(a-2) = 40a$

$a^2 - 2a - 80 = 0 \quad (a+8)(a-10) = 0$

$\therefore a = 10 (\because a > 2)$

02 정답 10

풀이

ⅰ) A공장의 일률 $= \dfrac{50}{x}$ [대/시간]

ⅱ) B공장의 일률 $= \dfrac{50}{x+5}$ [대/시간]

ⅲ) A, B 두 공장을 동시에 가동할 때의 일률 $= \dfrac{50}{6}$ [대/시간]

$$\therefore \dfrac{50}{x} + \dfrac{50}{x+5} = \dfrac{50}{6}$$

분모의 최소공배수를 곱하여 정리하면

$x^2 - 7x - 30 = 0$

$\therefore x = 10$

03 정답 ④

풀이

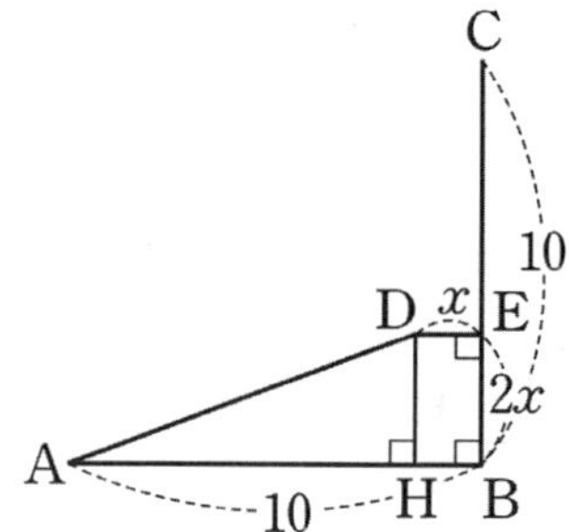

D에서 변 AB에 내린 수선의 발을 H라 하자.

$$\overline{AD} = \sqrt{\overline{AH}^2 + \overline{DH}^2}$$
$$= \sqrt{(10-x)^2 + (2x)^2}$$
$$= \sqrt{5x^2 - 20x + 100}$$

따라서, 영희의 소요시간은

$$\dfrac{\overline{AD} + \overline{DE} + \overline{EC}}{6}$$
$$= \dfrac{\sqrt{5x^2-20x+100} + x + (10-2x)}{6}$$
$$= \dfrac{\sqrt{5x^2-20x+100} + 10 - x}{6}$$

철수의 소요시간은

$$\dfrac{\overline{AB}}{3} + \dfrac{\overline{BC}}{6} = \dfrac{10}{3} + \dfrac{10}{6} = 5$$이므로

$$\frac{\sqrt{5x^2-20x+100}+10-x}{6}=3$$

$$\sqrt{5x^2-20x+100}=x+8$$

$$5x^2-20x+100=x^2+16x+64$$

$$4x^2-36x+36=0$$

$$x^2-9x+9=0$$

$$\therefore x=\frac{9\pm\sqrt{81-36}}{2}=\frac{9\pm\sqrt{45}}{2}=\frac{9\pm3\sqrt{5}}{2}$$

그런데 $\overline{BE}=2x$에서

$$0<2x<10 \qquad \therefore 0<x<5$$

$$\therefore x=\frac{9-3\sqrt{5}}{2}$$

04 정답 ④

풀이

$\sqrt{2x-1}=2x+k$의 양변을 제곱하면

$$2x-1=4x^2+4kx+k^2$$

$$4x^2+2(2k-1)x+k^2+1=0 \quad \cdots\ㄱ$$

ㄱ이 실근을 가져야 하므로

$$\frac{D}{4}=(2k-1)^2-4(k^2+1)\geq0$$

$$-4k-3\geq0 \qquad \therefore k\leq-\frac{3}{4}$$

따라서, k의 최대값은 $-\dfrac{3}{4}$이다.

05 정답 ③

풀이

(i) $f(x)\geq0$일 때, 주어진 방정식은

$$f(x)-2=\sqrt{4-f(x)} \quad \cdots\ㄱ$$

양변을 제곱하면

$$\{f(x)\}^2-4f(x)+4=4-f(x)$$

$$\{f(x)\}^2-3f(x)=0$$

$$f(x)=0 \ \ 또는 \ \ f(x)=3$$

$f(x)=0$이면 ㄱ에서

$-2=2$가 되어 모순

$$\therefore f(x)=3$$

곡선 $y=f(x)$와 직선 $y=3$은 서로

다른 두 점에서 만나고 교점의 x좌표

를 $\alpha\cdot\beta$라 하면 방정식 $f(x)=3$의

실근은 $x=\alpha$ 또는 $x=\beta$이다.

(ii) $f(x)<0$일 때, 주어진 방정식은

$$-f(x)-2=\sqrt{4-f(x)} \quad \cdots\ㄱ$$

양변을 제곱하면

$$\{f(x)\}^2+4f(x)+4=4-f(x)$$

$$\{f(x)\}^2+5f(x)=0$$

$f(x)<0$이므로 $f(x)=-5$이고,

이는 방정식 ㄱ을 만족한다.

곡선 $y=f(x)$와 직선 $y=-5$는

점 $(0,-5)$에서 접하므로

방정식 $f(x)=-5$의 실근은 $x=0$이다.

(i)(ii)에서 주어진 방정식의 실근은

$x=\alpha,\ \beta,\ 0$의 3개이다.

06 정답 ②

풀이

$\dfrac{1}{f(x)+1}-\dfrac{1}{f(x)-1}=\dfrac{2}{x^2}$의 좌변을 통분

하여 정리하면 $\dfrac{-2}{\{f(x)\}^2-1}=\dfrac{2}{x^2}$

$$\therefore \{f(x)\}^2=1-x^2$$

$$\therefore f(x)=\pm\sqrt{1-x^2}$$

따라서 구하는 방정식의 실근은

두 곡선 $y=f(x),\ y=\pm\sqrt{1-x^2}$가 만나

는 점의 x좌표 중에서 $f(x)\neq\pm1,\ x\neq0$

인 x좌표와 같다.

그런데 $y=\pm\sqrt{1-x^2}$의 그래프는

원 $x^2+y^2=1$과 같으므로

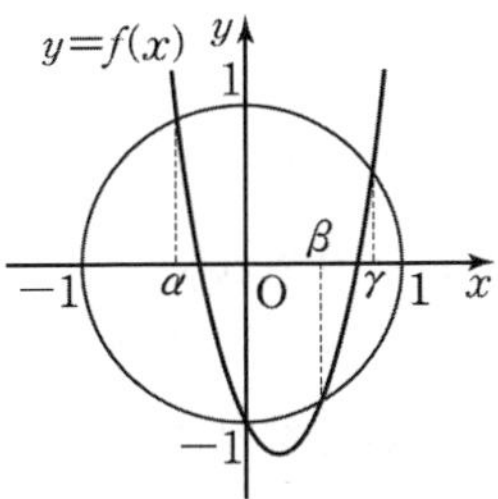

그림에서

두 곡선 $y=f(x),\ y=\pm\sqrt{1-x^2}$는 서로

다른 네 점에서 만난다. 그런데, $x \neq 0$, $f(x) \neq -1$이므로 점 $(0, -1)$은 제외해야 한다. 따라서 구하는 실근의 개수는 3이다.

Lec.16

01 정답 ⑤

풀이

$2\sqrt{x^2-x-2}+2=x^2-x$ 에서

$\sqrt{x^2-x-2}=t$ 라 하면

$2t=t^2, \quad t(t-2)=0$

$\therefore t=0$ 또는 $t=2$

(i) $t=0$일 때

$\quad x^2-x-2=0, \ (x-2)(x+1)=0$

$\quad \therefore x=-1$ 또는 $x=2$

(ii) $t=2$일 때

$\quad x^2-x-2=4, \ (x-3)(x+2)=0$

$\quad \therefore x=-2$ 또는 $x=3$

$\dfrac{x-5}{x-1} \leq 0$에서

양변에 $(x-1)^2$을 곱하면

$(x-1)(x-5) \leq 0, \ x \neq 1,$

$\therefore 1 < x \leq 5$

따라서, (i), (ii)를 동시에 만족하는 x의 값은 2, 3으로 x의 값의 합은 5이다.

02 정답 ④

풀이

i) $a<0$일 때,

$\quad x(x-a)(x-1)^2<0$ 의 해는

$\quad a<x<0$

따라서, 자연수가 존재하지 않는다.

ii) $0 \leq a < 1$일 때,

$\quad x(x-a)(x-1)^2<0$ 의 해는

$0<x<a$

따라서, 자연수가 존재하지 않는다.

iii) $a \geq 1$일 때,

$\quad x(x-a)(x-1)^2<0$의 해는

$\quad 0<x<1, \ 1<x<a$

따라서, 해집합 안에 자연수가 4개 존재하려면 그 자연수는 2, 3, 4, 5이어야 한다.

따라서, $5<a \leq 6$ 최댓값은 6이다.

03 정답 ②

풀이

$\dfrac{1}{x}-\dfrac{1}{f(x)} \geq \dfrac{1}{xf(x)}$ 에서

$\dfrac{f(x)-x}{xf(x)} \geq \dfrac{1}{xf(x)}$

$\therefore \ \{f(x)-x-1\}x \cdot f(x) \geq 0$

$\quad$ (단, $x \neq 0, \ f(x) \neq 0$)

(i) $x \cdot f(x) > 0, \ f(x) \geq x+1$ 일 때

$\quad f(x)=0$ 의 근 중 -1과 0사이의 근을 α 라 하면 $xf(x) > 0$ 에서

$\quad -5<x<\alpha, \ 0<x<4$

$\quad f(x) \geq x+1$ 에서

$\quad -5 \leq x \leq -3, \ 0 \leq x \leq \dfrac{3}{2}$

따라서, 두 부등식의 교집합은

$\quad -5<x \leq -3, \ 0<x \leq \dfrac{3}{2}$ 이고,

정수해는 $-4, \ -3, \ 1$의 3(개)이다.

(ii) $x \cdot f(x) < 0, \ f(x) \leq x+1$ 일 때

$\quad x \cdot f(x) < 0$ 에서

$\quad \alpha<x<0, \ 4<x \leq 5$

$\quad f(x) \leq x+1$ 에서

$\quad -3 \leq x \leq 0, \ \dfrac{3}{2} \leq x \leq 5$

따라서, 두 부등식의 교집합은

$\quad \alpha<x<0, \ 4<x \leq 5$ 이고

정수해는 $x=5$ 이다.

따라서, (i), (ii)에서 구하는 정수해의 개수는 4이다.

04 정답 ①

풀이

해는 $\begin{cases} 0 < x \le a \\ -2a \le x < -a \end{cases}$

해의 정수해가 총 4개인데,

ⅰ) $a = $(정수)일 때

정수 x의 개수는 $0 < x \le a$에서 a개

$-2a \le x < -a$에서

$(-a) - (-2a) = a$개

$\therefore\ 2a = 4,\ a = 2$

이때 정수해는 $1,\ 2,\ -3,\ -4$

ⅱ) $a \ne$ (정수), $2a \ne$ (정수)일 때

정수 x의 개수는 $0 < x \le a$에서 $[a]$개

$-2a \le x < -a$에서

$[-a] - ([-2a] + 1) + 1$개

$[a] + [-a] - ([-2a] + 1) + 1$

$= [a] + [-a] - [-2a]$

$= -1 - [-2a] = 4$

$[-2a] = -5$

$-5 \leftarrow 2a \leftarrow -4 \quad (\because\ 2a \ne$ (정수)$)$

$\dfrac{5}{2} > a > 2$

이때 정수해는 $1,\ 2,\ -3,\ -4$

$\therefore\ 2 \le a < \dfrac{5}{2}$일 때 정수해는 $1,\ 2,\ -3,$

-4이고 그 합은 -4

05 정답 ④

풀이

수조의 총량을 1이라 하고,

시간당 물이 채워지는 양을 a라 하면

$1 = a \times \dfrac{4}{3} \quad \therefore a = \dfrac{4}{3}$

시간당 물이 빠지는 양을 b라 하면

$\dfrac{1}{2} = b \times t \quad \therefore b = \dfrac{1}{2t}$

나머지 $\dfrac{1}{2}$을 채우는 양은 $a - b$이므로

$\dfrac{1}{2} = (a - b) \times (\dfrac{5}{2} - 1 - t)$

$\dfrac{1}{2} = (\dfrac{4}{3} - \dfrac{1}{2t}) \times (\dfrac{3}{2} - t)$에서 $t = \dfrac{3}{4}$

즉, 45분이 된다.

$\therefore b = \dfrac{1}{2t} = \dfrac{3}{2}$

그러므로 1시간 30분이다.

06 정답 ③

풀이

$2x = t$로 치환하면

부등식 $\dfrac{x}{f(2x) - 1} \ge \dfrac{1}{2} \hookrightarrow \dfrac{t}{f(t-1) - 1} \ge 1$

(ⅰ) $f_{(t)} > 1$이면 $f(t) \le t + 1$이어야 하므로 주어진 그래프에서 두 조건을 만족하는 t의 범위는 $1 \le t \le 3$이다.

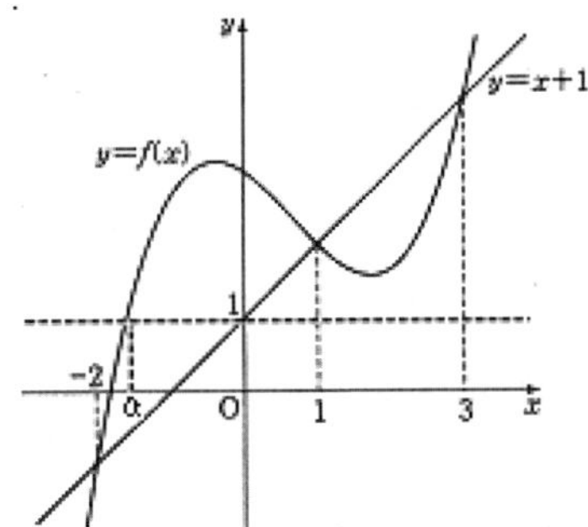

(ⅱ) $f_{(t)} < 1$이면 $f_{(t)} \ge t + 1$이어야 하므로 같은 방법으로 t의 범위를 구하면 $-2 \le t < \alpha$이다.

$\therefore\ -2 \le 2x < \alpha \quad 1 \le 2x \le 3$

$-1 \le \alpha \le \dfrac{\alpha}{2} \qquad \dfrac{1}{2} \le \alpha \le \dfrac{3}{2}$

$\therefore\ M = \dfrac{3}{2},\ m = -1 \quad M + m = \dfrac{1}{2}$

Lec.**17**

01 정답 ⑤

풀이

$\sin$덧셈정리에 정리하면

$$y = \sin x - \frac{1}{2}\sin x - \frac{\sqrt{3}}{2}\cos x$$

$$= \frac{1}{2}\sin x - \frac{\sqrt{3}}{2}\cos x$$

삼각함수 합성에 의하여

$$y = \sin\left(x - \frac{\pi}{3}\right)$$

최댓값은 $x - \dfrac{\pi}{3} = \dfrac{\pi}{2}$ 일 때, $M = 1$

최솟값은 $x - \dfrac{\pi}{3} = \dfrac{4}{3}\pi$ 일 때, $m = -\dfrac{\sqrt{3}}{2}$

$$\therefore M - m = \frac{2 + \sqrt{3}}{2}$$

02 정답 ①

풀이

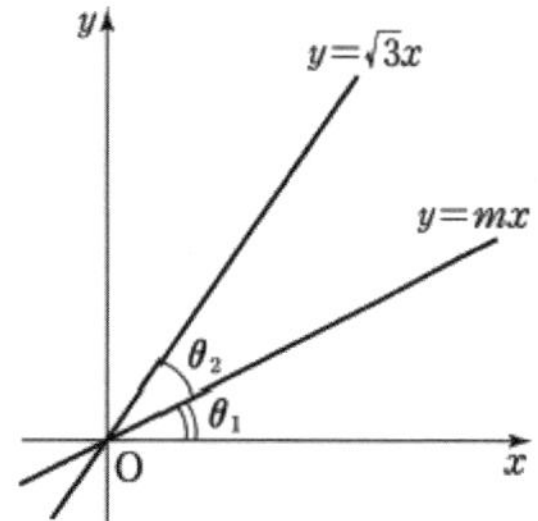

$$\tan(\theta_1 + \theta_2) = \sqrt{3} \quad \therefore \ \theta_1 + \theta_2 = \frac{\pi}{3}$$

$\tan\theta_1 = m$이므로

$$\therefore 3\sin\theta_1 + 4\sin\theta_2$$

$$= 3\sin\theta + 4\sin\left(\frac{\pi}{3} - \theta_1\right)$$

$$= 3\sin\theta_1 + 4\left(\frac{\sqrt{3}}{2}\cos\theta_1 - \frac{1}{2}\sin\theta_1\right)$$

$$= \sin\theta_1 + 2\sqrt{3}\cos\theta_1$$

$$= \sqrt{13}\sin(\theta_1 + \alpha)$$

$$\left(\cos\alpha = \frac{1}{\sqrt{3}}, \ \sin\alpha = \frac{2\sqrt{3}}{\sqrt{13}}\right)$$

최대가 되는 $\theta_1 = \dfrac{\pi}{2} - \alpha$이므로

$$m = \tan\theta_1 = \tan\left(\frac{\pi}{2} - \alpha\right)$$

$$= \frac{\cos\alpha}{\sin\alpha} = \frac{1}{2\sqrt{3}} = \frac{\sqrt{3}}{6}$$

03 정답 ②

풀이

직선 l 이 x축의 양의 방향과 이루는 각의 크기는 θ이므로 다음 그림에서

$$\overline{OA'} = \overline{OA}\cos\left(\frac{\pi}{2} - \theta\right) = 2\sin\theta,$$

$$\overline{OB'} = \overline{OB}\cos\theta = 2\sqrt{3}\cos\theta$$

$$\therefore \ \overline{OA'} + \overline{OB'}$$

$$= 2\sin\theta + 2\sqrt{3}\cos\theta$$

$$= \sqrt{2^2 + (2\sqrt{3})^2}\,\sin\left(\theta + \frac{\pi}{3}\right)$$

$$= 4\sin\left(\theta + \frac{\pi}{3}\right) \leq 4$$

(단, 등호는 $\theta + \dfrac{\pi}{3} = \dfrac{\pi}{2}$ 즉, $\theta = \dfrac{\pi}{6}$일 때 성립한다.)

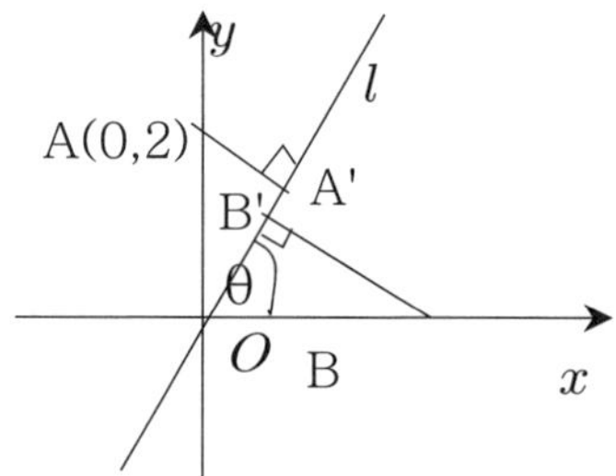

따라서 $\overline{OA'} + \overline{OB'}$ 이 최대가 되는 θ의 값은 $\dfrac{\pi}{6}$이다.

04 정답 ①

풀이

[삼각함수의 덧셈정리]

$\sin\alpha = \dfrac{1}{3}$이고 $0 < \alpha < \dfrac{\pi}{2}$이므로

$$\cos\alpha = \sqrt{1 - \sin^2\alpha} = \sqrt{1 - \frac{1}{9}} = \frac{2\sqrt{2}}{3}$$

$$\therefore \ \cos\left(\frac{\pi}{3} + \alpha\right)$$

$$= \cos\frac{\pi}{3}\cos\alpha - \sin\frac{\pi}{3}\sin\alpha$$

$$= \frac{1}{2} \times \frac{2\sqrt{2}}{3} - \frac{\sqrt{3}}{2} \times \frac{1}{3} = \frac{2\sqrt{2} - \sqrt{3}}{6}$$

05 정답 ③

풀이

P_1과 x축과 이루는 각을 θ라 하면
$P_1(\cos\theta,\ \sin\theta)$으로 들 수 있고
접선은 $x\cos\theta + y\sin\theta = 1$이 된다.
$Q_1\left(\dfrac{1}{\cos\theta},\ 0\right)$이고

삼각형 P_1OQ_1의 넓이는 $\dfrac{1}{2}\tan\theta$가 된다.

넓이가 $\dfrac{1}{4}$이므로 $\tan\theta = \dfrac{1}{2}$이다.

$$\therefore \triangle OP_2Q = \frac{1}{2}\cdot\tan\left(\theta+\frac{\pi}{4}\right)$$

$$= \frac{1}{2}\cdot\frac{\tan\theta + \tan\dfrac{\pi}{4}}{1-\tan\theta\cdot\tan\dfrac{\pi}{4}} = \frac{3}{2}$$

06 정답 ①

풀이

주어진 그림을 단순화하면 그림과 같다.

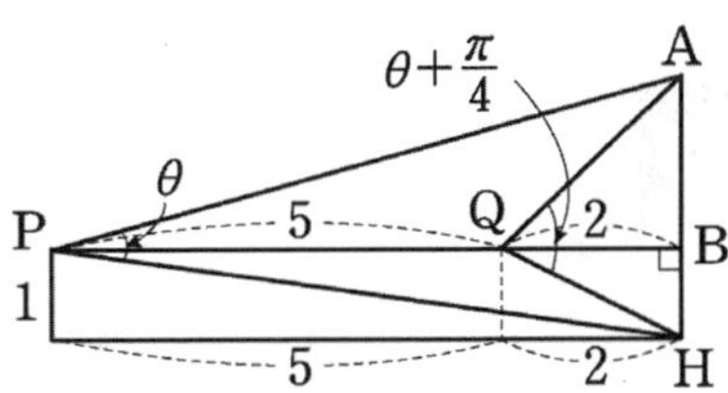

그림에서 $\overline{AH} = x$라 둔다.
$\angle BQH - \angle BPH = \alpha$
$\angle BQA - \angle BPA = \beta$라고 하면

$$\tan\alpha = \frac{\dfrac{1}{2}-\dfrac{1}{7}}{1+\dfrac{1}{2}\cdot\dfrac{1}{7}} = \frac{1}{3}$$

$$\tan\beta = \frac{\dfrac{x-1}{2}-\dfrac{x-1}{7}}{1+\dfrac{x-1}{2}\cdot\dfrac{x-1}{7}}$$

$$= \frac{5(x-1)}{14+(x-1)^2}$$

또한, $\alpha + \beta = \dfrac{\pi}{4}$ 이므로

$$\tan(\alpha+\beta) = \frac{\dfrac{1}{3}+\dfrac{5(x-1)}{14+(x-1)^2}}{1-\dfrac{1}{3}\cdot\dfrac{5(x-1)}{14+(x-1)^2}} = 1$$

이 식을 정리하면 $x^2 - 12x + 25 = 0$
따라서, 근과 계수의 관계에서 $a + b = 12$

Lec. 18

01 정답 ①

풀이

$$\cos\theta = \frac{1-\tan^2\dfrac{\theta}{2}}{1-\tan^2\dfrac{\theta}{2}} = \frac{1-\dfrac{1}{2}}{1+\dfrac{1}{2}} = \frac{\dfrac{1}{2}}{\dfrac{3}{2}} = \frac{1}{3}$$

$$\therefore \sec\theta = 3$$

02 정답 ⑤

풀이

$$\tan\theta = \frac{2\tan\dfrac{\theta}{2}}{1-\tan^2\dfrac{\theta}{2}} = \frac{2\times\dfrac{2}{3}}{1-\dfrac{4}{9}} = \frac{\dfrac{4}{3}}{\dfrac{5}{9}} = \frac{12}{5}$$

$$\therefore \cos\theta = \frac{5}{13}$$

03 정답 ⑤

풀이

$$\sqrt{3}\sin\theta + \cos\theta = 2\sin\left(\theta+\frac{\pi}{6}\right)$$

$$\therefore \sin\left(\theta+\frac{\pi}{6}\right) = \frac{1}{4}$$

$\dfrac{\pi}{6} < \theta + \dfrac{\pi}{6} < \dfrac{7}{6}\pi$ 이므로,

$$\cos\left(\theta+\frac{\pi}{6}\right)$$

$$= \pm\sqrt{1-\sin^2\left(\theta+\frac{\pi}{6}\right)} = \pm\frac{\sqrt{15}}{4}$$

04 정답 ⑤

풀이

$$\frac{\sin50° + \sin10°}{\cos50° + \cos10°}$$

$$= \frac{2\sin30°\cos20°}{2\cos30°\cos20°} = \tan30° = \frac{\sqrt{3}}{3}$$

Lec.19

01 정답 ⑤

풀이

$\cos2x = 1 - 2\sin^2x$, $\cos^2x = 1 - \sin^2x$을
대입하면 $2\sin x - 4\sin x(1 - \sin^2 x)$
$-(1 - 2\sin^2 x) + 1 = 0$
정리하면 $\sin x(2\sin x - 1)(\sin x + 1) = 0$

$\sin x = 0, \dfrac{1}{2}, -1$ 에서

$x = 0, \pi, \dfrac{\pi}{6}, \dfrac{5\pi}{6}, \dfrac{3\pi}{2}$

모든 근의 합은 $\dfrac{7\pi}{2}$

02 정답 ④

풀이

$$f(x) = \cos2x + \sin2x = \sqrt{2}\sin\left(2x + \frac{\pi}{4}\right)$$

이므로, $y = f(x), y = a$가 구간 $[0, \pi]$에서
세 점에서 만나야 하므로, a의 값은 1이다.

03 정답 ③

풀이

$$\sin\left(2x - \frac{\pi}{2}\right)$$

$$= -\sin\left(\frac{\pi}{2} - 2x\right) = -\cos2x$$

$$= -(2\cos^2 x - 1) = 1 - 2\cos^2 x \text{이므로}$$

$1 - 2\cos^2 x = 2\cos^2 x$에서 $\cos^2 x = \dfrac{1}{4}$

$$\therefore \cos x = \pm\frac{1}{2}$$

$\cos x = \dfrac{1}{2}$이면 $x = \dfrac{\pi}{3}, \dfrac{5}{3}\pi$

$\cos x = -\dfrac{1}{2}$이면 $x = \dfrac{2}{3}\pi, \dfrac{4}{3}\pi$

따라서, 모든 해의 합은 4π이다.

04 정답 30

풀이

$(\cos2x - \cos x)\sin x = 0$ 에서
$\cos2x - \cos x = 0$ 또는 $\sin x = 0$ 에서
$\cos2x - \cos x$
$= 2\cos^2 x - \cos x - 1$
$= (\cos x - 1)(2\cos x + 1) = 0$

$\cos x = 1$ 또는 $\cos x = -\dfrac{1}{2}$

$\therefore \ x = \dfrac{2}{3}\pi$ 또는 $x = \dfrac{4}{3}\pi$

$\sin x = 0$ 에서 $x = \pi$
따라서, 모든 해의 합은 3π 이다.
$\therefore \ 10k = 10 \cdot 3 = 30$

Lec.20

01 정답 16

풀이

$$\lim_{x \to 1} \frac{x + 1}{x^2 + ax + 1}$$

$$= \frac{1 + 1}{1^2 + a + 1} = \frac{2}{a + 2} = \frac{1}{9} \qquad \therefore a = 16$$

02 정답 ④

풀이

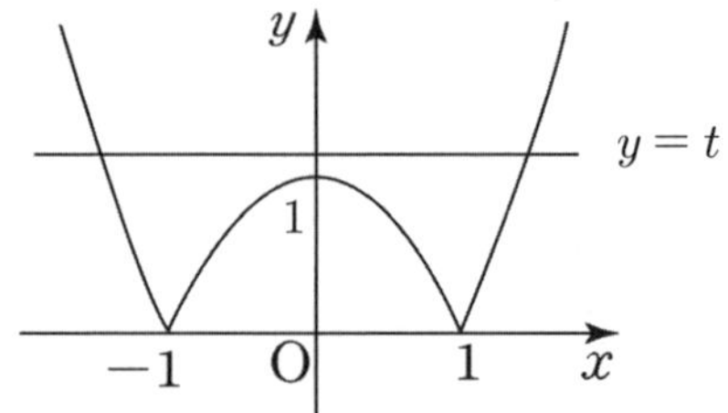

위 그래프에서 $y=t$의 위치에 따라 다음과
같은 함수가 만들어진다.

$t>1$, $t=0$ 일 때, $f(t)=2$

$t=1$ 일 때, $f(t)=3$

$0<t<1$ 일 때, $f(t)=4$

$t=0$ 일 때, $f(t)=2$

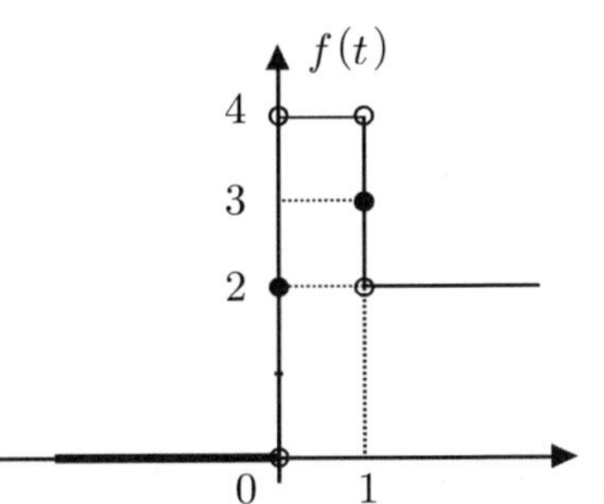

$$\therefore \lim_{t\to 1-0} f(t)=4$$

03 **정답** ⑤

풀이

주어진 함수의 그래프에서,

$$\lim_{x\to -1-0} f(x)=1, \quad \lim_{x\to -1+0} f(x)=1$$ 이 된다.

따라서 구하고자 하는

$$\lim_{x\to -1-0} f(x)+\lim_{x\to -1+0} f(x)=2$$

04 **정답** ⑤

출제의도

그래프로부터 함수의 극한

풀이

$$\lim_{x\to -1-0} f(x)+f(0)+\lim_{x\to 1+0} f(x)$$
$$=1+2+(-1)=2$$

05 **정답** ⑤

출제의도

그래프를 통한 합성함수의 극한값

풀이

$$\lim_{x\to +0} f(f(x))=\lim_{t\to 3-0} f(t)=3$$

$$\lim_{x\to 2+0} f(f(x))=f(3)=2$$

$$\therefore \lim_{x\to +0} f(f(x))+\lim_{x\to 2+0} f(f(x))$$
$$=3+2=5$$

01 **정답** ②

풀이

$$준식 = \lim_{x\to 1}\frac{(x-1)(x+1)(\sqrt{x+3}+2)}{x-1}$$
$$=2\cdot 4=8$$

02 **정답** ③

풀이

직선 PQ의 방정식은

$$y=-(x-t)+t+1=-x+2t+1$$

$$\therefore Q(0,\ 2t+1)$$

$$\therefore \overline{AP}^2=(t+1)^2+(t+1)^2=2t^2+4t+2$$

$$\therefore \overline{AQ}^2=(-1)^2+(2t+1)^2=4t^2+4t+2$$

$$\therefore \lim_{t\to\infty}\frac{\overline{AQ}^2}{\overline{AP}^2}=\lim_{t\to\infty}\frac{4t^2+4t+2}{2t^2+4t+2}=2$$

03 **정답** ③

풀이

ㄱ. $\displaystyle\lim_{x\to 0}\frac{16|x|^2}{4|x^2|}=\lim_{x\to 0}\frac{16x^2}{4x^2}=4$ $\therefore$ 참

ㄴ. $\displaystyle\lim_{x\to 0}\frac{(2x^2+2x)^2}{2x^4+2x^2}=\lim_{x\to 0}\frac{(2x+2)^2}{2x^2+2}=2$

$\quad\therefore$ 거짓

ㄷ. $\displaystyle\lim_{x\to 0}\frac{\left(x+\dfrac{4}{x}\right)^2}{x^2+\dfrac{4}{x^2}}=\lim_{x\to 0}\frac{(x^2+4)^2}{x^4+4}=4$

$\quad\therefore$ 참

따라서, 옳은 것은 ㄱ, ㄷ이다.

04 **정답** ③

풀이

$$\frac{t-1}{t+1}=x라\ 치환하면$$

$$\lim_{t\to\infty}\frac{t-1}{t+1}=\lim_{t\to\infty}\left\{1+\frac{-2}{t+1}\right\}=1^{-0}$$이므로

$$\lim_{t \to \infty} f\left(\frac{t-1}{t+1}\right) = \lim_{x \to 1^{-0}} f(x) = 2 \cdots \text{㉠}$$

$\dfrac{4t-1}{t+1} = y$ 라 치환하면

$$\lim_{t \to -\infty} \frac{4t-1}{t+1} = \lim_{t \to -\infty} \left\{4 + \frac{15}{t+1}\right\} = 4^{+0}$$

이므로

$$\lim_{t \to -\infty} f\left(\frac{4t-1}{t+1}\right) = \lim_{y \to 4^{+0}} f(x) = 3 \cdots \text{㉡}$$

㉠, ㉡에 의하여 답은 5이다.

Lec.22

01 **정답** 26

풀이

[함수의 극한]

$x \to 2$ 일 때

(분모)$\to 0$ 이므로 (분자)$\to 0$ 이어야 한다.

$$\therefore \ \sqrt{4+a} - b = 0$$

$$\lim_{x \to 2} \frac{\sqrt{x^2+a} - \sqrt{a+4}}{x-2}$$

$$= \lim_{x \to 2} \frac{x^2 - 4}{(x-2)(\sqrt{x^2+a} + \sqrt{a+4})}$$

$$= \lim_{x \to 2} \frac{x+2}{\sqrt{x^2+a} + \sqrt{a+4}}$$

$$= \frac{2}{\sqrt{a+4}} = \frac{2}{5}$$

$$\therefore \ a = 21, \ b = 5$$

$$\therefore \ a + b = 26$$

02 **정답** ③

풀이

$f(x) = x(x^2 + ax + b)$ 이므로

$f(-1) = a - b - 1 = 2$

$\therefore a - b = 3 \ \cdots\cdots \ \text{㉠}$

$f(1) = a + b + 1 = -2$

$\therefore a + b = -3 \ \cdots\cdots \ \text{㉡}$

㉠, ㉡에서 $a = 0$, $b = -3$

$$\therefore \ f(x) = x(x^2 - 3)$$

$$\therefore \ \lim_{x \to 0} \frac{f(x)}{x} = \lim_{x \to 0} (x^2 - 3) = -3$$

03 **정답** ②

풀이

$$\lim_{x \to \infty} \frac{f(x)}{x^3} = 0 \ \text{이므로}$$

$f(x)$ 의 차수를 n 이라 하면 $n \leqq 2$ 이다.

$$\lim_{x \to 0} \frac{f(x)}{x} = 5 \ \text{이고}, \ x \to 0 \ \text{일 때 (분자)} \to 0$$

이므로 (분모)$\to 0$ 이어야 한다.

따라서, $\lim_{x \to 0} f(x) = f(0) = 0$ 이므로

$f(x) = ax^2 + bx$ 로 놓을 수 있다.

$$\lim_{x \to 0} \frac{f(x)}{x} = \lim_{x \to 0} \frac{ax^2 + bx}{x}$$

$$= \lim_{x \to 0} (ax + b) = b \ \text{이므로} \ b = 5$$

방정식 $ax^2 + 5x = x$ 의 한 근이 $x = -2$ 이므로 $4a - 10 = -2$ 에서 $4a = 8$

$$\therefore \ a = 2$$

따라서, $f(x) = 2x^2 + 5x$ 이므로 $f(1) = 7$

04 **정답** 10

풀이

$$\lim_{x \to +0} \frac{x^3 f\left(\frac{1}{x}\right) - 1}{x^3 + x} \ \left(\frac{1}{x} = t \ \text{라 놓으면}\right)$$

$$= \lim_{t \to \infty} \frac{\frac{1}{t^3} f(t) - 1}{\frac{1}{t^3} + \frac{1}{t}} = \lim_{t \to \infty} \frac{f(t) - t^3}{t^2 + 1} = 5$$

$$\therefore \ f(x) = x^3 + 5x^2 + ax + b$$

또 $\lim_{x \to 1} \dfrac{f(x)}{x^2 + x - 2} = \dfrac{1}{3}$ 에서 $f(1) = 0$

$$\therefore \ f(1) = 6 + a + b = 0 \ \therefore \ b = -a - 6$$

$$\lim_{x \to 1} \frac{(x-1)(x^2 + 6x + a + 6)}{(x-1)(x+2)} = \frac{1}{3} \ \text{에서}$$

$$\lim_{x \to 1} \frac{x^2 + 6x + a + 6}{x + 2} = \frac{13 + a}{3} = \frac{1}{3}$$

$$\therefore \ a = -12, \ b = 6$$

$$\therefore \ f(x) = x^3 + 5x^2 - 12x + 6$$

$$\therefore \ f(2) = 10$$

Lec.23

01 정답 ①

풀이

함수 $g(x)$ 는 $x = 0$, $x = 2$ 에서 불연속이고, 나머지 경우는 연속이다.

따라서, 함수 $f(x) \cdot g(x)$ 가 $x = 0$, $x = 2$ 에서 연속일 조건을 구하면 된다.

(i) $\displaystyle\lim_{x \to -0} f(x) \cdot g(x)$

$\displaystyle = \lim_{x \to -0} f(x) \cdot (-1) = -f(0)$

$\displaystyle \lim_{x \to +0} f(x) \cdot g(x) = \lim_{x \to +0} f(x) \cdot 1 = f(0)$

$f(0) \cdot g(0) = -f(0)$

$\therefore \ f(0) = -f(0)$ 이어야 하므로

$\qquad f(0) = 0$

(ii) $\displaystyle\lim_{x \to 2-0} f(x) \cdot g(x)$

$\displaystyle = \lim_{x \to 2-0} f(x) \cdot (-1) = -f(2)$

$\displaystyle \lim_{x \to 2+0} f(x) \cdot g(x)$

$\displaystyle = \lim_{x \to 2+0} f(x) \cdot 1 = f(2)$

$f(2) \cdot g(2) = -f(2)$

$\therefore \ f(2) = -f(2)$ 이어야 하므로

$\qquad f(2) = 0$

(i), (ii)에서

$f(x) = x(x - 2)$, $f(5) = 5 \cdot 3 = 15$

02 정답 ⑤

풀이

$$f(x) = \begin{cases} x \ (x > 0) \\ a \ (x = 0) \\ \dfrac{1}{3}x \ \ (x < 0) \end{cases}$$

ㄱ. $f(-3) = -1$ $\quad \therefore$ 거짓

ㄴ. $x > 0$, $f(x) = x$ $\quad \therefore$ 참

ㄷ. $\displaystyle\lim_{x \to 0} f(x) = 0$, $f(0) = a$ 이므로

$\quad a = 0$ 일 때 $\displaystyle\lim_{x \to 0} f(x) = 0$ $\quad \therefore$ 참

따라서, 옳은 것은 ㄴ, ㄷ이다.

03 정답 ①

풀이

ㄱ. $(g \circ f)(0) = g(f(0)) = g(1) = 1$

$\quad \displaystyle\lim_{x \to +0} (g \circ f)(x) = g(1) = 1$

$\quad \displaystyle\lim_{x \to -0} (g \circ f)(x) = g(-1) = 1$

$\quad \therefore \displaystyle\lim_{x \to 0} (g \circ f)(x) = (g \circ f)(0)$

따라서, $x = 0$ 에서 연속 $\quad \therefore$ 참

ㄴ. (반례) 문제의 〈보기〉 ㄱ에서

$\quad (g \circ f)(x)$는 $x = 0$ 에서 연속이지만

$\quad f(x)$는 $x = 0$에서 연속이 아니다.

$\quad \therefore$ 거짓

ㄷ. (반례)

$$f(x) = \begin{cases} \dfrac{1}{x} \ (x \neq 0) \\ a \ (x = 0) \end{cases}$$

$\displaystyle\lim_{x \to 0} (f \circ f)(x) = (f \circ f)(0) = 0$ 이므로

$(f \circ f)(x)$는 $x = 0$ 에서 연속이지만

$f(x)$는 $x = 0$ 에서 연속이 아니다.

$\therefore$ 거짓

따라서, 옳은 것은 ㄱ뿐이다.

04 정답 ④

풀이

(i) $a = 0$일 때, $-4x + 4 = 0$ $\therefore x = 1$

$\quad$ 즉, $f(0) = 1$

（ii） $a \neq 0$일 때, 이차방정식

$$ax^2 + 2(a-2)x - (a-2) = 0$$의

판별식을 D라 하면

$$\frac{D}{4} = (a-2)^2 + a(a-2)$$

$$= 2(a-1)(a-2)$$

즉, 이 이차방정식은 $a=1$ 또는 $a=2$일 때 중근을 갖고, $1<a<2$일 때 실근을 갖지 않고, $a<1$ 또는 $a>2$일 때 서로 다른 두 실근을 갖는다.

따라서, 함수 $f(a)$는

$f(0) = f(1) = f(2) = 1$, $1<a<2$일 때 $f(a) = 0$, $a<0$ 또는 $0<a<1$ 또는 $a>2$일 때 $f(a) = 2$

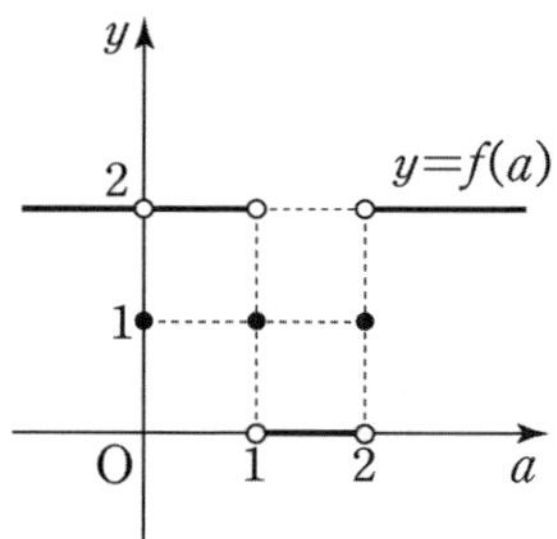

ㄱ. (거짓) $\lim\limits_{a \to 0} f(a) = 2$, $f(0) = 1$,

$$\lim\limits_{a \to 0} f(a) \neq f(0)$$

ㄴ. (참) $\lim\limits_{a \to c+0} f(a) \neq \lim\limits_{a \to c-0} f(a)$를 만족하는 c는 1, 2의 2개다.

ㄷ. (참) 함수 $f(a)$가 불연속인 점은 $a=0$, $a=1$, $a=2$일 때의 3개이다.

따라서 옳은 것은 ㄴ, ㄷ이다.

05 정답 ④

풀이

i) $0 < r < 1 \Rightarrow f(r) = 0$

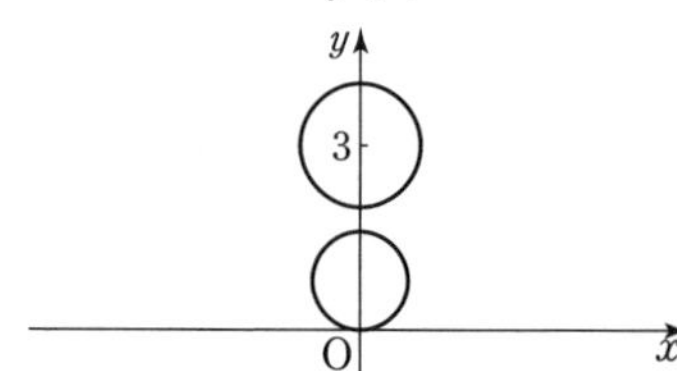

ii) $r = 1 \Rightarrow f(r) = 1$

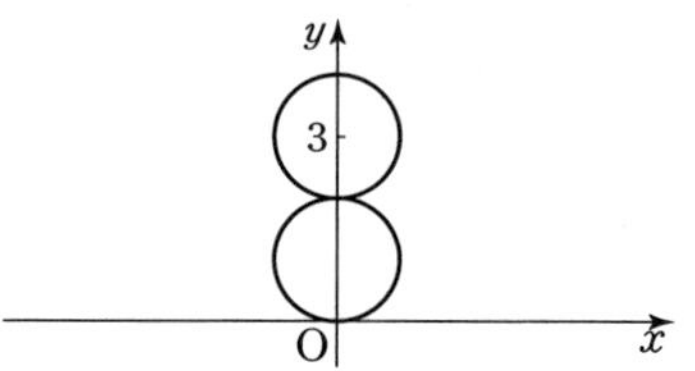

iii) $1 < r < 2 \Rightarrow f(r) = 2$

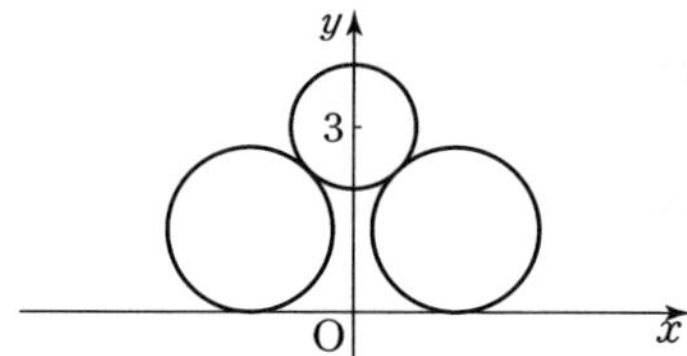

iv) $r = 2 \Rightarrow f(r) = 3$

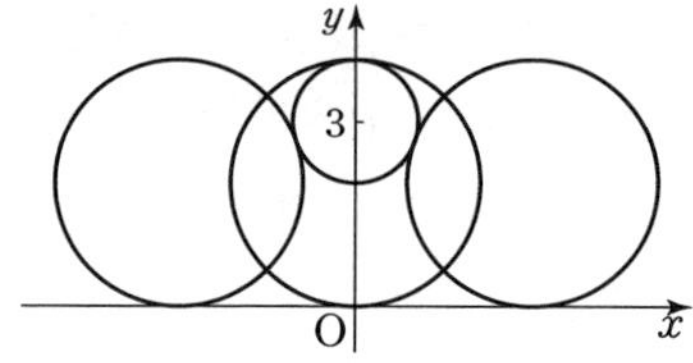

iv) $r > 2 \Rightarrow f(r) = 4$

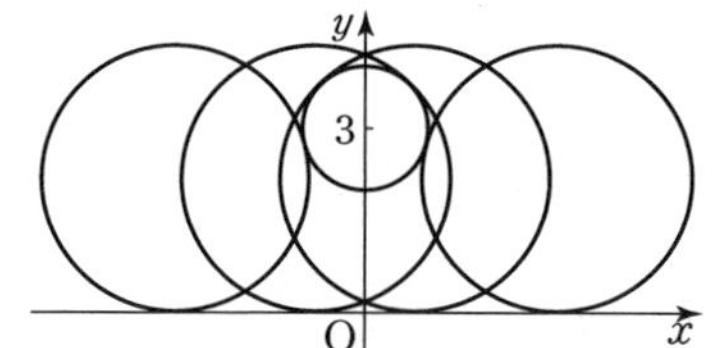

그래프에서

$$f(r) = \begin{cases} 0 & (0 < r < 1) \\ 1 & (r = 1) \\ 2 & (1 < r < 2) \\ 3 & (r = 2) \\ 4 & (r > 2) \end{cases}$$

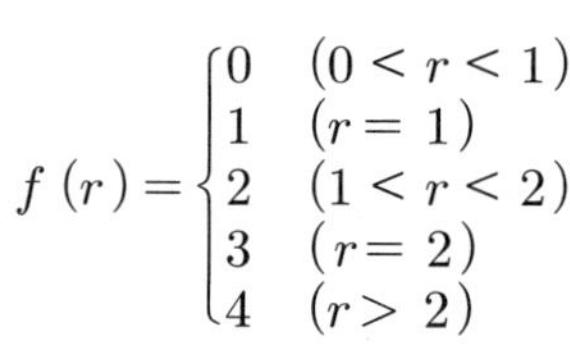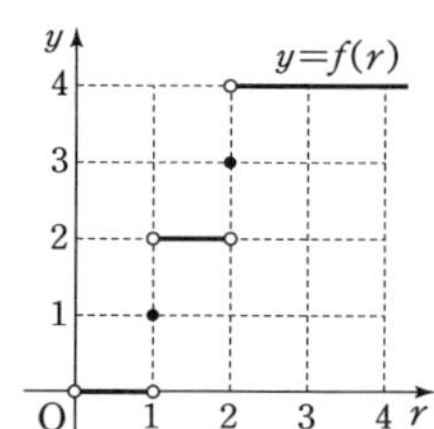

ㄱ. $f(2) = 3$

ㄴ. $\lim\limits_{r \to 1+0} f(r) = 2 \neq f(1) = 1$

ㄷ. 그래프에서, 구간 $(0, 4)$에서 불연속점은 2개($r=1, 2$일 때)

06 정답 ①

풀이

i) $F(x) = x g_1(x)$라 하면

$$F(x) = \begin{cases} |x| & (x \neq 0) \\ 0 & (x = 0) \end{cases}$$ 에서

$$\lim_{x \to 0} F(x) = F(0) = 0$$이므로

$F(x) = xg_1(x)$는 $x = 0$에서 연속이다.

$$\therefore \ a_1 = N(g_1) = 1$$

ii) $F(x) = xg_2(x)$라 하면

$$F(x) = \begin{cases} -x^3 + x & (x \neq 0) \\ 0 & (x = 0) \end{cases} \text{에서}$$

$$\lim_{x \to 0} F(x) = F(0) = 0$$이므로

$F(x) = xg_2(x)$는 $x = 0$에서 연속이다.

$$\therefore \ a_2 = N(g_2) = 1$$

iii) $F(x) = xg_3(x)$라 하면

$$F(x) = \begin{cases} \dfrac{1}{x} & (x \neq 0) \\ 0 & (x = 0) \end{cases} \text{에서}$$

$$\lim_{x \to 0} F(x) = (\text{발산})$$이므로

$F(x) = xg_3(x)$는 $x = 0$에서

불연속이다.

또, $F(x) = x^2 g_3(x)$라 하면

$$F(x) = \begin{cases} 1 & (x \neq 0) \\ 0 & (x = 0) \end{cases} \text{에서}$$

$$\lim_{x \to 0} F(x) = 1 \neq 0 = F(0)$$이므로

$F(x) = x^2 g_3(x)$는 $x = 0$에서 불연속이다.

$F(x) = x^3 g_3(x)$라 하면

$$F(x) = \begin{cases} x & (x \neq 0) \\ 0 & (x = 0) \end{cases} \text{에서}$$

$$\lim_{x \to 0} F(x) = F(0) = 0$$이므로

$F(x) = x^3 g_3(x)$는 $x = 0$에서 연속이다.

$$\therefore \ a_3 = N(g_3) = 3$$

$$\therefore \ a_1 = a_2 < a_3$$

● Lec.24

01 정답 ④

풀이

$$\lim_{\theta \to 0} \frac{\sec 2\theta - 1}{\sec \theta - 1}$$

$$= \lim_{\theta \to 0} \frac{\dfrac{1}{\cos 2\theta} - 1}{\dfrac{1}{\cos \theta} - 1} = \lim_{\theta \to 0} \frac{\dfrac{1 - \cos 2\theta}{\cos 2\theta}}{\dfrac{1 - \cos \theta}{\cos \theta}}$$

$$= \lim_{\theta \to 0} \frac{1 - \cos 2\theta}{1 - \cos \theta} \cdot \frac{\cos \theta}{\cos 2\theta}$$

$$= \lim_{\theta \to 0} \frac{1 - \cos 2\theta}{1 - \cos \theta} \cdot \lim_{\theta \to 0} \frac{\cos \theta}{\cos 2\theta}$$

$$= \lim_{\theta \to 0} \frac{1 - \cos 2\theta}{1 - \cos \theta} \ \left(\because \ \lim_{\theta \to 0} \frac{\cos \theta}{\cos 2\theta} = \frac{1}{1} = 1 \right)$$

$$= \lim_{\theta \to 0} \frac{2 - 2\cos^2 \theta}{1 - \cos \theta}$$

$$(\because \ \cos 2\theta = 2\cos^2 \theta - 1)$$

$$= 2 \lim_{\theta \to 0} \frac{(1 - \cos \theta)(1 + \cos \theta)}{1 - \cos \theta}$$

$$= 2 \lim_{\theta \to 0} (1 + \cos \theta) = 2(1 + 1) = 4$$

02 정답 ④

풀이

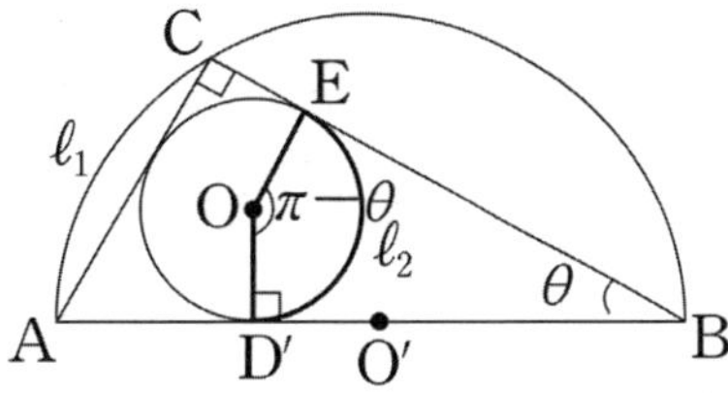

$\overline{AB}$의 중점을 O'이라 하면

$\angle AO'C = 2\theta$ 이므로 $l_1 = 1 \times 2\theta = 2\theta$

직각삼각형 ABC에서

$$\overline{AC} = 2\sin \theta, \ \overline{BC} = 2\cos \theta$$

△ABC의 넓이를 S, 원 O의 반지름을 r 라 하면

$$S = \frac{1}{2}(2 + 2\sin \theta + 2\cos \theta)r$$

$$= \frac{1}{2} \times 2\sin \theta \times 2\cos \theta$$

$$\therefore r = \frac{2\sin \theta \cos \theta}{1 + \sin \theta + \cos \theta}$$

$\angle\mathrm{DOE}=\pi-\theta$ 이므로

$$l_2=\frac{2\sin\theta\cos\theta}{1+\sin\theta+\cos\theta}(\pi-\theta)$$

$$\therefore \lim_{\theta\to 0}\frac{l_1}{l_2}=\lim_{\theta\to 0}\frac{2\theta(1+\sin\theta+\cos\theta)}{2\sin\theta\cos\theta(\pi-\theta)}=\frac{2}{\pi}$$

03 정답 ②

풀이

사각형 AODE에서 $\angle\mathrm{DAE}=\pi-2\theta$,

$\angle\mathrm{ADO}=\angle\mathrm{AEO}=90\,^\circ$ 이므로

$\angle\mathrm{DOE}=2\theta$

한편, O에서 선분BC에 내린 수선의 발을 H

라 하고, 내접원의 반지름의 길이를 r라 하면

$$\tan\frac{\theta}{2}=\frac{\overline{\mathrm{OH}}}{\overline{\mathrm{CH}}}=\frac{r}{1}=r$$

$$\therefore S(\theta)=\triangle\mathrm{OED}=\frac{1}{2}r^2\sin2\theta$$

$$=\frac{1}{2}\tan^2\frac{\theta}{2}\sin2\theta=\sin\theta\,\cos\theta\,\tan^2\frac{\theta}{2}$$

$$\therefore \lim_{\theta\to +0}\frac{S(\theta)}{\theta^3}=\lim_{\theta\to +0}\frac{\sin\theta\cos\theta\tan^2\dfrac{\theta}{2}}{\theta^3}$$

$$=\lim_{\theta\to +0}\cos\theta\,\frac{\sin\theta}{\theta}\,\frac{\tan^2\dfrac{\theta}{2}}{4\left(\dfrac{\theta}{2}\right)^2}=\frac{1}{4}$$

04 정답 ④

풀이

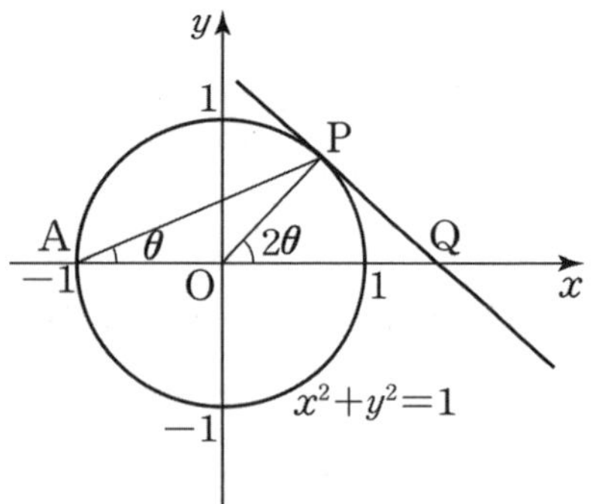

그림에서 $\triangle\mathrm{AOP}$가 이등변삼각형이므로

$\angle\mathrm{POQ}=2\theta$ $\quad\therefore$ P$(\cos2\theta,\ \sin2\theta)$

점 P를 지나는 접선의 방정식은

$$\cos2\theta\,x+\sin2\theta\,y=1$$

$$\therefore \mathrm{Q}\left(\frac{1}{\cos2\theta},\,0\right)$$

$$\therefore \overline{\mathrm{PQ}}-\overline{\mathrm{OQ}}$$

$$=\sqrt{\left(\cos2\theta-\frac{1}{\cos2\theta}\right)^2+\sin^2 2\theta}-\frac{1}{\cos2\theta}$$

$$=\sqrt{1-2+\frac{1}{\cos^2 2\theta}}-\frac{1}{\cos2\theta}$$

$$=\sqrt{\sec^2 2\theta-1}-\frac{1}{\cos2\theta}$$

$$=\tan2\theta-\frac{1}{\cos2\theta}=\frac{\sin2\theta-1}{\cos2\theta}$$

한편 $\theta-\dfrac{\pi}{4}=t$라 하면 $\theta=\dfrac{\pi}{4}+t$이므로

$$\frac{\sin2\theta-1}{\cos2\theta}=\frac{\sin\left(\dfrac{\pi}{2}+2t\right)-1}{\cos\left(\dfrac{\pi}{2}+2t\right)}$$

$$=\frac{\cos2t-1}{-\sin2t}=\frac{-2\sin^2 t}{-\sin2t}=\frac{2\sin^2 t}{\sin2t}$$

$$\therefore \lim_{\theta\to\frac{\pi}{4}-0}\frac{\overline{\mathrm{PQ}}-\overline{\mathrm{OQ}}}{\theta-\dfrac{\pi}{4}}=\lim_{t\to -0}\frac{\dfrac{2\sin^2 t}{\sin2t}}{t}$$

$$=2\lim_{t\to -0}\frac{\sin^2 t}{t^2}\cdot\frac{2t}{\sin2t}\cdot\frac{1}{2}=1$$

Lec. 25

01 정답 ④

풀이

(분자)$=2^x-1$에서

$$\lim_{x\to a}(2^x-1)=2^a-1=0 \quad\therefore a=0$$

$$\therefore \lim_{x\to 0}\frac{2^x-1}{3\sin x}$$

$$=\lim_{x\to 0}\frac{1}{3}\frac{x}{\sin x}\cdot\frac{2^x-1}{x}=\frac{1}{3}\times1\times\ln2$$

$$\therefore b=\frac{1}{3} \quad\therefore a+b=\frac{1}{3}$$

02 정답 ④

풀이

$g(x) = \dfrac{f(x)}{\ln(1+x)}$ 로 놓으면

$\lim\limits_{x \to 0} g(x) = 1, \quad f(x) = g(x)\ln(1+x)$

ㄱ) $\lim\limits_{x \to 0} \dfrac{\sin x}{g(x)\ln(1+x)}$

$= \lim\limits_{x \to 0} \dfrac{\dfrac{\sin x}{x}}{g(x)\dfrac{\ln(1+x)}{x}} = \dfrac{1}{1 \times 1} = 1$

ㄴ) $\lim\limits_{x \to 0} \dfrac{g(x)\ln(1+x) + x}{\ln(1+x)}$

분자 , 분모를 $\ln(1+x)$로 나누면

$\lim\limits_{x \to 0} \left[g(x) + \dfrac{x}{\ln(1+x)} \right] = 1 + 1 = 2$

ㄷ) $\lim\limits_{x \to 0} \dfrac{\{g(x)\}^2 \{\ln(1+x)\}^2}{\ln(1+x)}$

$= \lim\limits_{x \to 0} \{g(x)\}^2 \ln(1+x) = 0$

03 정답 ③

풀이

$\lim\limits_{x \to 0} \dfrac{\ln(1+x)}{x} 1,$

$\lim\limits_{x \to 0} \dfrac{\dfrac{1}{2}(e^{2x}-1)}{x} = \lim\limits_{x \to 0} \dfrac{e^{2x}-1}{2x} = 1$

$\lim\limits_{x \to +0} \dfrac{\ln(1+x)}{x} \leq \lim\limits_{x \to +0} \dfrac{f(x)}{x} \leq \lim\limits_{x \to +0} \dfrac{e^{2x}-1}{2x}$

이므로 $\lim\limits_{x \to +0} \dfrac{f(x)}{x} = 1$

$\lim\limits_{x \to -0} \dfrac{\ln(1+x)}{x} \geq \lim\limits_{x \to -0} \dfrac{f(x)}{x} \geq \lim\limits_{x \to -0} \dfrac{e^{2x}-1}{2x}$

이므로 $\lim\limits_{x \to -0} \dfrac{f(x)}{x} = 1$

$\therefore \lim\limits_{x \to 0} \dfrac{f(x)}{x} = 1$

$\therefore \lim\limits_{x \to 0} \dfrac{f(3x)}{x} = \lim\limits_{x \to 0} \dfrac{f(3x)}{3x} \times 3 = 3$

04 정답 ③

풀이

$a = \lim\limits_{t \to 0} \dfrac{\sin t}{2t} = \lim\limits_{t \to 0} \dfrac{\sin t}{t} \times \dfrac{1}{2} = \dfrac{1}{2}$

$b = \lim\limits_{t \to 0} \dfrac{e^{2t}-1}{t} = \lim\limits_{t \to 0} \dfrac{e^{2t}-1}{2t} \times 2 = 2$

ㄱ. $f(1) = a = \dfrac{1}{2} \quad \therefore$ 참

ㄴ. $f(f(1)) = f\left(\dfrac{1}{2}\right) = b = 2 \quad \therefore$ 참

ㄷ. $x < 1$이면 $f(x) = 2$이므로

$f(f(x)) = f(2) = \dfrac{1}{2}$

$x \geq 1$이면 $f(x) = \dfrac{1}{2}$이므로

$f(f(x)) = f\left(\dfrac{1}{2}\right) = 2$

$\therefore \lim\limits_{x \to 1-0} f(f(x)) \neq \lim\limits_{x \to 1+0} f(f(x))$

$\therefore$ 거짓

따라서, 옳은 것은 ㄱ, ㄴ이다.

Lec.26

01 정답 24

풀이

$f'(x) = 4x^3 + 8x$이므로

$\lim\limits_{h \to 0} \dfrac{f(1+2h) - f(1)}{h}$

$= \lim\limits_{h \to 0} \dfrac{f(1+2h) - f(1)}{2h} \cdot 2 = 2f'(1) = 24$

02 정답 28

풀이

$\lim\limits_{x \to 2} \dfrac{f(x+1) - 8}{x^2 - 4} = 5$에서

$x \to 2$일 때 (분모)$\to 0$이므로 (분자)$\to 0$이어야

한다. 즉, $\lim\limits_{x\to 2}\{f(x+1)-8\}=0$이어야 하므

로 $f(3)=8$

$x+1=t$로 놓으면

$$\lim_{t\to 3}\frac{f(t)-f(3)}{t^2-2t-3}$$

$$=\lim_{t\to 3}\frac{f(t)-f(3)}{t-3}\times\lim_{t\to 3}\frac{1}{t+1}$$

$$=\frac{1}{4}f'(3)=5$$

$$\therefore\ f'(3)=20$$

$$\therefore\ f(3)+f'(3)=28$$

03 정답 14

풀이

$$f'(2)=\lim_{h\to 0}\frac{f(2+h)-f(2)}{h}$$

$$=\lim_{h\to 0}\frac{h^3+6h^2+14h}{h}$$

$$=\lim_{h\to 0}(h^2+6h+14)=14$$

04 정답 17

풀이

$$f(x)=x^2+3x$$

$$f(2)=2^2+3\cdot 2=10$$

$$f'(x)=2x+3$$

$$f'(2)=2\cdot 2+3=7$$

$$\therefore f(2)+f'(2)=10+7=17$$

Lec.27

01 정답 19

풀이

다항함수

$$f(x)=ax^n+bx^{n-1}+\cdots+c\ \text{라 하면}$$

(가) $\lim\limits_{x\to\infty}\dfrac{\{f(x)\}^2-f(x^2)}{x^3f(x)}=4$이므로 분자와

분모의 차수가 같아야 극한값이 존재하므로

(분모) : $ax^{n+3}+bx^{n+2}+\cdots$

(분자) : $(a^2x^{2n}+\cdots)-(ax^{2n}+\cdots)$ 이다.

따라서, 분모의 최고차수와 분자의 최고차수
가 같아야 하므로 $2n=n+3$이므로 $n=3$

그리고 최고차수의 계수를 비교하면

$$\frac{a^2-a}{a}=4\ \text{이므로}\ \ \therefore a=5$$

그러므로 $f(x)=5x^3+bx^2+cx+d$ 라고

할 수 있고, $f'(x)=15x^2+2bx+c$

(나) $\lim\limits_{x\to 0}\dfrac{f'(x)}{x}=4$에 $f'(x)$를 대입하면

$$\lim_{x\to 0}\frac{15x^2+2bx+c}{x}=4$$이고 분자의 $x\to 0$ 이

므로 $x\to 0$ 일 때 분모의 $15x^2+2bx+c=0$

이여야 하므로 $c=0$ 이다.

그러므로

$$\lim_{x\to 0}\frac{15x^2+2bx}{x}$$

$$=\lim_{x\to 0}\frac{x(15x+2b)}{x}=2b=4\ \ \therefore b=2$$

$f'(x)=15x^2+4x$ 이므로

$f'(1)=15+4=19$

02 정답 ⑤

풀이

ㄱ. $\lim\limits_{h\to 0}\dfrac{f(1+h)-f(1)}{h}=f'(1)=0$이므

로 $f(x)$는 $x=1$에서 미분가능이고 연속
이다.

$$\therefore\ \lim_{x\to 1}f(x)=f(1)\ \ \therefore\ \text{참}$$

ㄴ. $\lim\limits_{h\to 0}\dfrac{f(1+h)-f(1)}{h}=0$이면

$$\lim_{h\to 0}\frac{f(1-h)-f(1)}{-h}=0\text{이다.}$$

$$\therefore\ \lim_{h\to 0}\frac{f(1+h)-f(1-h)}{2h}$$

$$= \lim_{h \to 0}\left(\frac{f(1+h)-f(1)}{2h} + \frac{f(1-h)-f(1)}{-2h}\right)$$

$$= 0 \qquad \therefore \text{참}$$

ㄷ. $f(x)=|x-1|$ 일 때

$$\lim_{h \to 0}\frac{f(1+h)-f(1-h)}{2h}$$

$$= \lim_{h \to 0}\frac{|h|-|-h|}{2h} = 0 \quad \therefore \text{참}$$

따라서, ㄱ, ㄴ, ㄷ 모두 옳다.

03 정답 ⑤

풀이

$x_n = \alpha + (n-1)d$ 라 두면

$f'(x) = 2ax+b$ 이므로

ㄱ. $f'(x_n) = 2ax_n + b$

$$= 2a(\alpha + (n-1)d) + b$$

$$= 2a(n-1)d + 2a\alpha + b \,\text{이므로}$$

등차수열이다.

ㄴ. $f(x_{n+1}) - f(x_n)$

$$= a(x_{n+1})^2 + bx_{n+1} + c - a(x_n)^2 - bx_n - c$$

$$= (x_{n+1} - x_n)(ax_{n+1} + ax_n + b)$$

$$= d(a(\alpha + nd) + a(\alpha + (n-1)d + b)$$

$$= 2d^2 n + 2ad\alpha - d^2 + db \,\text{이므로}$$

등차수열이다.

ㄷ. $f(0) = 3$ 에서 $c = 3$ 이고

$2a+b=1$, $8a+2b=3$ 에서

$a = \dfrac{1}{4}$, $b = \dfrac{1}{2}$ 이다.

따라서 $f(6) = 9 + 3 + 3 = 15$ 가 된다.

04 정답 ⑤

풀이

ㄱ. $f(x) = x$ 라 놓으면 $f'(0) = 1$

ㄴ. $g'(x) = \lim_{h \to 0}\dfrac{g(x+h)-g(x)}{h}$

$$= \lim_{h \to 0}\frac{g(-x-h)-g(-x)}{-h} \times (-1)$$

$=-g'(-x)$이므로 $x=0$을 대입하면

$g'(0) = -g'(0) \quad \therefore g'(0) = 0$

ㄷ. $-x^2 \leq h(2x)-h(x) \leq x^2$이므로

$$-2x \leq 2h'(2x) - h'(x) \leq 2x$$

$$0 \leq h'(0) \leq 0 \qquad \therefore h'(0) = 0$$

$$|h(2x)-h(x)| \leq x^2$$

$$\left|\frac{h(2x)-h(x)}{x}\right| \leq x$$

양변에 극한을 취하면

$$\lim_{x \to 0}\left|\frac{h(2x)-h(x)}{x}\right| \leq \lim_{x \to 0}x$$

좌변 $= \lim_{x \to 0}\left|\dfrac{h(2x)-h(x)}{x}\right|$

$$= \lim_{x \to 0}\left|\frac{h(2x)-h(0)+h(0)-h(x)}{x}\right|$$

$$= |3h'(0)| \leq 0$$

$$\therefore 3h'(0) = 0$$

$$\therefore h'(0) = 0$$

Lec.28

01 정답 14

풀이

$$\lim_{x \to 1}\frac{f(x)-5}{x-1} = 9 \,\text{이고} \quad \lim_{x \to 1}(x-1) = 0 \,\text{이}$$

므로 $\lim_{x \to 1}(f(x)-5) = 0$, $f(x)$ 가 다항함수

이므로 $f(1) = 5$

$$\lim_{x \to 1}\frac{f(x)-5}{x-1} = \lim_{x \to 1}\frac{f(x)-f(1)}{x-1} = f'(1)$$

이므로 $f'(1) = 9$

$g(x) = x \cdot f(x)$ 에서

$g'(x) = f(x) + x \cdot f'(x)$ 이므로

$g'(1) = f(1) + f'(1) = 5 + 9 = 14$

02 정답 ③

풀이

$x = 3$ 에 대칭이므로

$f(x) = f(6-x)$ 가 성립하고

미분하면 $f'(x) = -f'(6-x)$ 가 된다.

여기에 $b = 6 - a$로 잡으면
$f'(a) + f'(b) = 0$이 된다.

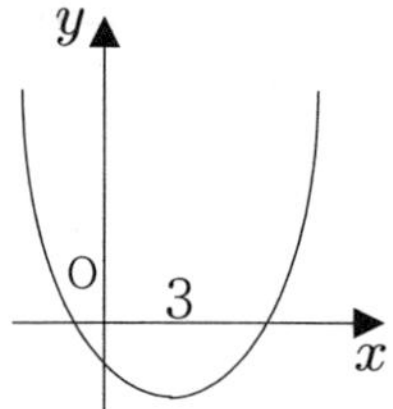

이차함수이므로 그림과 같고 $x = -1$과
$x = 7$에서의 함수값이 같으므로 평균변화율
은 0이다.

또, $f'(-2) + f'(-1) + f'(0) + f'(1)$
$+ \cdots + f'(11) + f'(12)$에서 ㄴ에 의해
$f'(9) + f'(10) + f'(11) + f'(12)$이 남는
데 접선의 기울기가 양이므로 영이 될 수 없다.

03 정답 24

풀이

$f(0) = 1, g(0) = 4$이므로

$$\lim_{x \to 0} \frac{f(x)g(x) - 4}{x}$$

$$= \lim_{x \to 0} \frac{f(x)g(x) - f(0)g(0)}{x}$$

$h(x) = f(x)g(x)$로 놓으면
(주어진 식)

$$= \lim_{x \to 0} \frac{h(x) - h(0)}{x} = h'(0)$$

$$= f'(0)g(0) + f(0)g'(0)$$

$$= -24 + g'(0) = 0$$

$$\therefore g'(0) = 24$$

04 정답 21

풀이

각 구간에서 $f(x)$를 구하면

(i) $0 < x < 1 \ : \ f(x) = 2x - 1$

(ii) $x = 1 \ : \ f(1) = \dfrac{a+1}{2}$

(iii) $x > 1 \ : \ f(x) = ax^b$

   $x = 1$에서 미분 가능하므로

a) 연속조건 :
$$\lim_{x \to 1-0} f(x) = \lim_{x \to 1+0} f(x) = f(1)$$

$$\therefore \ a = 1$$

b) 미분가능조건 :
$$f'(x) = \begin{cases} 2 & (x < 1) \\ abx^{b-1} & (x > 1) \end{cases}$$

$$\therefore \ 2 = ab$$

a)와 b)에서 $a = 1, \ b = 2$

$$\therefore \ a + 10b = 1 + 20 = 21$$

05 정답 ③

풀이

$$f(x) = \begin{cases} 1 - x & (x < 0) \\ x^2 - 1 & (0 \le x < 1) \\ \dfrac{2}{3}(x^3 - 1) & (x \ge 1) \end{cases}$$

ㄱ. $$\lim_{h \to -0} \frac{f(1+h) - f(1)}{h}$$

$$= \lim_{h \to -0} \frac{(1+h)^2 - 0}{h} = 2$$

$$\lim_{h \to +0} \frac{\dfrac{2}{3}((1+h)^3 - 1) - 0}{h} = 2$$

$\therefore f'(1)$은 존재하고 미분가능하다. (참)

ㄴ. $$\lim_{h \to -0} \frac{|f(h)| - |f(0)|}{h}$$

$$= \lim_{h \to -0} \frac{|1 - h| - 1}{h} = -1$$

$$\lim_{h \to +0} \frac{|f(h)| - |f(0)|}{h}$$

$$= \lim_{h \to +0} \frac{|h^2 - 1| - |(-1)|}{h} = 0$$

$\therefore |f(x)|$는 $x = 0$에서 미분 불가능
   하다. (거짓)

ㄷ. $$\lim_{h \to -0} \frac{h^k f(h)}{h} = \lim_{h \to -0} \frac{h^k(1-h)}{h}$$

$$= \lim_{h \to -0} h^{k-1}(1-h)$$

$$\lim_{h \to +0} \frac{h^k f(h)}{h} = \lim_{h \to +0} h^{k-1}(h^2-1)$$

$$\lim_{h \to -0} h^{k-1}(1-h)$$

$$= \lim_{h \to +0} h^{k-1}(h^2-1) = 0$$에서

$k \geq 2$이므로 ㄷ은 참이다. (참)

따라서 옳은 것은 ㄱ, ㄷ이다.

Lec.29

01 정답

풀이

접선의 방정식은

$$y - t^3 = 3t^2(x-t)$$

$$3t^2 x - y - 2t^3 = 0$$

이 직선에서 원점까지의 거리 $f(t)$는

$$f(t) = \frac{|-2t^3|}{\sqrt{(3t^2)^2 + (-1)^2}}$$

$$\lim_{t \to \infty} \frac{f(t)}{t} = \lim_{t \to \infty} \frac{2t^2}{\sqrt{9t^4+1}} = \frac{2}{3}$$

$a = \dfrac{2}{3}$이므로 $30a = 20$

02 정답 20

풀이

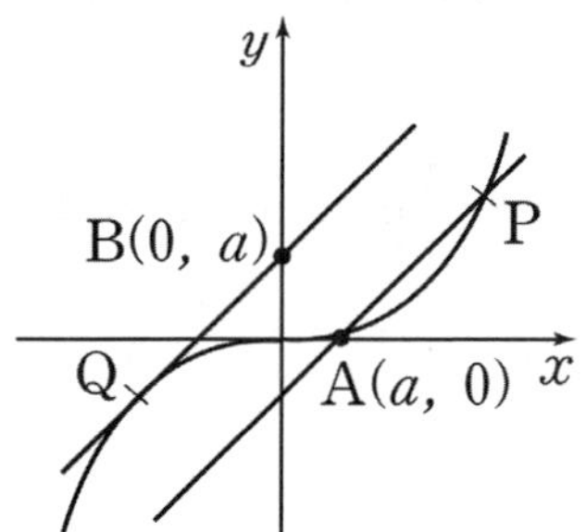

$y = 3x^3$은 기함수이므로 같은 기울기를 가지는 접점P, Q는 원점 대칭이므로 $P(t, 3t^3)$이면 $Q(-t, -3t^3)$이다.

점 P에서의 접선의 방정식은

$$y = 9t^2(x-t) + 3t^3 = 9t^2 x - 6t^3 \quad \cdots ㉠$$

㉠이 점 $A(a, 0)$을 지나므로

$$0 = 9t^2 a - 6t^3 \quad \cdots ㉡$$

점 Q에서의 접선의 방정식은

$$y = 9t^2(x+t) - 3t^3 = 9t^2 x + 6t^3 \quad \cdots ㉢$$

㉢이 점 $B(0, a)$를 지나므로

$$a = 6t^3 \quad \cdots ㉣$$

㉡, ㉣에서 $9t^2 = 1 \quad \therefore t = \dfrac{1}{3}$

$$a = 6 \times \frac{1}{27} = \frac{2}{9}$$

$$\therefore 90a = 90 \times \frac{1}{9} = 20$$

03 정답 ③

풀이

$P(1, 0)$에서 법선의 방정식을 구하면

$f'(1) = a + 1$이므로

$$y = -\frac{1}{a+1}(x-1) \quad (단, \ a \neq -1) \quad \cdots ㉠$$

$(\because \ f'(1) = 0$이면 법선이 x축에 수직이 되어 부적합)

㉠과 $y = f(x)$가 서로 다른 세 점에서 만나므로 $x(x-1)(ax+1) = -\dfrac{1}{a+1}(x-1)$

이것이 서로 다른 세 실근을 갖는다.

$$(x-1)\left\{x(ax+1) + \frac{1}{a+1}\right\} = 0$$

$ax^2 + x + \dfrac{1}{a+1} = 0$이 $x = 1$인 근을 갖지 않으므로, 서로 다른 두 실근을 가지면 된다.

$$a(a+1)x^2 + (a+1)x + 1 = 0$$

$$D = (a+1)^2 - 4a(a+1) > 0$$

$$(a+1)(3a-1) < 0 \quad \therefore -1 < a < \frac{1}{3}$$

이때 $a \neq 0$ 이므로

$$-1 < a < 0 \ 또는 \ 0 < a < \frac{1}{3}$$

04 정답 ⑤

풀이

ㄱ. $f'(\alpha)=0$이 되려면

$f(x)=(x-\alpha)^2(ax^2+bx+c)$의 형태

이어야 하므로 $f(x)$가 $(x-\alpha)^2$으로 나

누어 떨어진다. (참)

ㄴ. $f'(\alpha)f'(\beta)=0$이면

(i) $f'(\alpha)=0$이고 $f'(\beta)\neq 0$일 때

$$f(x)=(x-\alpha)^2(ax^2+bx+c)$$

(ii) $f'(\alpha)\neq 0$이고 $f'(\beta)=0$일 때

$$f(x)=(x-\beta)^2(ax^2+bx+c)$$

(iii) $f'(\alpha)=0$이고 $f'(\beta)=0$일 때

$f(x)=(x-\alpha)^2(x-\beta)^2$의 그래프

를 그려보면 허근이 없다 (참)

ㄷ. $f'(\alpha)f'(\beta)>0$이면 $f'(\alpha)$와 $f'(\beta)$의

부호가 같다. 사차식 $f(x)$의 두 해의

기울기의 부호가 같으려면 그래프를 그

려보면 서로 다른 네 실근을 갖는다.

Lec.**30**

01 정답 10

풀이

$h'(x)=g'(f(x))f'(x)$이므로

$h'(0)=g'(f(0))f'(0)=g'(1)f'(0)$

$f'(x)=\dfrac{3}{2}(x+1)^{\frac{1}{2}}$이므로 $f'(0)=1$

$15=g'(1)\times\dfrac{3}{2}$에서 $g'(1)=10$

02 정답 ①

풀이

$$f_i{}'(0)=\lim_{x\to 0}\frac{f_i(x)+2kx}{f_i(x)+kx}$$

$$=\lim_{x\to 0}\frac{\dfrac{f_i(x)}{x}+2k}{\dfrac{f_i(x)}{x}+k}=\frac{f_i{}'(0)+2k}{f_i{}'(0)+k}$$

$$\left(\because \lim_{x\to 0}\frac{f_i(x)}{x}=f_i{}'(0)\right)$$

따라서, $f_i{}'(0)^2+(k-1)f_i{}'(0)-2k=0$에

서 근과 계수와의 관계에 의해 두 근의 곱이

$-2k$이고 문제에서 직교한다고 했으므로

$-2k=-1$에서 $k=\dfrac{1}{2}$이다.

03 정답 15

풀이

$f(2)=1$이고 $f'(2)=1$이다.

$f(2x)$의 역함수가 $g(x)$이므로

$g(f(2x))=x\cdots$ ㉠

㉠의 양변에 $x=1$을 대입하면

$g(f(2))=1\quad\therefore a=g(1)=1$

㉠의 양변을 x에 대해 미분하면

$g'(f(2x))\cdot 2\cdot f'(2x)=1\cdots$ ㉡

㉡의 양변에 $x=1$을 대입하면

$g'(f(2))\cdot 2\cdot f'(2)=1$

$\therefore b=g'(1)=\dfrac{1}{2f'(2)}=\dfrac{1}{2}$

$\therefore 10(a+b)=10\left(1+\dfrac{1}{2}\right)=15$

04 정답 ④

풀이

$y=mx+2$와 $y=x^3-3x^2+1$의

교점의 개수는 $x^3-3x^2-mx-1=0$,

$x^2-3x-\dfrac{1}{x}=m$의 실근의 개수와 같다.

$(\because x\neq 0)$

$g(x)=x^2-ex-\dfrac{1}{x}$로 놓고 미분하면

$g'(x)=2x-3+\dfrac{1}{x^2}$

$$=\frac{2x^3-3x+1}{x^2}$$

$$=\frac{(x-1)^2(2x+1)}{x^2}$$

증감표를 그려보면

x		$-\dfrac{1}{2}$		(0)		1	
$g(x)$	$-$		$+$		$+$	$+$	$+$
$g'(x$	$\searrow$	$\dfrac{15}{4}$	$\nearrow$		$\nearrow$	-3	$\nearrow$

$$\lim_{x \to +0} g(x) = -\infty$$

$$\lim_{x \to -0} g(x) = +\infty$$

$$\lim_{x \to +\infty} g(x) = +\infty$$

$$\lim_{x \to -\infty} g(x) = +\infty$$

$y=g(x)$, $y=m$의 그래프를 그리면

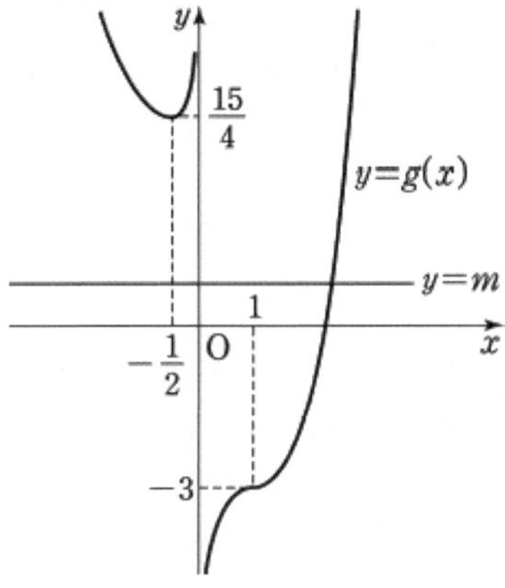

$f(m)$은 $y=g(x)$와 $y=m$의 교점의 개수
이므로

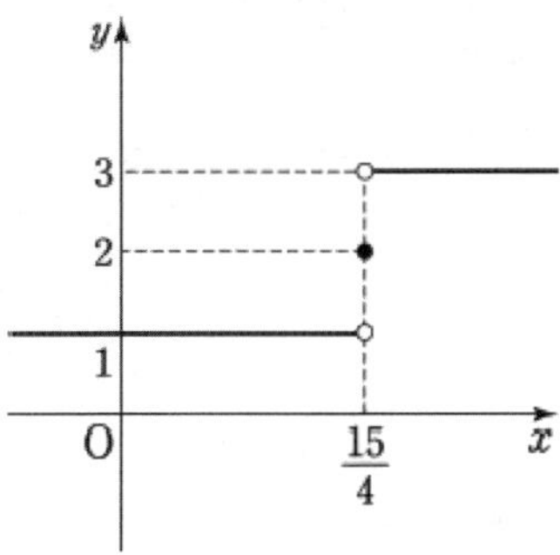

따라서, a의 최댓값은 $\dfrac{15}{4}$이다.

01 정답 ⑤

풀이

음함수의 미분법에 의하여

$$3y^2 y' = \frac{-2x}{5-x^2} + y + xy',$$

$$(3y^2 - x)y' = \frac{-2x}{5-x^2} + y,$$

$(2,2)$를 대입하여 정리하면 $10y' = -2$

$$\therefore y' = -\frac{1}{5}$$

02 정답 ②

풀이

$y' = e^x$에서 $y'_{x=1} = e$이므로

점 $(1, e)$에서의 접선의 방정식은

$$y - e = e(x-1) \quad \therefore \quad y = ex$$

이 직선과 곡선 $y = 2\sqrt{x-k}$가 접하므로

$$ex = 2\sqrt{x-k}$$

양변을 제곱하면 $e^2 x^2 = 4(x-k)$

방정식 $e^2 x^2 = 4(x-k)$

즉, $e^2 x^2 - 4x + 4k = 0$의 판별식을 D라

하면 $D/4 = 4 - e^2 \cdot 4k = 0 \quad \therefore \quad k = \dfrac{1}{e^2}$

03 정답 21

출제의도

로그함수의 미분법

풀이

$f(x) = \ln(2x-1)$에서

$f'(x) = \dfrac{2}{2x-1}$ 이므로 $f'(10) = \dfrac{2}{19}$

$$\therefore p+q = 19 + 2 = 21$$

04 정답 14

풀이

$f(x) = x\ln x + 13x$에서

$f'(x) = \ln x + x \cdot \dfrac{1}{x} + 13 = \ln x + 14$

$$\therefore f'(1) = 14$$

Lec.32

01 정답 ④

풀이

$y = x^3 - 5x$ 위의 점 $(1, -4)$ 에서의 접선을 $y = mx + n$ 이라 하고 교점 B 의 x 좌표를 b 라 하자.

두 점 A, B 가 $y = x^3 - 5x$, $y = mx + n$ 의 교점이고 A 가 접점이므로

$x^3 - (5 + m)x - n = 0$ 의 세 근은 $b, 1, 1$ 이다.

근과 계수의 관계에 의해

$b + 1 + 1 = 0$ $\therefore b = -2$

따라서 점 B 의 좌표는 $(-2, 2)$ 이다.

$\therefore \overline{AB} = \sqrt{(1 - (-2))^2 + (-4 - 2)^2}$
$= 3\sqrt{5}$

02 정답 13

풀이

$f(x) = x^4 + ax^3 + bx^2 + cx + d$ ⋯(a)

$f'(x) = 4x^3 + 3ax^2 + 2bx + c$ ⋯(b)

주어진 조건이

$f'(0) = 0$, $f'(2) = 0$, $f(2) = 2$ 이므로

(b)식에 적용해보면 $c = 0$, $b = -3a - 8$

이를 (a)에 적용해보면 $d = 4a + 18$

이들을 (a)에 대입하여 a대하여 정리해보면

$f(x) = x^4 + ax^3 + (-3a - 8)x^2 + (4a + 18)$
$= (x^4 - 8x^2 + 18) + a(x^3 - 3x^2 + 4)$
$= (x^4 - 8x^2 + 18) + a(x + 1)(x - 2)^2$

따라서 $f(x)$는 a값에 상관 없이 $x = -1$, $x = 2$을 지난다.

따라서 점의 좌표는

$f(-1) = 11$, $f(2) = 2$이다.

$f(-1) + f(2) = 13$

03 정답 ②

풀이

ㄱ. $F(x) = f(x) - \dfrac{1}{2}$ 에서

$F(-1) = f(-1) - \dfrac{1}{2}$

$= -1 - \dfrac{1}{2} = -\dfrac{3}{2} < 0$

$F(0) = f(0) - \dfrac{1}{2} = 1 - \dfrac{1}{2} = \dfrac{1}{2} > 0$

$F(1) = f(1) - \dfrac{1}{2} = 0 - \dfrac{1}{2} = -\dfrac{1}{2} < 0$

이므로 중간값 정리에 의해 구간 $(-1, 0)$, $(0, 1)$에서 각각 적어도 하나씩 근이 존재한다. ∴ 참

ㄴ. $f(x)$는 $[0, 1]$에서 연속 구간 $(0, 1)$에서 미분가능 평균값 정리에 의해

$\therefore \dfrac{f(1) - f(0)}{1 - 0} = f'(b)$인

(즉 $f'(b) = -1$인)

b가 구간 $(0, 1)$ 사이에 적어도 하나 존재한다. ∴ 참

ㄷ. (반례) $f(x) = -\dfrac{3}{2}x^2 + \dfrac{1}{2}x + 1$이면

$f(-1) = -1$, $f(0) = 1$, $f(1) = 0$을 만족한다. $f'(x) = -3x + \dfrac{1}{2}$

$f(x) = -3$이므로 $f(c) = 0$인 c는 $(-1, 1)$에서 존재하지 않는다. ∴ 거짓

따라서, 옳은 것은 ㄱ, ㄴ이다.

Lec.33

01 정답 ③

풀이

조건 (가)에 의해 모든 실수 x에 대해

『$f(x) > 0$이고 $g(x) > 0$』이거나 ⋯㉠

『$f(x) < 0$이고 $g(x) < 0$』 $\cdots$ ㉡

또, (나) $\dfrac{g(x)}{f(x)} \times \dfrac{1}{h(x)} \geqq 0$

그런데 (가)에 의해 모든 실수 x에 대해
$\dfrac{g(x)}{f(x)} > 0$이므로 (나)는 $\dfrac{1}{h(x)} \geqq 0$

$\therefore h(x) > 0$ $\cdots$ ㉢

ㄱ. $f(x) = 0$이 실근을 가지면 (가)에 모순
　　이므로 방정식 $f(x) = 0$은 실근을 갖지
　　않는다. $\quad \therefore$ 참

ㄴ. 위 ㉠의 경우이면 $g(x) > 0$의 해집합은
　　실수 전체의 집합
　　위 ㉡의 경우이면 $g(x) > 0$의 해집합
　　은 공집합 $\quad \therefore$ 참

ㄷ. $|g(x)| > 0$, $h(x) > 0$이므로
　　항상, $|g(x)| + h(x) > 0$이다.
　　즉, 방정식 $|g(x)| + h(x) = 0$은 실근을
　　갖지 않는다. $\quad \therefore$ 거짓

02 **정답** 13
풀이

$f'(x) = 3x^2 - 2(a+2)x + a$이므로
점 $(t, f(t))$에서의 접선의 방정식은
$y - \{t^3 - (a+2)t^2 + at\}$
$= \{3t^2 - 2(a+2)t + a\}(x - t)$
$x = 0$일 때 $y = g(t)$이므로
$g(t) - \{t^3 - (a+2)t^2 + at\}$
$= \{3t^2 - 2(a+2)t + a\}(-t)$
$\therefore g(t) = -2t^3 + (a+2)t^2$
$g'(t) = -6t^2 + 2(a+2)t$이므로
이차함수 $g'(t)$가
$0 < t < 5$에서 $g'(t) > 0$이려면
$g'(0) \geqq 0$, $g'(5) \geqq 0$이어야 한다.
$g'(0) = 0$이고,
$g'(5) = -150 + 10(a+2) \geqq 0$이므로
$a \geqq 13$
따라서, 구하는 a의 최솟값은 13이다.

03 **정답** ④
풀이

주어진 삼차함수
$f(x) = x^3 + ax^2 + 2ax$가 실수 전체 구간에
서 증가하도록 하려면, 도함수인 $f'(x)$가
$f'(x) = 3x^2 + 2ax + 2a \geq 0$을 모든 실수
에 대해 항상 만족해야 한다.
그러므로 판별식을 이용하면,
$\dfrac{D}{4} = a^2 - 6a \leq 0$이 된다.

그러므로, $0 \leq a \leq 6$이 된다.
따라서 최대값은 6, 최소값은 0이므로,
구하는 $M - m = 6$

04 **정답** ③

ㄱ. (참) $g(x+2) = g(x)$이므로 함수 $g(x)$의
　　그래프는 $-1 \leq x < 1$일 때의 함수 $f(x)$
　　의 그래프가 주기적으로 반복된다.
　　한편, $f(-1) = f(1)$이므로 함수 $g(x)$
　　는 연속이다. 또한, $-1 < x < 1$에서
　　$f(x)$는 다항함수이므로 미분가능하고,
　　$f'(-1) = f'(1)$이므로 실수 전체의 집
　　합에서 미분가능하다.

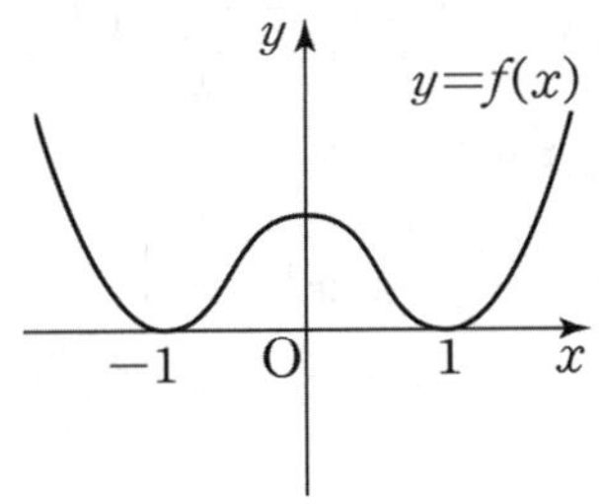

ㄴ. (거짓) [반례] $f(x) = (x-1)^2(x+1)^2$이
　　라 하면 $f(-1) = f(1) = 0$,
　　$f'(-1) = f'(1) = 0$이므로
　　$g(x)$가 실수 전체의 집합에서 미분가능하
　　지만 $f'(0)f'(1) = 0$

ㄷ. (참) $g(x)$가 실수 전체의 집합에서 미
　　분가능하고 $f'(1) > 0$이므로
　　$f'(-1) > 0$
　　한편, $f(x) = x^4 + ax^3 + bx^2 + cx + d$

라 하면 $f'(x) = 4x^3 + 3ax^2 + 2bx + c$

이고 $\lim\limits_{x \to -\infty} f(x) = -\infty < 0$이므로 중

간값의 정리에 의하여 구간 $(-\infty, -1)$

에 $f'(c) = 0$인 c가 존재한다.

따라서, 옳은 것은 ㄱ, ㄷ이다.

01 정답 16

풀이

$f(x-y) = f(x) - f(y) + xy(x-y)$에

$x = 0$, $y = 0$을 대입하면

$f(0) = f(0) - f(0)$ $\therefore$ $f(0) = 0 \cdots \text{㉠}$

$f'(0) = 8$이므로

$$f'(0) = \lim_{h \to 0} \frac{f(h) - f(0)}{h}$$

$$= \lim_{h \to 0} \frac{f(h)}{h}(\because \text{㉠}) = 8 \cdots \text{㉡}$$

$$\therefore f'(x) = \lim_{h \to 0} \frac{f(x+h) - f(x)}{h}$$

$$= \lim_{h \to 0} \frac{f(x) - f(-h) + x \cdot (-h)(x+h) - f(x)}{h}$$

$$(\because \text{(가)})$$

$$= \lim_{h \to 0} \left\{ \frac{f(-h)}{-h} - x^2 - xh \right\}$$

$$= 8 - x^2 (\because \text{㉡}) = (2\sqrt{2} + x)(2\sqrt{2} - x)$$

함수 $f(x)$가 $x = a$에서 극대값을 갖고

$x = b$에서 극소값을 가지므로

$a = 2\sqrt{2}$, $b = -2\sqrt{2}$

$\therefore a^2 + b^2 = 8 + 8 = 16$

02 정답 ⑤

풀이

ㄱ. [반례] $f(x) = -x^2$ (거짓)

   $x = 0$에서 $y = f(x)$가 극댓값을 충분히

   작은 양수 h에 대하여

$f'(-h) > 0$, $f'(h) < 0$임을 알 수 있다.

ㄴ. $f(|x|) = \begin{cases} f(-x) & (x < 0) \\ f(x) & (x \geq 0) \end{cases}$

   $f'(|x|) = \begin{cases} -f'(-x) & (x < 0) \\ f(x) & (x > 0) \end{cases}$

   $x = -h$일 때,

   $= -f'(-(-h)) = -f'(h) > 0$

   $x = h$ 일 때, $f'(h) < 0$

   따라서, $x = 0$에서 극대 (참)

ㄷ. $g(x) = f_{(x)} - x^2|x|$ 라고 하면

   $g(x) = \begin{cases} f(x) + x^3 & (x < 0) \\ f(x) - x^2 & (x \geq 0) \end{cases}$

   $g'(x) = \begin{cases} f'(x) + 3x^2 & (x < 0) \\ f'(x) - 3x^2 & (x > 0) \end{cases}$

   $g'(-h) = f'(-h) + 3h^2 > 0$

   $g'(h) = f'(h) - 3h^2 < 0$

   따라서 $x = 0$에서 극대 (참)

03 정답 32

풀이

$f(x) = ax^3 + bx^2 + cx + d\,(a, b, c, d$는 정수$)$

에서 기함수 조건$(\because (가))$ 때문에

$b = d = 0$

따라서, $f(x) = ax^3 + cx$이다.

(나)에서 $f(1) = a + c = 5 \cdots \text{㉠}$

또한 (다)에서 $1 < 3a + c < 7$

㉠에서 $c = 5 - a$로 두면

$1 < 3a + 5 - a < 7$

$-2 < a < 1$

$\therefore$ 정수 a는 -1과 0인데 삼차함수이므로

$a = -1$ 또한, $c = 6$

$\therefore f(x) = -x^3 + 6x$

미분하면 $f'(x) = -3x^2 + 6 = 0$

$x = \sqrt{2}$ 에서 극댓값을 가지므로

$m^2 = \{f(\sqrt{2})\}^2 = (4\sqrt{2})^2 = 32$

04 정답 ①

풀이

[도함수의 성질]

ㄱ. $f(-x)=-f(x)$ 의 양변을 미분하면
$f'(-x) \cdot (-1) = -f'(x)$
$\therefore f'(-x) = f'(x)$ (참)

ㄴ. [반례] $f(x) = x^3 - x$ 이면
$f(-x) = -f(x)$ 이지만
$\lim_{x \to 0} f'(x) = -1$ (거짓)

ㄷ. $f'(-x) = f'(x)$이므로 $y = f'(x)$ 의
그래프는 y 축에 대하여 대칭이다. 따라
서, 도함수 $f'(x)$ 가 $x = a(a \neq 0)$ 에서
극대값을 가지면
$f'(x)$는 $x = -a$ 에서 극대값을 갖는다.

05 정답 ④

풀이

[다항함수의 미분]
$f(x) = 2x^3 - 3(a+1)x^2 + 6ax - 4a + 2$
에서 $f'(x) = 6x^2 - 6(a+1)x + 6a$
$= 6(x-1)(x-a)$ $a > 1$ 이므로
$f(x)$ 의 증감표는 다음과 같다.

x	$\cdots$	1	$\cdots$	a	$\cdots$
$f'(x)$		$+$	0	$-$	0	$+$
$f(x)$		$\nearrow$	극대	$\searrow$	극소	$\nearrow$

$f(x)$는 $x = 1$ 에서 극대값을 가진다.
그런데 $f(1) = 1 - a < 0$이고 $f(b) = 0$ 이
므로 $a < b$ 이다.

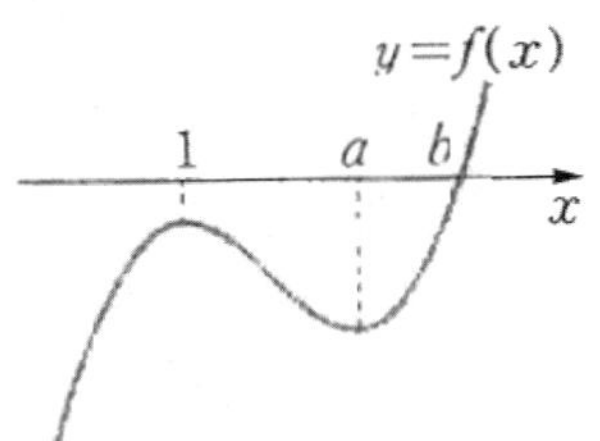

Lec.35

01 정답 ④

풀이

$f(x) = x^3 - 3x^2 + a$ 에서
$f'(x) = 3x^2 - 6x = 3x(x-2)$
주어진 함수가 미분가능하므로
닫힌 구간 $[1,\ 4]$ 에서 최댓값, 최솟값은 양 끝
값과 극값들 중에서 존재한다.
$f(1) = -2 + a,\ f(2) = -4 + a,$
$f(4) = 16 + a$ 이므로 최댓값 $M = 16 + a,$
최솟값 $m = -4 + a$ 이다.
$M + m = 20$ 이므로 $12 + 2a = 20$
$\therefore a = 4$

02 정답 ③

풀이

$$f'(x) = \frac{4}{x} + \frac{-1}{10-x} = \frac{-5(x-8)}{x(10-x)}$$

진수 조건에서 $0 < x < 10$이므로
$f(x)$는 $x = 8$에서 극대이고 최대이다.
또, $\lim_{x \to +0} f(x) = -\infty,\ \lim_{x \to 10-0} f(x) = -\infty$
이므로 $y = f(x)$의 그래프는 아래와 같다.

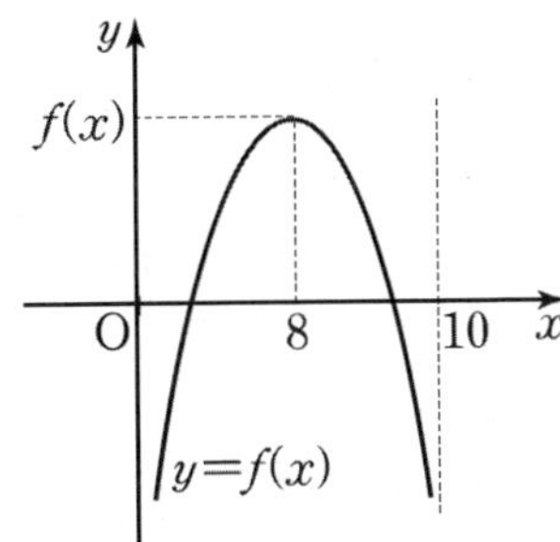

ㄱ. 최대값은 $f(8) = 13\ln 2$(참)

ㄴ. 위 그래프에서 방정식 $f(x) = 0$은 서로
다른 두 실근을 갖는다.(참)

ㄷ. $f(x) = \ln x^4(10-x)$이므로
$y = e^{f(x)} = x^4(10-x) = 10x^4 - x^5$
$y' = 40x^3 - 5x^4,$
$y'' = 120x^2 - 20x^3$
$\therefore y'' = 20x^2(6-x)$
따라서 $0 < x < 6$에서 $y'' > 0$이므로
$y = e^{f(x)}$는 아래로 볼록하다.(거짓)

03 정답 ⑤

풀이

ㄱ. $f'(x) = \dfrac{1}{27}(4x^3 - 18x^2 + 24x + 19)$

$f''(x) = \dfrac{1}{27}(12x^2 - 36x + 24)$

$\quad\quad = \dfrac{1}{27}(x-1)(x-2)$

$f''(2) = 0$이고 좌우에서 부호가 바뀌므로 변곡점이다.(참)

ㄴ. $f(x) = x$

$\dfrac{1}{27}(x^4 - 6x^3 + 12x^2 + 19x) = x$에서

$x^4 - 6x^3 + 12x^2 - 8x = 0$

인수분해하면

$= \dfrac{1}{27}x(x-2)^3 = 0$에서

실근은 $0, 2$이므로 양의 실근은 2뿐이다.(참)

ㄷ. $f(2) = 2,\ f'(2) = 1$이므로

$g'(2) = \dfrac{1}{f'(2)} = 1$

$0 < x < 2$에서 $f(x) < x$이므로

$f(x) < g(x)$

$x \geq 2$에서 $f(x) > x$이므로

$f(x) \geq g(x)$

$H(x) = |f(x) - g(x)|$라 하면

$x < 2$에서 $H(x) = g(x) - f(x)$

$x \geq 2$에서 $H(x) = f(x) - g(x)$

$\displaystyle\lim_{h \to 0}\dfrac{f(2+h) - f(2)}{h} = 1,$

$\displaystyle\lim_{h \to 0}\dfrac{g(2+h) - g(2)}{h} = 1$이므로

$\displaystyle\lim_{h \to 0-}\dfrac{H(2+h) - H(2)}{h}$

$= \displaystyle\lim_{h \to 0-}\left(\dfrac{g(2+h) - g(2)}{h} - \dfrac{f(2+h) - f(2)}{h}\right)$

$= 0$

같은 방법으로

$\displaystyle\lim_{h \to 0+}\dfrac{H(2+h) - H(2)}{h} = 0$

$\therefore H(x)$는 $x = 2$에서 미분가능하다.(참)

04 정답 11

풀이

폐구간 $[-a,\ a]$에서 정의된 함수

$f(x) = \dfrac{x-5}{(x-5)^2 + 36}$에서 $x - 5 = t$로 놓

으면 구하는 함수의 최대값과 최소값은 폐구간 $[-a-5,\ a-5]$에서 정의된 함수

$f(t) = \dfrac{t}{t^2 + 36}$의 최대값과 최소값과 같다.

이제 함수 $f(t) = \dfrac{t}{t^2 + 36}$의 그래프의 개형을 그려보자.

ⅰ) $\displaystyle\lim_{t \to \infty}f(t) = \lim_{t \to -\infty}f(t) = 0$이므로

함수 $y = f(t)$의 그래프의 점근선은 x축이다.

ⅱ) $t > 0$일 때 $f(t) > 0$이고,

$t < 0$일 때 $f(t) < 0$이다.

ⅲ) $f(-t) = -f(t)$이므로 $y = f(t)$의 그래프는 원점에 대하여 대칭이다.

ⅳ)

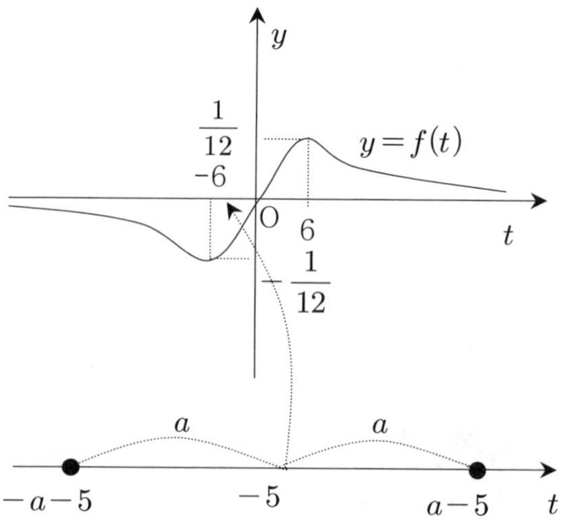

$$f'(t) = \frac{1(t^2+36) - t \cdot 2t}{(t^2+36)^2} = \frac{36 - t^2}{(t^2+36)^2}$$

$= 0$에서 $t = 6$ 또는 $t = -6$이고 $f'(t)$의 분모는 항상 0보다 크므로 $f(x)$는 $t = -6$에서 극소이고 $t = 6$에서 극대이다. 따라서 함수 $y = f(t)$의 그래프의 개형은 다음과 같다. 이 때, 폐구간 $[-a-5,\ a-5]$은 $t = -5$에 대하여 대칭인 구간이므로 함수 $y = f(t)$의 최대값 M과 최소값 m에 대하여 $M + m = 0$ 즉, $m = -M$을 만족하려면 폐구간 $[-a-5,\ a-5]$은 $t = -6$과 $t = 6$을 모두 포함해야 한다.

$$\therefore\ -a-5 \leq -6 \text{이고}\ a-5 \geq 6$$
$$\therefore\ a \geq 1 \text{이고}\ a \geq 11$$
$$\therefore\ a \geq 11$$

따라서 구하는 a의 최소값은 11이다.

05 정답 ⑤

풀이

$y = g(x)$가 $f(x)$의 점 $(a, f(a))$에서의 접선이므로 $g(x) = f'(a)(x-a) + f(a)$

또, $g(x)$가 점 $B(b, f(b))$에서 $f(x)$에 접하므로 $f'(a) = g'(b) = f'(b)$

$h(x) = f(x) - g(x)$에서

$h'(x) = f'(x) - g'(x)$

ㄱ. $h'(b) = f'(b) - g'(b) = 0$

ㄴ. $h(a) = h(b) = 0$이고 $h(x)$가 미분가능하므로 롤의 정리에 의하여, $h'(c) = 0$인 c가 개구간 (a, b)에 적어도 하나 존재한다.

$$\therefore\ h'(a) = h'(b) = h'(c) = 0$$이므로
$h'(x) = 0$은 적어도 3개의 실근을 갖는다.

ㄷ. $h''(x) = f''(x)$이고, $h''(a) = f''(a) = 0$이다. 또한, 점 $(a, f(a))$는 $y = f(x)$의 변곡점이므로 $f''(x)$는 $x = a$의 좌우에서 부호가 반대이다.

따라서, $h''(x)$도 같으므로 $(a, h(a))$는 $h(x)$의 변곡점이다.

06 정답 ⑤

풀이

ㄱ. $f(x) = x + \sin x$에서

$f'(x) = 1 + \cos x$, $f''(x) = -\sin x$

$0 < x < \pi$에서 $\quad 0 < \sin x < 1$

$$\therefore\ -1 < f''(x) < 0$$

따라서, $f(x)$는 $0 < x < \pi$에서 위로 볼록하다. (참)

ㄴ. $g'(x) = f'(f(x))f'(x)$

$\quad = (1 + \cos f(x))(1 + \cos x)$

$0 < x < \pi$에서

$-1 < \cos x < 1,\ \cos f(x) > 0$ 이므로

$1 + \cos f(x) > 0,\ 1 + \cos x > 0$

$$\therefore\ g'(x) > 0$$

따라서, $g(x)$는 $0 < x < \pi$에서 증가한다. (참)

ㄷ. $g(0) = f(f(0)) = f(0) = 0$

$g(\pi) = f(f(\pi)) = f(\pi) = \pi$

$g(x)$가 $[0, \pi]$에서 연속이고, $(0, \pi)$에서 미분가능하므로

$$f'(x) = \frac{g(\pi) - g(0)}{\pi - 0} = 1 \text{인}$$

$x\,(0 < x < \pi)$가 적어도 하나 존재한다. (평균값 정리) (참)

따라서, 옳은 것은 ㄱ, ㄴ, ㄷ 이다.

07 정답 527

풀이

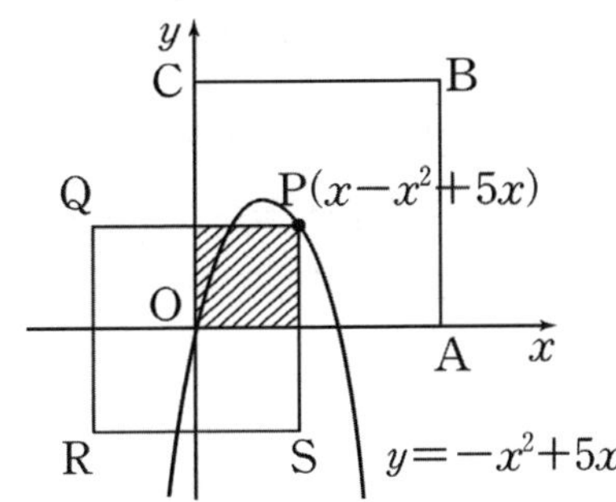

$P(x, -x^2 + 5x)$라면 $0 \leq x \leq 5$일 때 겹치는 부분의 넓이 $S(x)$는

$$S(x) = x(-x^2 + 5x) = -x^3 + 5x^2$$

$$S'(x) = -3x^2 + 10x = -3x\left(x - \frac{10}{3}\right)$$

따라서,

$x = \dfrac{10}{3}$일 때 $S(x)$는 최대값을 갖는다.

$$S\left(\frac{10}{3}\right) = -\frac{1000}{27} + \frac{500}{9} = \frac{500}{27}$$

$$\therefore p = 27, \ q = 500, \ p + q = 527$$

Lec.36

01 **정답** ③

풀이

$h(x) = f(x) - g(x)$(삼차함수)라 놓으면
$h'(x) = f'(x) - g'(x)$이므로

x	$\cdots$	0	$\cdots$	2	$\cdots$
$h'(x)$	$+$	0	$-$	0	$+$

위 증감표에서 구간$(0, 2)$에서 $y = h(x)$는
감소한다. 또한 $x = 0$에서 극댓값, $x = 2$에
서 극솟값을 갖는다.

따라서 다음과 같은 그래프가 된다.

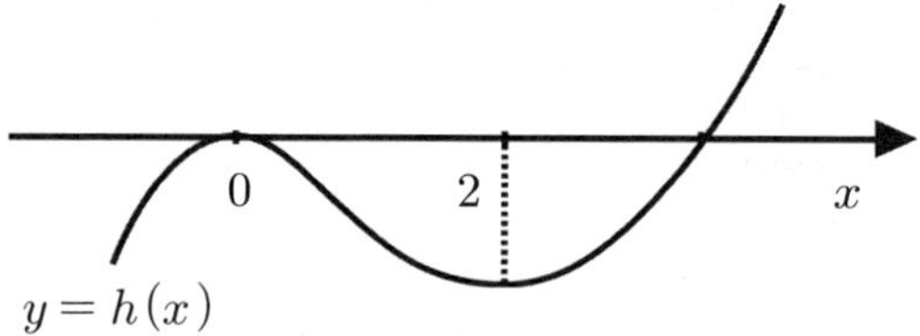

ㄱ. $0 < x < 2$에서 감소 (참)

ㄴ. $h(x)$는 $x = 2$에서 극솟값을 갖는다.(참)

ㄷ. $h(x) = 0$은 서로 다른 두 실근(거짓)

02 **정답** ③

출제의도

합성함수의 미분법

풀이

ㄱ. α, β, γ는 방정식 $f(x) = x$의 근이므로

$$f(\alpha) = \alpha, \ f(\beta) = \beta, \ f(\gamma) = \gamma$$

따라서, α, β, γ는 방정식 $f(f(x)) = x$
의 근이다.(참)

ㄴ. $f(x) - x$가 삼차식이므로
$h(x) = px^2 + qx + r$로 놓을 수 있다.

$$\therefore \ f(f(x)) = \{f(x) - x\}g(x) + h(x)$$
$$= \{f(x) - x\}g(x) + px^2 + qx + r$$
$$f(f(\alpha)) = p\alpha^2 + q\alpha + r = \alpha \ \cdots ㉠$$
$$f(f(\beta)) = p\beta^2 + q\beta + r = \beta \ \cdots ㉡$$
$$f(f(\gamma)) = p\gamma^2 + q\gamma + r = \gamma \ \cdots ㉢$$

㉠-㉡에서

$$p(\alpha^2 - \beta^2) + q(\alpha - \beta) = \alpha - \beta$$

$\alpha \neq \beta$이므로 $p(\alpha + \beta) + q = 1 \ \cdots ㉣$

㉡-㉢에서

$$p(\beta^2 - \gamma^2) + q(\beta - \gamma) = \beta - \gamma$$

$\beta \neq \gamma$이므로 $p(\beta + \gamma) + q = 1 \ \cdots ㉤$

㉣-㉤에서

$$p(\alpha - \gamma) = 0 \quad \alpha \neq \gamma$$이므로 $p = 0$

㉣에서 $q = 1$

㉠에서 $\alpha + r = \alpha$이므로 $r = 0$

$$\therefore \ h(x) = x \ (참)$$

ㄷ. $f(f(x)) = \{f(x) - x\}g(x) + x \cdots (*)$

조건(나),(다)에서

$f(3) = 7$, $f(f(3)) = 5$이므로

$f(f(3)) = \{f(3) - 3\}g(3) + 3$에서

$$5 = (7 - 3)g(3) + 3$$

$$\therefore \ g(3) = \frac{1}{2}$$

$(*)$의 양변을 x에 대하여 미분하면

$$f'(f(x))f'(x)$$
$$= \{f'(x) - 1\}g(x) + \{f(x) - x\}g'(x) + 1$$

$x = 3$을 대입하면

$$f'(f(3))f'(3)$$
$$= \{f'(3) - 1\}g(3) + \{f(3) - 3\}g'(3) + 1$$

조건(나)에서 $f'(3) = 0$이므로

$$0 = (0 - 1) \times \frac{1}{2} + (7 - 3)g'(3) + 1$$

$$4g'(3) = -\frac{1}{2}$$

$$\therefore \ g'(3) = -\frac{1}{8} \ (\text{거짓})$$

따라서 보기 중 옳은 것은 ㄱ, ㄴ이다.

03 정답 22

풀이

$$h(x) = f(x) - g(x)$$
$$= 5x^3 - 10x^2 + k - (5x^2 + 2)$$
$$= 5x^3 - 15x^2 + k - 2 \ \text{라 하면}$$

$\{x \,|\, 0 < x < 3\}$에서 부등식 $h(x) \geqq 0$이 성립하는 k의 최소값을 구하면 된다.

$h'(x) = 15x^2 - 30x = 15x(x-2) = 0$에서 $x = 0$ 또는 $x = 2$이므로 $h(x)$는 $x = 0$일 때 극대값을, $x = 2$일 때 극소값을 갖는다.

따라서,

$\{x \,|\, 0 < x < 3\}$에서 $h(x)$는 $x = 2$일 때 최소가 되고 $h(2) = k - 22$이므로 $\{x \,|\, 0 < x < 3\}$에서 $h(x) \geqq 0$이려면 $k - 22 \geqq 0$이면 된다.

$$\therefore \ k \geqq 22$$

따라서, k의 최소값은 22이다.

04 정답 12

풀이

[다항함수의 미분]

$$y = \frac{1}{3}x^3 - x \ \text{라 놓으면}$$

곡선 $y = \dfrac{1}{3}x^3 - x$과 직선 $y = k$의 교점의 x좌표가 주어진 삼차방정식의 세 실근이다.

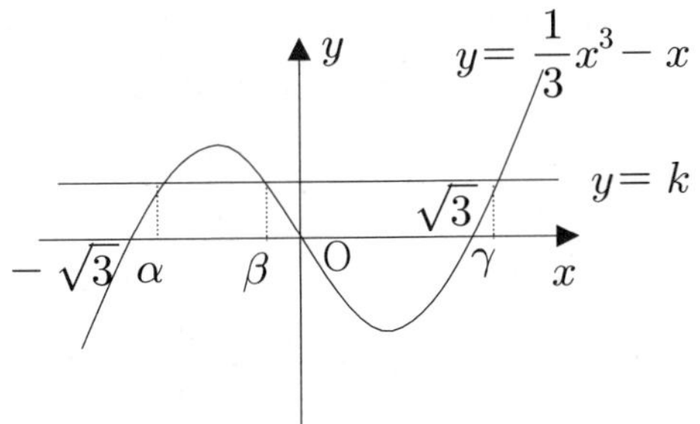

곡선 $y = \dfrac{1}{3}x^3 - x$는 원점에 대하여 대칭이며

$\dfrac{1}{3}x^3 - x = 0$에서 $x = -\sqrt{3}, \ 0, \ \sqrt{3}$

이 때, $\alpha < \beta < \gamma$ 라 해도 문제의 뜻에 어긋나지 않으며 $-\sqrt{3} \leqq \alpha < \beta \leqq 0 < \sqrt{3} \leqq \gamma$

한편, $\dfrac{1}{3}x^3 - x - k = \dfrac{1}{3}(x-\alpha)(x-\beta)(x-\gamma)$

에서 $\alpha + \beta + \gamma = 0$

$$\therefore \ |\alpha| + |\beta| + |\gamma| = -\alpha - \beta + \gamma$$
$$= 2\gamma \geqq 2\sqrt{3}$$

$$\therefore \ m^2 = (2\sqrt{3})^2 = 12$$

05 정답 ⑤

풀이

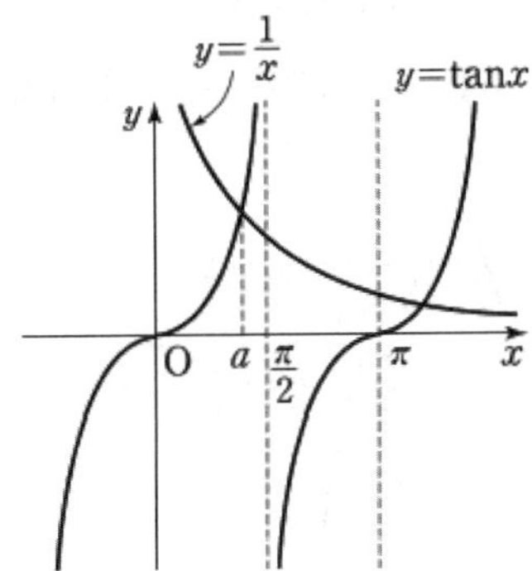

ㄱ. $f(x) = 2x\cos x$에서

$$f'(x) = 2\cos x - 2x\sin x$$
$$f'(a) = 2\cos a - 2a\sin a = 0$$

$$\therefore \ \tan a = \frac{\sin a}{\cos a} = \frac{\sin a}{a\sin a} = \frac{1}{a} \ (\text{참})$$

ㄴ. $f'(x) = 2\cos x(1 - x\tan x) = 0$에서

$$\cos x = 0 \ \text{또는} \ \tan x = \frac{1}{x}$$

$\tan x = \dfrac{1}{x}$의 근을 a라 하면

$$0 < a < \frac{\pi}{2}$$

증감표를 그려보면

		0		a		$\dfrac{\pi}{2}$		π
$f'(x)$	2	$+$		0	$-$	0	$-$	-2
$f(x)$	0	$\nearrow$		$2a\cos a$	$\searrow$	0	$\searrow$	-2π

$\therefore f(x)$는 $x=a$에서 극댓값을 가진다.

구간 $\left(0, \dfrac{\pi}{2}\right)$에서 $y=\dfrac{1}{x}$은 감소함수,

$y=\tan x$는 증가함수이므로

$g(x)=\tan x - \dfrac{1}{x}$은

증가함수 $g\left(\dfrac{\pi}{4}\right)=1-\dfrac{4}{\pi}<0$,

$g\left(\dfrac{\pi}{3}\right)=\sqrt{3}-\dfrac{3}{\pi}>0$이므로

중간값 정리에 의해 $\dfrac{\pi}{4}<a<\dfrac{\pi}{3}$ (참)

ㄷ. $f\left(\dfrac{\pi}{3}\right)=\dfrac{2}{3}\pi\cdot\dfrac{1}{2}>1$이므로 $f(a)>1$

$\therefore$ 구간 $\left[0, \dfrac{\pi}{2}\right]$에서 $f(x)=1$은

서로 다른 두 실근을 갖는다. (참)

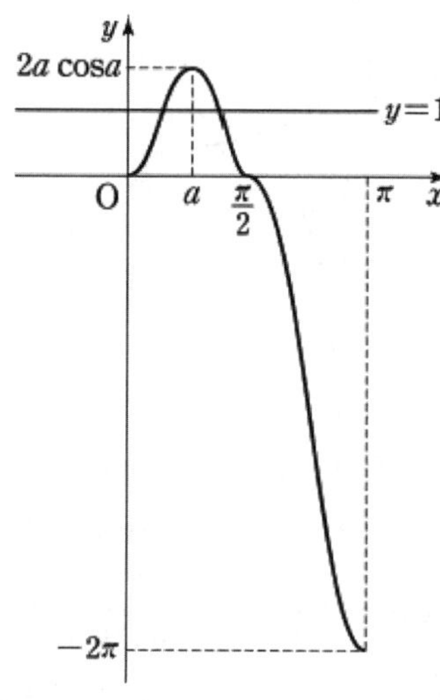

따라서 ㄱ, ㄴ, ㄷ 모두 옳다.

Lec.37

01 정답 ①

풀이

두 점 P, Q의 시각 t일 때의 위치가 각각

$f(t)=2t^2-2t,\ g(t)=t^2-8t$이므로

속도는 각각

$f'(t)=4t-2,\ g'(t)=2t-8$ 이다.

두 점 P, Q가 서로 반대 방향으로 움직이
면 속도의 부호가 반대이므로

$(4t-2)(2t-8)<0$

$\therefore\ \dfrac{1}{2}<t<4$

02 정답 ①

풀이

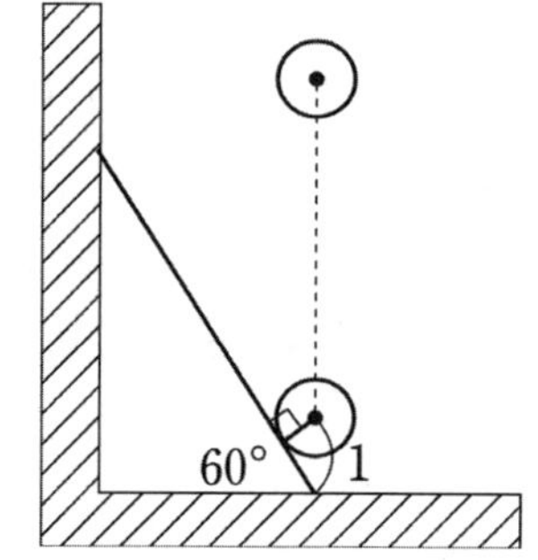

$h(t)=21-5t^2=1$일 때,

공이 경사면과 처음으로 충돌하므로

$5t^2=20$에서 $t=2$

$h'(t)=-10t$에서

$t=2$일 때의 공의 속도는

$h'(2)=-20\,\mathrm{m/\text{초}}$

03 정답 12

풀이

P, Q의 속도를 구하면

$P'(t)=t^2+4,\ Q'(t)=4t$

두 점의 속도가 같아지는 시각은

$t^2+4=4t,\ (t-2)^2=0$

$\therefore\ t=2$

시각 t일 때 두 점 사이의 거리는

$\overline{PQ}=\left|\dfrac{1}{3}t^3-2t^2+4t+\dfrac{28}{3}\right|$ 에서

$t=2$일 때에는

$\overline{PQ}=\left|\dfrac{8}{3}-8+8+\dfrac{28}{3}\right|=\dfrac{36}{3}=12$

04 정답 ④

풀이

$\angle \text{AOP} = \theta$ 라 하면 $\overset{\frown}{\text{AP}} = 10\theta$

A의 속력이 2이므로

$$\frac{d}{dt}(10\theta) = 10\frac{d\theta}{dt} = 2$$

$$\therefore \frac{d\theta}{dt} = \frac{1}{5}$$

P의 좌표는 $(10\sin\theta, 10\cos\theta)$이므로

$$y = 10\cos\theta$$

$$\frac{dy}{dt} = \frac{d}{dt}(10\cos\theta)$$

$$= 10 \cdot (-\sin\theta) \cdot \frac{d\theta}{dt}$$

$$= -2\sin\theta = -1$$

memo

 **memo**

iBS 교육방송 수학영역 B형(수1, 수2)

초판인쇄일 ᅵ 2014년 1월 20일
1쇄발행일 ᅵ 2014년 1월 25일

지 은 이 ᅵ 목상우
펴 낸 이 ᅵ 이용배
책임감수 ᅵ IPTV교육방송 편성위원장(김성태)
감　　수 ᅵ 이경우, 김서진, 김진호, 김현진,
　　　　　　박은하, 박황민, 신은정, 이기홍,
　　　　　　이원광, 이정봉, 이종석, 이종헌,
　　　　　　정진경, 조동영

펴 낸 곳 ᅵ IPTV교육방송(강남스터디)
디 자 인 ᅵ 박수정, 김화현
제　　작 ᅵ 송재호
홍　　보 ᅵ 권재흥
문　　의 ᅵ http://iptvstudy.co.kr(IPTV교육방송)
상　　담 ᅵ 강남스터디 02) 515-0058

총　　판 ᅵ 가나북스 www.gnbooks.co.kr
전　　화 ᅵ 031) 408-8811(代)
팩　　스 ᅵ 031) 501-8811